看大象

全面理解全球化

[美] 彼得 · 马尔伯（Peter Marber）著
潘奇凡　王媛媛 译

中国财政经济出版社

图书在版编目(CIP)数据

看大象:全面理解全球化/(美)马尔伯(Marber,P.)著;潘奇凡,王媛媛译.
—北京:中国财政经济出版社,2013.1
书名原文:Seeing the Elephant: Understanding Globlaization from Trunk to Tail
ISBN 978-7-5095-4161-6

Ⅰ.①看… Ⅱ.①马… ②潘… ③王… Ⅲ.①全球化—研究
Ⅳ.①D81

中国版本图书馆 CIP 数据核字(2012)第 296139 号

著作权合同登记号:图字 01-2009-5604 号

责任编辑:刘占彬　　封面设计:华乐功
版式设计:孙志云　　责任校对:孙志敏

Peter Marber
Seeing the Elephant: Understanding Globalization from Trunk to Tail
ISBN 978-0-470-28385-1

中国财政经济出版社出版
URL: http://www.cfeph.cn
E-mail: win@ewinbook.com

社址:北京海淀区阜成路甲 28 号　邮政编码:100142
发行电话:010-88190406
北京中兴印刷有限公司印刷　各地新华书店经销
787×1092 毫米　16 开　19.25 印张　300 千字
2013 年 1 月第 1 版　2013 年 1 月北京第 1 次印刷
定价:45.00 元
ISBN 978-7-5095-4161-6/F·3380
(图书出现印装问题,本社负责调换)

看大象：全面理解全球化

致谢

多学科研究需要来自朋友们的大量支持，本书的写作也不例外。

首先，感谢我的经纪人威尔·利平科特（Will Lippincott）和玛丽亚·玛茜（Maria Massie），是他们鼓励我去勇敢地写作，还有来自出版商 John Wiley & Sons 的黛布拉·英格兰德（Debra Englander）、凯利·奥康纳（Kelly O'Connor）、凯文·霍尔姆，是他们推动并激励我完成了本书的写作。

我在哥伦比亚大学的朋友和同事们总是能够给我带来灵感，刺激我的思维。没有他们的专业知识和鼓励，本书的许多主题将永远无法展现在读者眼前。丽莎·安德森（Lisa Anderson）、杰狄士·巴格瓦蒂（Jagdish Baghwati）、迪克·贝茨（Dick Betts）、约翰·科特斯沃斯（John Coatesworth）、罗伯·加里斯（Rob Garris）［还有全球公共政策网（Global Public Policy Network）的很多朋友］以及梅里特·简诺（Merit Janow）、约瑟·安东尼奥·奥坎普（Jose Antonio Ocampo）、玛丽·罗宾逊（Mary Robinson）等人为我提供了大量的资料，以及很多有价值的评论和建议。我还非常感谢乔·斯蒂格利茨（Joe Stiglitz），他为我解答了各种各样的问题。自 1991 年以来，哥伦比亚大学还为我提供了多名实习生，他们中的很多人为本书付出了辛劳和想法。阿美利亚·艾尔韦特（Amelia Erwitt）、卡米尔·卡鲁扎（Kamil Kaluza）、戴比·朗德瑞斯（Debbie Landres）和纳迪亚·萨特亚穆西（Nadiya Satyamurthy）协助我构思了本书的基础，以及我以前写过的相关文章。我们特别感谢下面这些“天使”——普里西拉·亚当斯（Priscilla Adams）、格罗里亚·哈特纳（Gloria Hartner）、苏菲·迈尔斯（Sophy Miles）、南希·费兰特（Nancy Ferrante）和吉姆·麦金尼（Kim McGinnis），特别是吉姆·麦金尼，她一直充满热情地和我一起工作，直到本书完成，而且她凭借敏锐的观察和天生的语感，对每一页的内容都进行了润色。

我欠下了许多知识债。来自世界政策研究所（World Policy Institute）的朋友们帮助我构思了2006年发表的一篇文章的关键论点。伊安·卡斯伯森（Ian Cuthbertson）、米拉·卡姆达（Mira Kamdar）、卡尔·迈耶［Karl Meyer，以及他的妻子莎伦·布莱尔·布里萨克（Shareen Blair Brysac）］、本·鲍克（Ben Pauker）、史蒂夫·施勒辛格（Steve Schlesinger）、施莱·施温尼格（Sherle Schwenninger、约翰·瓦茨（John Watts）、琳达·瑞格莱（Linda Wrigley）和迈克尔·武克（Michelle Wucker）都对本书提供了自己的观点。我要感谢新美国基金会（New America Foundation）的泰德·霍尔斯特德（Ted Halstead），他不仅将我介绍给一群了解宏观问题的人们，而且他自己关于政策的观点对我的见解也有很大影响。新美国基金会的其他朋友——彼得·伯根（Peter Bergen）、莎伦·布朗利（Sharon Brownlee）、史蒂夫·柯尔（Steve Coll）、弗兰克·福山（Frank Fukuyama）、雅各·哈克（Jacob Hacker）、扎克·卡拉贝尔（Zach Karabell）、普拉格·可汗那（Parag Khanna）、杰弗瑞·刘易斯（Jeffrey Lewis）、约翰·那格尔（John Nagl）、雷切尔·怀特（Rachel White）、丹·叶尔金（Dan Yergin）——都为本书提供了卓越的见解。

本书的许多概念来自于同其他作者和学者多年来的数十次谈话，我无法一一说出他们的姓名。但是，在此我要提到其中几位：山姆·布里坦（Sam Brittan）、保罗·布鲁斯坦（Paul Blustein）、大卫·布鲁克斯（David Brooks）、史蒂芬·大卫（Steven David）、彼得·菲沃（Peter Feaver）、杰夫·加滕（Jeff Garten）、理查德·戈德伯格（Richard Goldberg）、罗伯特·威廉·福格尔（Robert William Fogel）、史蒂夫·汉克（Steve Hanke）、克雷格·卡明（Craig Karmin）、艾德·林肯（Ed Lincoln）、约翰·缪勒（John Mueller）、阿米蒂·施莱斯（Amity Schlaes）吉姆·特威切尔（Jim Twitchell）和马丁·沃尔夫（Martin Wolf）。我要特别感谢比尔·克林顿总统，他在繁忙的日程安排中抽时间向我提供了他关于一些问题的看法。

HSBC的同事们给予我极大的鼓励。首先，HSBC为我提供了大量的机会，使我能够亲身见证我在本书中描述的大趋势，实际上，每天的全球性工作和投资等实践经验是我接受过的最好的教育。我要特别感谢马库斯·阿克曼（Markus Ackermann）、鲁道夫·阿潘布林克（Rudolf Apenbrinck）、斯坦·安卡克罗纳（Sten Ankarcrona）、尼格尔·布朗（Nigel Brown）、戚浩霖（Chris Cheetham）、丽莎·金（Lisa Chin）、保罗·道（Paul Dawe）、克里斯蒂安·迪瑟格里斯（Christian Deseglise）、麦克·加里亚迪（Mike Gagliardi）、史蒂夫·吉本（Steve Gibbon）、萨拉·格里洛（Sara Grillo）、克莱尔·哈蒙德（Clair Hammond）、卡特·哈利（Kat Harley）、阿里夫·乔什（Arif Joshi）、埃利卡·迈索尼特（Erica Maisonet）、马克·迈库姆（Mark McCombe）、比尔·迈克肯齐（Bill McKinzie）、艾梅·米豪科（Aimee Mihalko）、克里斯·米罗诺波罗斯（Chris Milonopoulos）、瑞卡·拉姆达斯（Rekha Ramdas）、查斯·罗宾逊（Chas Robinson）、珍·卢克·罗格（Jean Luc Roghe）、保罗·希瑞（Paul Seary）、丹尼斯·西蒙（Denise Simon）、珍妮·孙（Jeanie Sun）、尼克·汀布莱克（Nick Timberlake）、乔治·瓦里诺（George Varino）和海纳·韦伯（Heiner Weber），他们为本书做出了不同的贡献。

每当我开始写作的时候，就会回想起我从前的老师们。已故休·肯纳（Hugh Kenner）总是为我提供最多的灵感，我可以很轻松地同他谈论所有的事情，从詹姆斯·乔伊斯（James Joyce）到计算机再到卡通片。我要把本书献给他。在通过书稿表达我的想法时，过去同米尔顿·卡明斯（Milton Cummings）、帕斯夸里·德维托（Pasquale DeVito）、南希·梅尔瑟（Nancy Melser）、罗恩·保尔森（Ron Paulson）、彼得·萨克斯（Peter Sachs）、弗里米·萨根（Frimi Sagan）和拉泽尔·齐夫（Larzer Ziff）的谈话内容就会浮现在我的脑海中。

最后，我必须感谢我的妻子安德丽亚（Andrea）和我的两个女儿。从大学期间开始，安德丽亚就是我最好的搭档，在本书写作的每一个环节，她都进行了可靠的审核。

目录

导　言

第1章　21世纪全球化大观

第2章　贸易与金融：金钱无处不在

导言

今天，将全球化——通过贸易、投资、技术、思想和移民构建的复杂的生命之网（web of life）——作为主题进行写作的人都要感谢汤姆·弗里德曼（Tom Friedman）和阿尔·戈尔（Al Gore）。不管你是否赞同他们杞人忧天式的预言，但《世界是平的》（*The World Is Flat*）和《难以忽视的真相》（*An Inconvenient Truth*，前美国副总统戈尔主演的一部有关气候变迁的纪录片，其中特别关注全球变暖现象——译者注）在20世纪90年代末激动人心的“反对一切”（anti-everything）的抗议中起到了教育和鼓舞大众的作用。

弗里德曼和戈尔的畅销书以及其他几位优秀学者的著作讨论了全球化最重要的一些方面。就像寓言“盲人摸象”中的盲人只能感觉和描述象牙、象耳、象鼻而不能从整体上充分了解大象一样，这些作者都倾向于针对全球化的一两个特征发表评论，很少有人会尝试描述所有的现象并理解这些现象之间的全部联系。因此，尽管《世界是平的》（还有弗里德曼的其他作品）生动地描述了全球经济竞争，而《难以忽视的真相》则通过不断加速的环境恶化令我们感到震惊，但这些话题都需要与21世纪地球上许多其他要素联系在一起进行考虑，因为在我们这颗星球上，生活着67亿人，他们正在以惊人的速度进行生产和消耗。只有这样，我们才能够全面地看到全球化相互关联、相互重叠、相互冲突的各个方面，并开始制定将这些快速变化与相互联系考虑在内的国内及国际政策。

这正是本书要讨论的内容。如果没有仔细考察全球贸易、金融、能源、移民、环境和国防之间的关系，我们根本就不可能谈论我们关心的基本问题，如抵押借款、退休计划和天然气价格等。但是，作为美国的公民，我们似乎并看不到21世纪的文明正在将越来越多的国家和民族联系在一起。同样，面对不断变化的世界权力格局（power structure），我们选举出的那些官员在制定重大政策时也显得笨手笨脚。如果不能识别、承认并理解这些联系，我们甚至不能开始讨论美国及其他国家如何在这一激动人心的进步过程中精心设计并利用有效的策略。

0.1 通过不同的透镜看世界

美国人无法融入到全球化的混乱之中，这在某种程度上是可以理解的。在20世纪的大部分时间里，美国人都生活在一个容易理解的世界里。美国是全球最大的、最有竞争力的经济体，但相对孤立且面向国内，其贸易占全部经济活动的比例还不到10%。美国在技术上的比较优势——再加上美元的强势和石油价格的低廉——使得美国人的生活水平超越了世界上绝大多数国家的生活水平。第二次世界大战后，美国主宰着世界，过着奢侈的生活——事实的确如此。汽车越来越长、越来越重，人们的身材越来越高、越来越胖，住宅越来越大，国家的政治、经济影响也越来越显著。由于美国的市场巨大，因此许多外向型国家很自然地希望与美国人做生意，并努力赶上美国富裕的生活方式——穿高档、时尚的服装，开又大又豪华的汽车，听流行音乐，欣赏电视和电影，吃过多的东西。美国被看成是自由资本主义世界的领导者，尽管有一点儿粗鲁（gauche），但头脑和心肠还是好的。

在20世纪的绝大部分时间里，美国作为全球最强大国家的地位几乎没有受到挑战。那时，欧洲和日本正在重建，前苏联、中国、后殖民时代的非洲、亚洲其他社会主义国家及拉丁美洲国家的贸易量非常低，而且与美国相比，这些国家的国内市场也小得多。实际上，在几十年间，没有哪个国家可以和美国相匹敌。在外交政策方面，通过将一些国家纳入北大西洋公约组织（NATO）和核保护伞之下以对抗传说中的苏联威胁，美国在1945年至20世纪90年代间维持了至高无上的地位。美国在海外建立了军事基地，在很多国家驻扎了军队，布置了武器。在简单的两极世界中，华盛顿维持着一种简单但有效的全球战略：保护那些与我们做生意的国家。但是，后冷战时代需要一种更宽泛、更复杂的观点。

时至今日，美国仍然是最重要的经济体，但与一代人之前相比，美国要在很多产业中同许多国家进行竞争。全球贸易——超过 20 世纪 50 年代的成百上千倍——成为了一种令人难以置信的人类活动。数以百万吨计的自然资源被极其高效率地提炼、开采出来，并在许多国家之间转运；世界上数百万家工厂生产出无数的高科技和低科技的产品；密集的运输网络通过海、陆、空将这些资源和产品在全球范围内进行配送，把它们运送到从前只能通过香料和古诗歌了解的市场中。整个系统（如果我们能够将这种自由开放的、狂热的全球性贸易称为一个“系统”的话）在大量的金融玩家和市场支持下运作，它们将储蓄者、投资者、生产商、工人和消费者联系在一起。数以万亿计的货币以电子方式不间断地在全世界循环。不断加速的贸易在全球范围内减少了贫困，数以亿计的人寿命更长，生活质量更高，比从前更有希望。

如果世界继续以可持续的方式不断发展，并使剩下的穷人摆脱贫困，那么我们就必须开始认识到构成混乱的新千年的各种复杂的相互作用及相互联系——在这个新千年中，各个国家明显是相互独立的，但同时又不可避免地要融入全球体系之中。伴随着混乱的跨国界活动而来的是需要我们充分评估和防护的新风险与新威胁——如恐怖主义、多样化的人口统计学特征（diverging demographics）、资源短缺、金融失衡、环境压力。想一想 2007 年开始动摇美国银行体系的大地震是如何通过金融市场和各个经济体在世界范围内扩散的。

实际上，在 21 世纪，我们需要一种完全不同的透镜来观察世界。为了生存和繁荣，我们需要改变“思想背后的思想”（thinking behind our thinking）。几十年来，美国和它的一些盟友采用了一种线性的、区隔化的方法（compartmentalized approach）来解决问题——这是一种“微观国内”（Micro Domestic）的观点，在这种观点下，政策是支离破碎的，是分别制定的。结果，美国在“我们能够（也许确实能够）控制全球的变化”这一信念之下来调整其政策。但是，在战后时期，世界并不是相互隔离的，各国之间联系的紧密程度超越了我们大多数人的认知。为了继续顺利前进，为了继续繁荣，我们需要一种全新的方法：一种“宏观量子”（Macro Quantum）范式。

与战后老式思维方式相比，“宏观量子”观点认为：权力是流动的，而不是固定的；未来的事件并非完全可以预测；而传统地缘政治意义上的所谓控制在某种程度上虚幻的。在这一转变过程中，美国片面的观点应该逐渐发展成多种可能性之一。我们应该承认并重视环境的改变，简单（simplicity）应该被复杂（complexity）所代替，确定性（certainty）应该被模糊性（ambiguity）所代替，一致性应该被多元化所代替。这样一种全面的观点强调有机的、自由的相互作用与共同决策，而不是恪守区隔化的、自我决定的死板信念。在"宏观量子"世界中，我们必须明白，权力的流动是我们无法控制的，实际上，试图对其进行控制——如我们在伊拉克看到的——很可能达不到目的，甚至会使问题进一步恶化。

的确，这是一个令人迷惑的概念。生活变得越复杂，人们就越希望得到简单的答案。但是，以后不会再有简单的答案了。20 世纪中期少数高效的、自主的、有巨大影响的经济体现在要应对错综复杂的、紧密联系的贸易与投资网络，在这个网络中，存在着数十亿的工人和消费者，他们必然会受到日益复杂且交织在一起的安全、能源和环境问题的影响。在我们生活的时代，生活中某一方面的微小变化可能会造成全球性的影响，斯蒂芬·利维特（Steven Levitt）可能会称之为"魔鬼经济学"式的世界。尽管绝大多数人都希望得到非黑即白的答案，但 21 世纪是一个充满着灰色阴影的时代。

美国面临着各种各样的威胁以及以前没有经历过的新商业与金融模式。面对这些变化，美国政府的许多政策在新千年中都显得非常幼稚。最近的 10 年间，美国政府——大概是对"9·11 恐怖袭击"的一种自然反应——一直受到无知的压力（strain of ignorance）、反理性主义（anti-rationalism）和反理智主义（anti-intellectualism）的影响，而不是去鼓励有见地的讨论并开发新方法。批评家们认为，布什政府在很多议题上——从全球变暖、政府支出到入侵伊拉克——不加掩饰地舍弃硬数据（hard data）和专家意见就是一个例证。许多人（包括笔者）都认为，在最近 10 年中的绝大多数时间里，传统的政策沟通渠道（包括认真分析和争论）已经被鲁莽的、基于信念的、直觉层面的决策所取代。理性的公开讨论已经越来越多地被政治家和媒体之间乱哄哄的、盲目的吵闹所代替。虽然布什政府的政策和特性（personalities）肯定已经对美国的国际地位和财富造成了损害，但全球化在新保守派闯入华盛顿之前早已开始了。全球化的势头已经积蓄了几十年，其飞快发展的步伐使得最近那些孤立的、教条的政策看起来毫无意义。就连对外政策与国内政策之间的区别也有些模糊了。

为什么我们无法把握当今的复杂性？美国人一直抵制对政策的争论，但每次当我们最需要严肃讨论的时候，我们似乎对这些讨论更加不信任。我们的学生在科学和数学上落后了不止一代人，主要是因为从根本上忽视了基本的公民观念（civic concept）。参加全民投票的美国人还不到一半，市民中只有1/6的人持有合法护照（而每3个人中只有1个人参加行政官员的选举），2/3的人说不出政府3个部门的名称或1位最高法院法官的名字。尽管我们的国家患上了注意力缺失症（attention deficit disorder），但以党派的意见和比尔·奥雷利（Bill O'Reilly）、卢·多布斯（Lou Dobbs）、比尔·马赫（Bill Maher）以及史蒂夫·科尔伯特（Steve Colbert）的滑稽剧来代替严肃的政策对话，这是不是令人感到吃惊呢？

这只不过是2008年总统候选人忽视一些问题（这些问题与全球事件具有模糊但紧密的联系）而向我们灌输各党派关于金融危机与伊拉克问题的声明（偶尔还会涉及与堕胎、同性婚姻、干细胞研究、宗教、枪支控制和死刑相关的道德问题）的部分原因。在2007～2008年经济回落期间，我们听到了一些对哥伦比亚自由贸易协定的讨论，主要是贸易保护主义者的言辞。几乎没有候选人谈论最迫切的问题：在中国、印度和其他非西方国家实现经济一体化的情况下，美国及其历史上的同盟者出现了相对的衰退。随着抵押借款问题不断加剧，总统候选人们仍然回避“我们面临的经济困境在本质上是国际社会面临的难题”这一问题：美国的次级借款危机（subprime crisis）实际上是范围更大的全球性信用危机（credit meltdown）的一部分。我们能指望的就是奥巴马总统在新的全球经济现实下，敢于承担起领导美国——也许是整个世界——的责任。这将需要对政策进行重大转变，包括对战后建立的多边机构（联合国和世界银行等）进行大幅调整，并且/或者建立新的机构，以协调这个不再由西方基督教白人社会主宰的世界中的跨国问题。

0.2 量子世界与新的参与者

自第二次世界大战以来，许多重大进步都是由美国连同欧洲和其他盟友组成的七国集团（Group of Seven，G7，由美国、英国、法国、意大利、德国、加拿大和日本组成）推动的。在过去的几十年中，在一些为世界共同进步以及冲突解决制定规则、行为标准和机制的国际会议中，这些国家充当着核心角色。但今天，G7 国家也出现了利益分歧和不同的意见，再加上非国家参与者（nonstate actor，NSA）以及强大的新兴市场国家的崛起，G7 在全球的重要性受到了削弱。在很多方面，G7 国家已经丧失了使它们在上个世纪控制世界进程的经济与政治影响力，但能够填补这一真空的恰当替代者还没有出现。

在新的千年中，许多曾经的“发展中”国家产生的经济与政治影响已经超过了 G7 中较小的成员。像俄罗斯之类的大国以及亚洲国家（包括中国、印度、韩国、印度尼西亚等）、拉丁美洲国家（如巴西和墨西哥）、非洲国家（如埃及、尼日利亚和南非）中的中产阶级迅速崛起，其受过良好教育、有竞争力的劳动力队伍也在不断成长。许多以前的穷国极大地推动了世界的产出，并成为金融市场的积极参与者。通过对其经济进行高效的管理，许多以前的债务国现在已经变成了美国及其他 G7 成员（这些国家的经济依赖预算赤字和高杠杆）的债权国。随着时间的推移，新兴国家的金融地位得到了强化，它们占全球贸易和收入的份额急剧上升。

20 世纪的跨国活动主要由政府主导，而今天的世界上存在着各种各样的民间参与者（civilian player）——政治家们喜欢称之为“非国家参与者”——它们承担着以前由国家统治者承担的角色。银行、跨国公司（multinational corporation，MNC）、共同基金与对冲基金、新闻记者、非政府组织（nongovernmental organization，NGO），甚至恐怖分子和准军事组织，都拥有跨越国界的能力，这在第二次世界大战后的年代是不可想象的。这些新的参与者通过以下方式推动着“宏观量子”世界的不断发展：它们创造新的工作岗位、为政府融资和投资；它们提供教育、医疗和人道主义服务；它们传播并塑造公众的意见；它们影响政府最高层的决策；在某些情况下，它们还会制造军事冲突。

我们的世界由许多国家组成，在历史上，这些国家的跨国活动非常有限，因此没有什么联系，那么我们现在要如何应对突然而至的经济与金融一体化？到 2020 年，这个星球上将增加 10 亿人，我们如何防止出现潜在的资源失衡、短缺和“环境自杀”（environmental suicide）？是不是只有市场才能支配跨国行为？老的管理机构会不会与在经济快速增长过程中形成的新管理机构产生竞争？我们如何与恐怖主义和武器扩散进行斗争？我们如何防止金融和经济出现下滑？简而言之，随着全球化的迅速推进，我们不可避免地需要同我们并不了解而且很可能并不信任的国家共同把握前进的方向，我们应该如何面对这样一个现实？这些问题是奥巴马政府需要关注的，也是本书试图进行深入分析的。

不管答案是什么，它们都必须来自于以全面、非区隔化的方式制定的明智的公共政策。自1987年以来，我曾经在50多个发展中国家和地区（包括拉丁美洲、加勒比海、非洲、中东、中欧国家，俄罗斯及其前加盟共和国，亚洲国家）进行旅行和投资。我主要投资于政府债券和货币，并试图搞清楚哪些国家走上了成功、繁荣之路，哪些国家没有。通过在哥伦比亚大学国际与公共事务研究院将近20年的研究与教学工作，这一点得到了强化。在专业上，我有三个头衔用以分析这些趋势：第一个是政治学家，研究处于不同转型阶段的国家的公共政策；第二个是经济学家，试图理解这些政策在长期和短期中的经济后果；第三个是务实的商人，通过判断哪些国家比其他国家做得更好或更差来进行积极的投资。

为了理解明智的政策与经济成功之间的长期联系，我们只需要看一看朝鲜半岛，在三代人之前，这里是世界上最贫困的地区之一。自1953年这个国家因战争被一分为二后，它们各自选择了完全不同的政治路径（policy path）。北部的朝鲜选择了中央集权的经济体制，而南部的韩国则致力于教育和贸易。今天，韩国的人均收入差不多是朝鲜的16倍，而且朝鲜会定期经历食品和能源的短缺。在过去22年中，我曾见识过一些国家巧妙地协调国内政策以获得未来希望的结果，也看到过一些国家痛苦地摸索着前行，并十分狼狈地跌倒在地上。

华尔街实用主义与学术研究的结合教会了我去欣赏全球化万花筒，其中的每一个新要素和每一次转折都会创造出一种独一无二的模式。在过去20年中，在对不同国家政策的后果投入数十亿美元的赌注后，笔者（还有许多投资者和学者）开始担心我们的国家可能会是一个越来越差的赌注，市场交易者称之为“空头交易”（short）。实际上，在上一个千年中的大部分时间里，与美元对赌（betting against the U. S. dollar）的投机者都获得了不错的收益。

但是，在全新的政策思维（policy thinking）中，这种趋势很容易反转。这正是我们要在《看大象》这本书中讨论的问题。

在前两本书中，笔者试图关注全球趋势，强调新兴市场的崛起以及新兴市场与富裕国家之间存在的文化分界线。笔者亲眼目睹了20世纪中期政府不断从其主导的领域中退出。很明显，今天的市场在某些方面（如创造生产性的工作、工厂和基础设施）比政府更有效率。但市场同样也存在着不足之处，正如最近的信用危机所显示的，而且在当今过度活跃、极具创新性（hyper-creative）的金融环境中，它们不可避免地要受到“短视”的连累。为了应对十分混乱的市场，必须重新发挥政府的作用——特别是在多边贸易层面——以制定一些长期政策，而这些政策在短期中可能会不受欢迎且看上去并不成功。这就让我们回到了对美国的讨论上。

0.3 面临危险的资本主义和平

长期以来，美国一直是“资本主义和平”（capitalist peace）的倡导者，自由贸易和无障碍投资可以将不同的国家结合在一起，并避免军事冲突。由于战争会造成交易的中断和对生命与财产的破坏，因此它对参战各方来说代价都过于高昂。看一看最近几十年来国际间战争的大幅减少，人们就会认为我们已经进入了一个黄金时期，但原本十分牢固的资本主义和平基础已经出现了明显的裂痕：国际金融市场的崩溃、最近多哈（Doha）贸易谈判的破裂、对《京都议定书》缺乏全面的理解、联合国安全理事会（UN Security Council）的回避与迟钝、国际法院体系（International Court system）的失败、对某些跨国收购的保护主义回应，更不用说对入侵伊拉克及其后果的意见分歧。总而言之，这些问题表明，全球紧张局面令人担忧，也许在多边主义和未来繁荣的历史进程中，我们正处在一个十字路口。

“宏观量子”的未来并非一成不变，而是取决于我们今天制定的决策。美国可以忽视全球化，继续充当孤立的、心胸狭窄的恃强凌弱者这一角色，试图令每一个国家都去适应其单方面的观点。这样做会犯一个错误，它将激起更多的我们想象不到的憎恨，带来更多的风险。另一种策略是让我们自己被动地追随新的全球趋势，充分理解美国——以及 G7 中的大多数国家——将在市场之风的吹拂下随波逐流，而市场之风也会吹拂其他国家的风帆，让它们行驶得更快。对于最近单方面采取的积极行动来说，这也更可取一些，尽管这样做会使我们对美国强权之下的世界和平（Pax Americana）的控制力大为降低。在这种情形下，美国当然会保持经济上的重要性，但美国的地位会逐渐降低，就像英国在 20 世纪一样。最后，对于美国来说，管理这一不可避免的变化的最佳办法也许是精心地制定政策，并支持那些协调宏观量子世界的制度，利用其不断降低但依然存在的影响力以获得更好的结果。全球关系明显处于一种不稳定状态，但在有恰当指导的努力之下可以变得有条不紊。做到这一点并不容易，需要重振国际合作精神，与之形成对比的是，最近美国出现了微观国内控制思潮。

在过去的大约 10 年中，全球化的承诺只实现了一部分，未来我们还会从中获得更多的收益。然而，全球化并非没有风险，如果不承认必然出现的多极化，重要的贸易、金融、安全联盟也不太可能取得成功。为了管理多维的跨国关系，我们必须进行更加宽泛的讨论。培育联合国、世界银行、世界贸易组织的“我为人人，人人为我”的精神——为更多的人带来更多财富的基石——需要新的承诺以反映最近的历史发展情况。没有多边主义的复苏，不稳定、武装冲突、贸易保护主义、更严重的金融恐慌的风险将会持续提高，就像第一次世界大战之前一样，有可能造成毁灭性的后果。

在量子世界中，乐观的做法需要确立全面的政策构想，这一构想应该能够准确地衡量美国与其他国家的相对地位。本书第 1 章将考察 20 世纪（特别是最后 20 年）世界强国引人注目的重新定位，还将研究在当今不断加速的全球趋同（global convergence）条件下新的非国家参与者的崛起。

后面的章节将关注 7 个跨越国界的、相互关联的重要问题，这些问题需要更好的协调：

1. 贸易与金融。
2. 能源。
3. 安全。
4. 移民。

5. 健康。
6. 环境。
7. 贫困。

如果不考虑它们之间的联系，我们就无法理解上述任何一个领域，我们必须借助一种多学科的观点来塑造和平、成功的全球化。

本书最后一章将关注美国及其领导地位面临的重大挑战——或者说是机会。毫无疑问，在新千年中，美国，至少是美国政府，已经在某种程度上丧失了国际社会的尊重。从本书的前 8 章中我们可以清楚地看到，由于不断加剧的经济竞争、与新旧强国之间的关系不佳、固执的单方面行动、管理全球化的方式笨拙，美国的声望已经遭到了侵蚀。美国没有能够同新兴国家建立牢固的同盟，而是在理解这个快速变化的世界时慢了半拍。然而，这种趋势并非不可挽回。

美国必须重新树立自己作为全球管理体系最重要的支持者的形象，这一体系孕育了这个量子世界。我们需要扭转这一已经对新千年造成困扰的无序的单边主义恶性循环，转而进入一个能够使所有国家更好地共同解决问题的良性循环。为了重建领导地位，美国必须强调国际协议、规则和机构的重要性。奥巴马总统需要建立一种氛围，以鼓励其他国家与美国协调一致，恢复对全球体系的信任，并巩固资本主义和平。

这需要联合国和世界银行等多边机构实现现代化。美国需要大肆宣扬多边主义的价值，而多边主义是我们这一全球体系的哲学基础。这种凝聚力（unifying force）既可以利用非国家参与者的力量，也可以抑制能够破坏第二次世界大战结束后建立起来的秩序势力。

美国永远也不可能阻止中国、印度、俄罗斯以及其他新兴市场的崛起，但肯定可以让这些国家融入过去 60 年来建立起来的不断发展的规则和制度中。笔者提议的战略并不一定能够保证美国在经济上仍然保持领先，但应该能够保证我们在战后建立的多边体系最终取得胜利。这一体系应该是唯一的选择。它们还可以防止新强国的崛起将世界划分为激烈对抗的阵营——这种情况在第一次世界大战前就发生过。经济、安全、能源、健康、移民和环境规则越是实现多边化、包含的范围越广，全球体系就越能保持其连续性（coherence)。美国在这一体系中是否能够繁荣发展取决于我们今天制定的政策。奥巴马总统面临的挑战是不仅要表达出这一哲学，还要用更好的行动来证明它。美国必须实践它宣扬的信念。

我们有一个机会，但这个机会是有时间限制的。在20世纪的大部分时间里，美国是全球化的领头羊，但在最近10年中，当“羊群”不断壮大且不知道应该走向何方时，它却睡着了。现在该苏醒了。实际上，全球金融危机可能是最好的催化剂。退却只会浪费我们建立全球秩序的最后时机，而这一体系对美国的未来利益是有利的。我们应该从现在开始就努力构建起全球体系，以使今天这些行动产生的制度遗产（institutional legacy）能够令美国在日益拥挤、竞争日趋激烈的环境中处于最佳地位。今天，世界渴望那些指导集体行动的规则和纪律体系获得新生，而美国（在实施了我们即将讨论的政策转变后）在建立持久的资本主义和平方面依然拥有最佳的机会。

第1章

21世纪全球化大观

没有改变就没有进步，那些不能改变自己思想的人什么都改变不了。

——萧伯纳（George Bernard Shaw）

有一个古老的印度寓言，讲的是几个盲人第一次遇到了一头大象。一个人摸到了大象的鼻子，因此他声称大象像一条蛇；另一个人碰到了大象的尾巴，因此他坚信大象像一根绳子；第三个人抓住了大象的耳朵，于是他将大象比成一把扇子；第四个人摸到了大象的肚子，他相信大象像一堵墙。几个盲人开始争论，每个人都坚持认为只有自己是正确的。一位路人问他们在吵什么，几个盲人答道："我们没法就大象是什么样子达成一致。"听了他们的描述后，路人平静地解释道，他们在描述大象某一部分的时候都是正确的，但都不是对大象的全面感知。盲人们带着豁然开朗的感觉离开了。

笔者将本书命名为《看大象》（*Seeing the Elephant*），并非是要强调关于全球化——我们的大象——的传统观点过于狭隘或不可靠，而是要强调所有合理的观点都会对这一重要的讨论增加价值。因为当我们提到全球化的时候，理解宏观图景与关注一两个领域同样重要，也许更加重要。本书的书名借用了"房间中的大象"（the elephant in the room）这一表述，即一种令人不安的状况，每个人都心知肚明，但谁也不对它说些什么或做些什么。全球化来势汹汹，在某种程度上令人感到恐惧，因此很多人选择回避而不是面对它。

上个世纪，我们的工作、饮食、沟通、安全、娱乐的方式都发生了重大变化，这种变化是多方面的，但仍然构成了一个连续的整体。今天选举出的官员、公司和金融巨头、媒体评论员和学者都在用放大镜观察过去 20 年来各个方面发生的戏剧性变化，提供有价值的信息。但是，我们仍然没有搞清楚各个部分之间是如何联系在一起的。

这些未完成的努力的结果是一份“担忧清单”，而不是应对我们面临的全新挑战的合理规划。在世贸大厦轰然倒下的时候，我们开始担心全球恐怖主义。阿尔·戈尔因《难以忽视的真相》而获得了奥斯卡奖，我们的注意力也转向了全球变暖。一位印度客户服务代表在班加罗尔（Bangalore，印度南部城市——译者注）应答我们的免费电话，因而我们将外包加到我们的“担忧清单”中。巴西的超级模特吉赛尔·邦辰（Gisele Bündchen）要求用欧元支付报酬，于是美元疲软的大标题就会吸引我们的注意力。汽油的价格提高到每加仑 4 美元以上时，我们就宣布出现了能源危机。我们发现来自中国的宠物食品受到了污染，贸易保护主义者就会大发雷霆。我们观看了乔治·克鲁尼（George Clooney）、波诺（Bono）或安吉丽娜·朱莉（Angelina Jolie）等人主演的有关非洲的电影后，就会在我们的“担忧清单”中加入种族灭绝、贫困和艾滋病等。莱曼兄弟公司（Lehman Brothers）破产了，我们就开始担心我们的储蓄账户是否安全。

这些交织在一起的国际问题应该得到更多的关注，而不应该像现在这样轻率。“大象”的各个组成部分——贫困、能源、商业、环境和安全——都需要从系统、整体的角度进行理解。美国不可能再回避这一“大象”。全球化异常复杂，强大的经济集团和“非国家参与者”的迅速崛起要求建立新的平台，以便对这些棘手的问题和政策“处方”进行讨论。但是，我们首先需要对我们走过的路径进行回顾。

1.1　老的又变成了新的

人们可能会感到惊讶，在整个 13 世纪，中美洲、欧洲大陆、非洲和亚洲的生活方式太相似了。在古代的墨西哥城、伦敦、伊斯坦布尔和北京，重要的生物社会学指标（bio-social marker）——预期寿命（life expectancy）、每天摄取的热量、婴儿死亡率、文盲率——都基本相同。大多数人从出生到死亡

（包括其间的耕种活动、到市场上交易、生活），都不会远离其家乡。各个地区的家庭规模大致相同（也就是说人数较多），没有哪种文明比其他文明具有明显的优势。按今天的标准来看，那时没有哪个国家称得上富裕。与当代的生存状况相比，霍布斯（Hobbes）说的是对的：当时人们生活在肮脏、野蛮、短缺的环境中。

随着文艺复兴的到来，重新燃起的对知识的兴趣使得欧洲冲破了黑暗的中世纪（Dark Ages）。这导致了18世纪末期蒸汽机在英国的发明。亚当·斯密（Adam Smith）1776年出版的《国富论》（*Wealth of Nations*）一书为有组织的资本主义（organized capitalism）奠定了哲学框架，工业革命诞生了。机器驱动的生产能力使动物和人力相形见绌，产量飞速提高，成本大幅下降。运河与铁路的改善以及内燃机的发明使得更多的商品能够以更快的速度被运送到更远的地方，贸易量加速增长。英国大众教育体系造就了能够操作新机器的熟练工人。在与稀缺斗争了几千年后，人类终于找到了一种能够大量生产同时付出较少劳动的方法。

英国是第一个工业化国家，但它的领导地位没有持续多长时间。19世纪末和20世纪初，商品、思想和正规教育在欧洲、北美洲的传播使得人们的生活水平趋于一致（如果汤姆·弗里德曼所说，“世界是平的”）。到19世纪末，欧洲南部的贫穷国家——当时的新兴市场——快速成长，努力追赶欧洲中心的工业化国家。

直到19世纪末，随着苏伊士运河（Suez Canal）通航、海上运输技术的创新、铁路向广袤的大陆深处延伸，地理上的隔绝逐渐被打破，亚洲才加入到这一行动中。此后，西方国家很快加入与亚洲的交流中。中国和泰国分别于1842年和1855年开放了其港口，这两个国家的关税壁垒都很低。印度于1846年采用了英国的自由贸易模式，印度尼西亚于1870年开始模仿荷兰。即使根据最近亚洲奇迹的标准来评判，最引人注目的变化也是出现在日本，19世纪50年代中期，它从一个与世隔绝的封建国家转变成一个经济开放的国家。在佩里准将（Commodore Perry）到达后的大约15年间，日本的对外贸易从0上升到占国民收入的7%，而其国民收入本身也提高了大约50%！

除日本之外，亚洲国家的生活水平仍然比较低。这些国家人口数量庞大、教育与识字水平低于西方国家，这使它们没有能力从手工劳动转变为机械化生产。自工业革命开始以来至 20 世纪末，印度人均收入从与英国大致相等下降到只占其 15%，下降了 85 个百分点。印度和中国输给了英国、美国和俄罗斯，直到 20 世纪 90 年代才得以恢复（参见表 1.1）。

表 1.1　历史上的力量转移（占全球经济产出的百分比，1820～2050 年）

1820 年	1870 年	1950 年	2000 年	2050 年
中国 33%	中国 17.2%	美国 27.3%	美国 22.2%	中国 28.1%
印度 16%	印度 12.2%	前苏联 9.6%	中国 14.6%	美国 21.9%
法国 5.5%	英国 9.1%	英国 6.7%	日本 6.6%	印度 17.2%
俄罗斯 5.4%	美国 8.9%	德国 6.5%	印度 5.9%	日本 4.8%
英国 5.2%	俄罗斯 7.6%	中国 5.0%	德国 4.1%	巴西 4.4%

资料来源：OECD，Goldman Sachs.

19 世纪末，各大洲间经历了半个世纪的开放式贸易和相对和平的关系后，欧洲各国目光短浅的政治家们开始设立商业壁垒。跨国经济协调平台的缺乏导致了不信任和误解，结果造成了贸易竞争和贸易保护主义政策，国家间开始形成联盟和集团，最终导致军事冲突、商业停滞以及 30 年的破坏。在第一次世界大战中，2800 万人受伤，1300 万人死亡，军事费用和财产破坏高达上万亿美元。第一次世界大战结束后阴郁的岁月使得贸易保护主义进一步加剧。随着怒火在贸易伙伴之间不断漫延，世界范围的大萧条来临了，法西斯主义和民族主义运动乘势而起，最终导致了第二次世界大战的爆发。如果将因饥荒和疾病造成的死亡计算在内，第二次世界大战造成的死亡人数在 5000 万～7000 万之间。交战各国的军费开支超过 1 万亿美元，遭到破坏的财产高达约 3 万亿美元。第二次世界大战结束后很久，贸易量才接近 19 世纪末的水平。

1.2　战后时期：来之不易的和平与失衡的全球经济

经过两次世界大战的破坏、混乱和经济停滞后，一个新的稳定时代来临了。美国作为一个超级大国，在贸易、安全和金融领域引领着前所未有的多边努力。在第二次世界大战结束后的岁月里，美国操纵着多边机构，包括货币与金融协调体系布雷顿森林协定（Bretton Woods Agreement）、联合国、世界银行集团、联合国国际法院、关税及贸易总协定/世界贸易组织（GATT/WTO）、经济合作与发展组织（OECD）的前身和北大西洋公约组织（NATO）。然而，19 世纪末的贸易大发展是没有受到监管的，这些新自由主义的、以自由市场为导向的机构与战后前苏联、大部分亚洲国家（包括中国）、拉丁美洲国家和非洲国家采取的社会主义的、集中计划的方式形成对立。通过订立公约以有秩序地进行商品交换，而不受任何单一国家的支配，它们保证了共同的繁荣与安全。这些国家的生活水平有了巨大的飞跃，使得西方阵营与世界其他地方出现了巨大的社会经济差距。1945 ~ 2000 年间，不仅是美国和西欧国家的人均 GDP 增长率达到社会主义/共产主义世界的数倍，而且西方人的寿命也更长，一般来说身体也更健康。

1974 年，美国将多边贸易向前推进了一步，创立了“图书馆小组”（Library Group），这是一个由来自美国、英国、前联邦德国、日本、法国的高级财政官员组成的非正式机构。这一由世界主要工业化民主国家组成的非正式论坛成为了控制全球政策的团体。这些国家赞成每年召开一次会议，轮流担任这一联盟的主席，这就形成了“六国集团”（Group of 6，G6），后来加拿大加入这一联盟，形成了“七国集团”（G7）。在随后的 20 年中，这一论坛将管理经济与金融协作事务，但同时也涉及国防与安全问题。

在 20 世纪 70 年代和 80 年代期间，G7 是主宰世界经济与政治的权力集团，几个较小的贸易国家（包括亚洲“四小虎”——中国香港、新加坡、中国台湾和韩国）也渐渐融入这一体系中。这些国家和地区采用了与日本“教育与出口”（educate and export）模式类似的政策。日本只用了 50 年的时间就普及了义务全民教育（英国花了 150 年的时间，美国花了 100 年的时间），但韩国将这一时间缩短到大约 30 年。“四小虎”都致力于教育（如图 1.1 所示）。借助其相对廉价但熟练的劳动力队伍，它们在将近 30 年的时间里实现了史无前例的两位数增长和贸易一体化。

在战后的大部分时间里，中央集权制的国家如前苏联和社会主义中国选择了中央计划和国内贸易保护主义政策，而没有选择自由贸易。当前苏联最

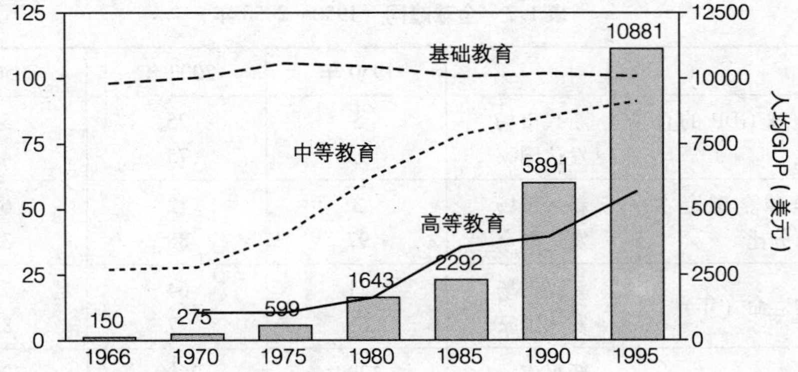

图 1.1　教育与财富：韩国的入学率与经济增长（1966～1995 年）

资源来源：IMF，World Economic Outlook 2001.

终于 1991 年解体的时候，它宣告了中央计划经济的终结。随后，20 世纪 80 年代，中国在邓小平“社会主义市场经济”构想的引领下实现了引人注目的经济增长。由于拥有庞大的人口规模，而且 80% 的人都识字，所以中国没有像亚洲“四小虎”和日本一样实行 12 年义务教育制，但中国庞大的规模保证了其经济能够融入到全球经济中。通过接受来自美国和 G7 国家跨国公司超过 2500 亿美元的外国直接投资，中国像亚洲“四小虎”在前几十年所做的一样，利用 20 世纪 90 年代打造了世界级的制造能力，实现了两位数的增长率，一直持续到今天。

在拉丁美洲，智利、墨西哥和巴西的改革与私有化，以及通过布雷迪计划（Brady Plan）而实现的大规模债务免除和重组，使这些国家恢复了有效的偿付能力，并为进一步实现全球一体化铺平了道路。同样的进步在南亚——特别是在印度——也可以看到。尽管非洲的进步比其他地区慢一些，但也在向私有化和一体化迈进，同时，南非在 20 世纪 90 年代初消除了种族隔离制度后，也成功地脱颖而出。

一些国家（如中国和印度等）转向自由贸易，它们与西方国家生活标准之间的差距迅速缩小。在发展中国家，许多指标——教育、平均寿命、每天的热量摄入——开始接近 G7 国家的水平，并将在本世纪的某个时候赶上 G7 国家（参见表 1.2）。

表 1.2　全球趋同（1950～2050 年）

		1950 年	2000 年	2050 年
占全球 GDP 的百分比	新兴市场	5	25	55
	发达国家	95	75	45
占全球金融资本的百分比	新兴市场	3	12	68
	发达国家	97	88	32
平均寿命（年）	新兴市场	41	64	78
	发达国家	65	77	83
每天热量摄入	新兴市场	1200	2600	3000
	发达国家	2200	3100	3200
婴儿死亡率（每千名）	新兴市场	140	65	10
	发达国家	30	8	4
识字率（每百人）	新兴市场	33	64	93
	发达国家	95	98	99

资料来源：Bloomberg，World Bank，UNDP，Goldman Sachs and author's estimates. GDP and stock market capitalization figures are inflation adjusted.

1.3　新兴的多极化力量

在前苏联于 1991 年解体后，许多评论家将美国称为世界上唯一的“超级大国”，在各个方面都占主导地位的全球领导者。然而，不论采用哪种定义，权力都在 21 世纪发生了转移。想一想经济权力：美国可能处于最高的地位，但其他国家正在侵蚀它的基础。日本是世界上最大的经济体之一，主宰着从汽车到电子产品等产业。许多欧洲国家已经加入欧盟（EU）——一个强大的自由贸易区，同时也是一个政治联盟。曾经受到前苏联控制的东欧国家经历了快速的贸易增长——许多国家最终将融入不断成长的欧盟市场中。在经历了 30 年的改革之后，中国的国际政治与经济影响力不断扩大，其目标是在本世纪的未来时间内成为全球最大的经济体。印度同样也摆脱了中央集权的增长模式，成为了后起之秀。在其他地方，巴西、墨西哥、土耳其、韩国和其他亚洲国家成为了全球贸易的重要参与者。南非、埃及和尼日利亚成为了区域性的“权力掮客”（power broker）。伴随着全球经济活动的激增，对能源的需求使得中东地区的许多产油国以及俄罗斯成为了世界关注的焦点。简而言之，美国和其他 G7 成员国不再是经济活动的核心。

技术（特别是通信和计算技术）显著进步，废弃了计划经济思想，接受自由市场政策，发展中国家对更年轻、营养更好、受教育程度更高的人的培养，这些因素结合在一起，使得许多新兴市场国家取得了成功。发展中国家（其人口不断增加，生活水平也在不断提高）更优秀的人力资本使得它们与西方国家的差距不断缩小。联合国人类发展指数（Human Development Index，HDI）显示，1960 年，低收入国家和中等收入国家的 HDI 水平只相当于高收入国家的 20% 和 32%。到 1993 年，这些指标提高到 34% 和 62%，在最近一次的全球化加速中，到 2006 年，这些数字攀升到 65% 和 85%。而且，我所说的“新兴七国”（Emerging 7，E7）——中国、俄罗斯、印度、印度尼西亚、墨西哥、巴西和韩国，其人口总和超过 G7 国家人口总和的 4 倍。到 2050 年，其人口将超过 G7 国家的 5 倍，因为 G7 国家的出生率较低。一些国家（如德国、意大利和日本）的人口可能在减少。在同一时期，E7 国家的 GDP 总和将达到 G7 国家的 2 倍，如表 1.3 所示。

表 1.3　G7 与 E7 的数字对比

	当前人口	2050 年预计人口	当前经济总量（10 亿美元，购买力平价）	2050 年预计经济总量（10 亿美元，购买力平价）
美国	295734134	467480550	12454	37666
日本	127417244	124283183	3942	8040
德国	82431390	80395649	2417	5440
法国	60656178	72957719	1829	4870
英国	60441457	69510624	1926	5067
意大利	58103033	56668110	1667	3128
加拿大	32805041	51345087	1061	2983
G7 国家合计	**717588477**	**922640923**	**25296**	**67194**
中国	1306313812	1744331739	8572	48571
印度	1080264388	2164849996	3815	27235

（续表）

	当前人口	2050 年预计人口	当前经济总量（10 亿美元，购买力平价）	2050 年预计经济总量（10 亿美元，购买力平价）
印度尼西亚	241973879	497016784	847	3923
巴西	186112794	315312308	1627	8028
墨西哥	106202903	189987001	1052	7838
韩国	48422644	58533982	1056	3684
俄罗斯	143420309	119156344	1559	6162
E7 国家总计	**3182371288**	**5208971595**	**19140**	**105441**

这些 E7 国家绝不是仅有的需要关注的新兴市场，但它们确实为我们带来了引人注目的风险与回报组合，在制定更长期的公共政策时需要认真对待。这些国家以及从前曾经非常贫困、因全球化而繁荣兴旺的国家为美国和 G7 国家带来了新的机会——但前提是我们要理解发展的趋势，并且以建设性的方式让新兴国家参与其中。

1.4 E7 与其他新兴国家

G7 是一个由有影响力的、富裕的国家组成的关系密切的小团体。但是，由于熟练工人的数量和消费者的数量不断增加，这一精英俱乐部之外的许多国家在全球贸易体系中越来越重要。这些不断成长的国家的政策影响着美国和欧洲的经济，反过来也是一样。按购买力平价（purchasing power parity，PPP）计算，E7 国家的经济总量已经达到了 G7 国家的 75%，但到 2050 年，其经济总量将达到 G7 国家的 2 倍，如表 1.3 所示。另外，E7 与依赖出口的经济体如亚洲“四小虎”不同，它们都是大国，人口不断增加，有些国家还拥有庞大的军队和核武器，它们应该成为世界多极管理体系的一部分。下面我们将对这些国家进行逐一介绍。

中国：中国是一个拥有 5000 多年历史的文明古国，在 1820 年的时候，中国是全世界最大的经济体，而且到 2050 年将再次成为世界第一。由于在低科技部门和高科技部门拥有大量的熟练劳动力，中国早已超越美国成为最大的向欧洲出口的国家，使得其贸易伙伴感到疑惑：中国人为贬值的人民币什么时候才能更加自由地兑换并公平地估值。从安全角度看，尽管中国很久以来就成为了核超级大国，但几十年来它一直不插手军事冲突。这种状况将会持续并应该持续吗？中国拥有超过 2 万亿美元的外汇储备，是美国政府债券最大的购买者之一，许多中国公司（其中一些是国有企业）正在积极地购买海外资产。这将是未来几十年中世界需要面对的一种重要关系。

印度：作为 1820 年时世界第二大经济体，印度是一个混合体：拥有众多高科技人才，其工程师和计算机专家的数量足以和硅谷相抗衡；印度拥有 5000 万中产阶级，相当于一些 G7 国家的总人口数；近乎永久性的下层阶级，占地球人口的 10%。如果将信奉印度教和伊斯兰教、过去曾经是殖民地、核武器，以及目前世界上最大的、讲英语的民主国家等因素结合起来，你就会明白为什么这一巨人应该在多边管理体系中占据更重要的地位。

巴西：南美最大的经济体，其国土面积比北美大陆上的美国 48 个州的面积还要大，人口超过 1.6 亿人。尽管过去曾经因国有企业经营不善和倒闭而陷入困境，但巴西现在拥有多元化的经济，包括从农业到航空业的各类行业，而且是世界上主要的乙醇生产国。巴西还在解决有关农业补贴全球障碍的贸易谈判中承担着主要角色。巴西发挥着强大的区域影响力，能够对拉丁美洲国家（主要是委内瑞拉、玻利维亚和阿根廷）产生稳定的影响，在这些国家中，近年来更多的民粹主义者（populist）和民族主义者政治家脱颖而出。

俄罗斯：10 年前，俄罗斯几乎破产。然而，出乎所有人的预料，来自前世界超级大国的 1.5 亿人民在经历了挫折后快速恢复，迅速强大起来。俄罗斯的外汇储备居世界第三位。尽管是 G8 的成员，但它仍然被排除在 G7 关于金融和贸易的讨论之外。俄罗斯通过开发其丰富的自然资源以寻求更大的全球影响力。随着经济的复苏，俄罗斯在全球舞台上的真实意图是什么？俄罗斯是联合国安全理事会的常任理事国，其金融基础也得到了改善，难道不值得同这一国家进行更深入的对话和协作吗？

印度尼西亚：想到伊斯兰教，你就会想到中东地区，但是，印度尼西亚 2.45 亿人口占全世界伊斯兰教信徒的 1/4。这个庞大的国家拥有大量的石油储备和熟练的劳动力队伍，但环太平洋东南部数百个小岛间的种族关系非常紧张。印度尼西亚已经成为世界上 20 个最大的经济体之一，到 2050 年，它将成为世界上最大的 7 个经济体之一。与这个多元的国家进行协作将有助于将来 G7 同穆斯林世界的合作。

墨西哥：墨西哥已经成为美国最大的贸易伙伴之一，在 1993 年北美自由贸易协定签订之后，这一联系更加紧密。墨西哥的人口将近 1.1 亿，是美国移民争议最严重的国家。我们不应该忽视其自由市场和民主的现状。如果被美国忽视，墨西哥就有可能回到过去的状态，重新实行社会主义和中央集权体制。墨西哥应该被视为进一步促进拉丁美洲和加勒比海地区与全球进行整合的伙伴之一。

韩国：50 年前，韩国还是地球上最穷的国家之一。今天，它是世界上第 13 大经济体。作为美国长期的盟友，韩国在东亚的地理位置非常重要，但最近与平壤的紧张关系使得人们对美国驻军越来越不满。考虑到其世界级的企业及其战略位置，韩国应该具有更多的发言权。

这 7 个国家的人口占世界人口的很大一部分，这是一个很容易和 G7 进行比较的指标，但它们绝不是仅有的重要的新兴国家。在非洲，尼日利亚（石油储量丰富，拥有 1.2 亿人口）、埃及（拥有 7000 多万人口）和富裕的南非显然是这一越来越有希望的大陆上重要的国家。许多中欧国家如波兰、罗马尼亚、乌克兰和土耳其——总人口超过 2 亿——正在努力争取加入欧盟。在亚洲，几个较小的国家（如新加坡）再加上较大的国家（如泰国、马来西亚）和后来者越南，在世界经济与金融领域中占据着重要的位置。

1.5 非国家参与者的兴起

在新兴国家崛起的同时，非国家参与者重要性的日益提高也使得跨国关系更加复杂。一直以来就有一些民间人士参加跨国活动，他们是传教士、商人和探险者。今天，各类非国家参与者活跃在全球各地。其中一些参与者并没有受到政府密切的监控和控制，但大部分会受到严格的控制。理解这些非国家参与者是什么、如何运作、如何对它们施加影响，可能是政府在制定政策时面临的最大挑战。

跨国公司：跨国公司（multinational corporations，MNCs）的总量超过 10 万家，它们是现代世界的经济使者，通过在全球寻找更廉价的劳动力和新的消费者而寻求更高的利润。今天，这些企业巨人的生产与供应链不仅仅跨越一个国家，而且跨越了多个国家。像通用电气（GE）和耐克（Nike）这样的跨国公司在世界各地建造了成千上万家工厂，雇用了数以百万计的员工。今天，一些公司非常巨大且十分复杂，而且许多公司的收入、员工人数和顾客人数超过了一些国家的收入与人口。

金融机构：在过去 20 年中，金融的全球化就开始加速。1980 年，在从第一世界流到发展中国家的每 1 美元中，大约有 73 美分来自几十家商业银行和世界银行，新兴市场国家中没有能够吸引投资资本的股票和债券市场。今天，货币数量和参与者的数量多得数不过来。正如当前的信用危机所表明的，我们永不间断的金融体系现在不仅包括了受到管制的中介——如银行、经纪商、保险公司、共同基金和养老基金——还出现了许多不太引人注目的机构。私募对冲基金（private hedge fund）和私人股权投资公司（private equity firm）迅速兴起，几乎完全不受监管地在全球各地进行投资，它们除了利润之外，其他一切都不关心。另外，新成立的几十种“主权财富基金”（sovereign wealth funds，SWFs）、半自主的联合投资机构（semiautonomous investment pool）使这一不可思议的金钱网络更加复杂。

媒体：尽管报纸已经和我们一起走过了几个世纪，但电视的兴起和作为公共舆论塑造者的因特网也不容忽视。信息在电视广播以及网络中泛滥成灾。实际上，与以前相比，美国有线新闻网（CNN）、福克斯新闻（Fox News）、半岛电视台（Al-Jazeera）、博客（blog）、MySpace 和 YouTube 具有更大的影响力，吸引了更多人的眼球。有一些媒体真正具有启发性，有一些是娱乐性的，而另一些会引发人们的仇恨、恐惧和不安全感。

非政府组织：过去，非营利组织如红十字会（Red Cross）、牛津饥荒救济委员会（Oxfam，也译为“乐施会”）、绿色和平组织（Greenpeace）只代表着有限的人道主义目标。今天，一些非政府组织（nongovernmental organization，

NGO）已经成为跨国社会经济进步与希望的重要推动者。事实证明，小额贷款的先锋孟加拉乡村银行（Grameen Bank）、以解决全球健康问题为己任的盖茨基金会（Gates Foundation）在某些方面比多边组织如世界银行和世界卫生组织更有效率。政府可以从这些参与者身上学到不少东西。

准军事组织：一般来说，战争是由政府支付费用的。但全球化的双刃剑之一是分散的准军事组织（decentralized paramilitary group）的兴起，包括雇佣军、私人军事组织如黑水（Blackwater）和Titan、游击队运动、军阀、区域性（subnational）和国际恐怖主义组织如基地组织（Al-Qaeda）。尽管这些组织并非都是非法的，但它们显著提高了全球防卫和安全体系的复杂性。

所有这些非国家参与者都会影响我们这个世界。由于它们的活动非常分散且十分复杂，因而无法从传统意义上对它们进行控制。但是，我们至少应该对它们进行更深入的理解，以便确定在制定公共政策时如何恰当地影响和利用它们。

1.6 迈向资本主义和平

不管我们是在谈论正在崛起的新兴市场还是非国家参与者，这些重要参与者之间的和平一体化（peaceful integration）都取决于新老利益的协调。尽管传统观点认为“民主国家通常不会相互开战”，但存在着一个长期的“资本主义和平”传统，包括许多历史上伟大的思想家如孟德斯鸠（Charles de Montesquieu）、亚当·斯密（Adam Smith）、诺曼·安吉尔（Norman Angell，1874～1967年，英国作家、经济学家、新闻工作者和皇家国际事务研究所成员，1933年获诺贝尔和平奖——译者注）甚至汤姆·弗里德曼都会将“美国强权之下的世界和平”（Pax Americana）归因于自由贸易和开放的市场。1846年，英国古典自由主义政治家理查德·科布登（Richard Cobden，1804～1865年，英国政治改革家，英国自由贸易运动主要代言人之一——译者注）描述了因工业革命而刚刚兴起的贸易：“它就像宇宙中的万有引力一样，将人们吸引在一起，将种族对抗、宗教信条和语言抛在一边，使人们联合起来为永久的和平而努力。”

开放的市场通过改变社会生产财富的方式以及增加国家之间的交换而减少了战争的诱因。在 16 世纪、17 世纪和 18 世纪的大部分时间里，在以国家为中心的重商主义条件下，土地和自然资源是最重要的财富来源。随着资本主义和工业革命的出现，财富开始与商品的生产联系在一起。资本主义需要财产权和市场参与者的自由决策才能运行，过去，把金块抓在手里就可能意味着你拥有了它，但现在，控制了一家工厂并不能令其装配线上的工人开始工作。

在资本主义制度下，战争成为了一场糟糕的赌博，财产、工厂、设备和人力资本遭受破坏的代价——再加上实际支出的军费——已经远远超过了征服领土而获得的有限收益。而且，资本主义和贸易不仅减少了战争的动因，它们还为各个国家提供了一种可供选择的竞争甚至合作机制——而且每一个参与者都是赢家。拥有剩余资本的国家不必去征服那些拥有丰富劳动力的国家，而是增加移民或者将生产外包给海外。反过来，拥有熟练劳动力的发展中国家也不必去邻居那里掠夺财富，它们可以依赖全球金融市场和外国直接投资，只要它们保持开放、友好并遵守法律规则。现在，参与贸易的国家对外国所有的工厂或某些产业实施控制或国有化的情况极为少见，因为这样做会使外国投资者失去信心，从而迅速中断投资。

与资本主义相关的财富增加反过来也使得战争成为一笔糟糕的交易。正如鲍勃·迪伦（Bob Dylan，著名的美国摇滚歌手，被称为“出色的诗人、尖锐的社会评论家、反主流文化的勇敢旗手”——译者注）所说，一个国家有所得必有所失。在战后时期，我们已经看到许多国家越来越富裕。1950 年，只有 6 个国家的人均 GDP 达到美国的一半，而到 2006 年，这一数字超过 35 个，如果根据购买力平价计算，数量还有可能更高。另外，人均 GDP 超过美国人均数值 25% 的国家数量从 20 个增加到 50 多个。这一切与放弃中央计划经济转而采用以市场为基础的哲学并增进经济自由有很大的关系，而与美国式的民主和普选权的传播没有必然的联系。从这个方面考虑，正如约翰·缪勒（John Mueller）所言，民主制度很可能被高估了，而资本主义很可能被低估了。

然而，资本主义国家通常都采用民主制度，而且经济学家米尔顿·弗里德曼（Milton Friedman）也提醒我们，“历史告诉我们，资本主义是经济自由的必要条件”，甚至在没有民主的时候，自由市场与战争的这种反向关系（inverse relationship）也是存在的。实证性研究也证明了资本主义和平理论的重要性。正如我们所期望的，与一个世纪前相比，今天的世界更加安宁。据《人类安全报告》（*Human Security Report*）称，在战后时期，各种形式的战争——从国家间的战争到国内的冲突——显著减少。国际与国内冲突的数量从1990年的50多次减少到2005年的略多于30次，同时，冲突造成的死亡人数也从20多万人减少到不足2万人。埃瑞克·贾茨克（Erik Gartzke）最近的研究证实，经济自由程度能够很好地预测一个国家是否要参与战争，实际上，他的研究暗示，与民主制相比，资本主义与和平的关系更密切——是民主制度的50倍。

这是战后时期的重要经验，冷战结束之后，美国在全球推行民主和人权而未能致力于经济问题和资本主义和平看上去已经使这个世界更加不安全。但是可以证明，更加富裕的世界比理想化的普遍的自治（homogenized self-governance）更有利于人类的最大利益。考虑到这一点，则新保守主义者错误地强调民主就会产生问题，甚至起到反作用。

1.7 误解的时刻

新参与者的崛起以及美国的应对不当回避了问题的实质，美国和G7误读全球发展方向已经有多久了？G7领导的世界秩序即将偏离轨道的第一个信号出现在1997年，当时G7邀请俄罗斯作为第8个成员加入其中。虽然其经济依然脆弱，俄罗斯（尽管拥有庞大的核武器库）还是收到了加入G7集团的邀请，但被禁止参加协调全球贸易和利率的关键讨论（这是G7存在的目的）。G7在1998年俄罗斯金融危机期间拒绝提供援助，表明俄罗斯在这一组织中处于次要地位。如果同样的情况出现在加拿大或英国，美国会袖手旁观吗？很可能不会。G7没有将俄罗斯发展成一个新的同盟国，而是将其拒之门外，并将其当成了害群之马。

对俄罗斯的态度表明，G7似乎都不相信自己关于多边贸易的论调。决策者们陶醉在冷战胜利的极度兴奋之中而不思进取。除了比尔·克林顿在摩加迪沙（Mogadishu）和科索沃（Kosovo）采取了一些不得人心的人道主义行动外，外交政策变成了冷战思维的延伸。从严格意义上说，当俄罗斯急需经济合作的时候，G7 却选择了与其进行政治合作。在石油价格徘徊在每桶 12 美元的时候，没有人认为俄罗斯非常重要。G7 完全误解了 20 世纪 90 年代即将开始的经济一体化及其对全球能源需求和俄罗斯未来的含义。

由于石油价格多年来维持在 30 美元以上——曾经达到 147 美元的高点——俄罗斯已经筹措了 5000 亿美元的资金。仅仅在 2008 年最初的 7 个月间，俄罗斯的企业就在美国的公司和资产上投入了超过 42 亿美元的资金，同时还在美国之外的企业中投入了 174 亿美元。尽管最近俄罗斯的银行部门出现混乱，商品价格不断下降，但它仍然是需要面对的地缘政治力量。现在，俄罗斯经济会在敏感的跨国争端（如伊拉克、朝鲜和伊朗）中维持自己的权威，而不管美国或 G7 是否赞同。莫斯科向其邻国施加了巨大的压力，心血来潮入侵格鲁吉亚，并经常威胁白俄罗斯和乌克兰。俄罗斯与 G7 的几个欧洲国家的关系日趋紧张，因为它们迫切需要俄罗斯的石油，并因为在北约东扩以及反弹道导弹防御体系问题上的意见分歧而使问题更加复杂。另外，委内瑞拉总统查维兹（Hugo Chávez）和俄罗斯总统梅德韦杰夫（Dmitri Medvedev）已经宣布了一些计划，将在全球石油与天然气市场上以及外交政策努力方面密切协调双方的行动。甚至到了 2008 年 10 月，俄罗斯仍然没有参加 G7 关于全球信用危机的紧急磋商，这的确引人注目。

除了对俄罗斯的失策外，“9·11”灾难也使 G7 内部的紧张关系进一步恶化。对纽约和华盛顿的袭击，以及随后在马德里和伦敦出现的爆炸事件，在美国和欧洲造成了一种脆弱、易受伤害的思想倾向。作为以前安全的捍卫者，战后许多大国的这种倾向性是它们在十年前做梦都想不到的。这种脆弱性导致了病态的跨国政策。欧洲大部分国家看起来十分困惑、迟疑不决、无能为力——考虑到这一大洲过去的货币联盟、老龄化的人口、顽固的失业、疲软的经济，这或许可以理解。当欧洲正在应对自己的问题时，美国则变得好斗起来，在国际舞台上大打出手。2003 年，在美国领导下对伊拉克的入侵备受争议，标志着美国犯了一个极大的错误。美国为这一军事行动支付了超过 1 万亿美元的直接成本（每月还要支付额外的 100 多亿美元），而有些人估计其间接成本数倍于这一数字，造成的巨额赤字则要由外国债权人来提供资金弥补——包括许多新兴市场的中央银行和主权财富基金。不管我们是否愿意，美国现在需要这些外国投资来填补财政与贸易缺口。这一在很大程度上由单方面采取的入侵行动并没有得到联合国安全理事会的批准，随后对伊拉克的占领更是在 G7 成员之间造成了敌意，并疏远了许多新兴国家。相反，这些国家则悄悄地忙于自己的事务，力图在世界经济与金融馅饼中分得更大的一块。尽管这种活动在伊拉克战争之前就已经开始，但最近几年则有所加速。

对伊拉克的入侵使美国具有了一种偏执、动辄以武力解决问题的不友善形象。美国之外的许多人（也包括许多美国人）都认为布什政府不够诚实。阿拉伯国家的媒体将这次入侵描述成赤裸裸的石油掠夺，而美国的许多批评家也将其描述成一种石油的多元化战略，以摆脱对沙特阿拉伯石油的依赖。市场告诉我们，美国的地位正在不断被削弱，美元——曾经是美国的力量和稳定性的象征——也不像 10 年前那样有价值了。商品市场陷入漩涡之中难以自拔，股票市场崩溃，房地产泡沫破灭，信贷市场冻结。我们曾经亲眼看到的巨大的商业成功会开始走下坡路吗?

美国同其他国家的关系日益紧张。在欧洲，华盛顿对伊拉克、以色列和巴基斯坦甚至应对信用危机的政策都引发了不满，造成了紧张的关系。英国仍然保持着“特殊关系”（special relationship）这一理念，但对公众的民意调查表明，这种关系也在受到侵蚀。在美洲，玻利维亚、厄瓜多尔和委内瑞拉的社会主义者、左倾的政府以及反美情绪的出现使得美国的盟友越来越少。另外，美国国会投票表决在墨西哥边境修建一条长达 2100 英里的围墙，这肯定不会受到美国南部邻居的赞同。在亚洲，由于美国在反恐战争中与巴基斯坦建立了脆弱的联盟，因此每当美国希望与世界上最大的民主国家印度建立更密切的关系时，印度并不热心。朝鲜的核扩散以及美国军队在韩国失去往日的辉煌使得日本燃起了重整军备的希望，这使得中国警觉起来，并使得这三个国家陷入困境之中。局面是不是正在失控?

1.8 新的金融竞技场

在全球信用危机中，美国和 G7 国家金融体系的脆弱性暴露无遗，对全球的市场造成了伤害。正如我们在 20 世纪 90 年代新兴国家的金融危机中学到的，每个人的策略都会相互造成很大的影响。然而，联合国、世界银行、北大西洋公约组织仍然受到来自北美和西欧的、仅代表少数人利益的国家控制，这些国家由白人主导、信奉基督教。作为前 20 年世界强国发生重大调整的结果，与其他国家相比，美国和 G7 的全球影响力在不断降低。各国都在回避条约和协议，不理睬对它们适用的条款，而且根本就不理会全球公民责任（civic responsibility）。在这一争论中，美国和 G7 在哪里？

很遗憾，G7 陷入了自己的问题之中而难以自拔。批评家们对其缺乏来自南半球（global south）的代表并将中国排除在外提出了质疑。2007 年，法国总统尼古拉·萨科齐（Nicolas Sarkozy）发表了一个迟到的声明，建议对 G7 进行扩展，以便将中国、印度、巴西、墨西哥和南非包括进来。

其他国家要求将波斯湾国家也包含进来。如果不能持续进化，在未来的岁月里，G7 这一品牌会不断受到挑战。

将中国排除在外可能是美国最大的失策。中国快速增长的经济已经造成了一种贸易和投资的相互依赖关系，而许多经济学家认为这种关系是不健康的。多年来，美国一直在公布与中国的巨额月度贸易赤字，而反过来中国要购买数以十亿美元计的美国国债来为美国的赤字融资。这种失衡的贸易对中国重新对人民币（与美元挂钩）进行估值造成了压力——这通常是 G7 需要讨论的一个问题，但中国不是 G7 成员。当然，中国更喜欢让其货币保持弱势，以便保持出口并使其庞大的人口有工作可做。人民币保持弱势也已经开始令欧盟感到苦恼。

还有一些重要的问题造成了美国/G7 同中国的关系紧张，包括人权问题、侵犯知识产权和商业盗版，以及中国令人难以捉摸的长期军事目标。2007 年初，中国出人意料地发射了一枚弹道导弹，摧毁了一颗废弃的气象卫星，遭到了美国、加拿大和澳大利亚的正式抗议，主要是因为中国没有提前告知国际社会。尽管中国坚持认为这次试验并不是一次具有威胁性的事件，但一些美国的批评家认为这是拥有强大军事能力的证明。同时，中国企业在海外的投资增加，中国主权财富基金对美国和欧洲企业采取的战略态势，都令一些国家感到担心。总之，美国/G7 同中国的关系近年来没有得到良好的发展，考虑到中国强劲的经济增长势头和影响力，这一点令人感到遗憾。

根据国际货币基金组织（International Monetary Fund）的统计，最大的20个新兴市场经济国家的外汇储备从1996年的约5000亿美元膨胀到2008年中期的3.5万亿美元。在同一时期，仅E7和俄罗斯的外汇储备就从2550亿美元激增到2.5万亿美元。像中国香港之类的地方由于首次公开发行（initial public offering）更加成功从而已经在融资方面成为美国的竞争对手，而中国的银行能够比美国的摩根大通（J. P. Morgan）以更低的成本借到钱。就连拉斯维加斯也被中国澳门取代成为世界赌博业的中心。

为了强调这一点，让我们看一看最近的信用危机造成的后果：欧洲和美国的银行不仅需要本国的紧急援助，而且还需要来自亚洲与中东国家政府的总量超过1000亿美元的援助，以支撑其遭受次贷危机破坏的资本基础（capital base）。想一想：美国和欧洲的一些规模最大、实力最强的银行集团不得不从一代人之前还是世界上最贫困的国家借钱。1988年，全球最有价值的金融集团全部来自美国、日本和欧洲，而到2008年，许多集团都来自中国、印度、巴西和俄罗斯。这个世界真的发生了天翻地覆的变化。

造成这一变化的主要因素是全球资本流动。根据国际货币基金组织的统计，跨国资本流动在10年间增加了3倍，2005年达到了6.4万亿美元的高峰——大约相当于世界GDP的15%。另外，货币流动的起点、方向和特征也在迅速变化。自2001年美国技术股泡沫破灭后，发达国家之外的金融市场的异常增长分散在全球各地——从东亚、中东、东欧到拉丁美洲——这一点值得注意。1994年的墨西哥比索危机、1997年的东亚金融危机、1998年俄罗斯政府债务违约看起来更像是前进道路上的颠簸，而不是如这些事件所展示的那样成为不祥的终点。显然，最近的信用危机和银行倒闭发生在发达国家，而不是新兴市场国家。如图1.2所示，到2050年，世界最大经济体清单将发生重大变化。中国和美国将占据前两名的位置，印度将位列第三名，但再看看剩下的国家。它们有一些来自非洲，更多的来自远东，包括一些今天根本没有出现在美国“雷达显示屏”上的国家。

伴随着新的成功，许多新兴市场在其中央银行之外建立了主权财富基金，以加速全球金融与经济的一体化。主权财富基金是国有实体，管理一部分国民储蓄。今天，这些基金中有很多因为有史以来最高的石油价格和自然资源价格而获得了数万亿美元并因此激动不已。只要能源和其他自然资源的价格

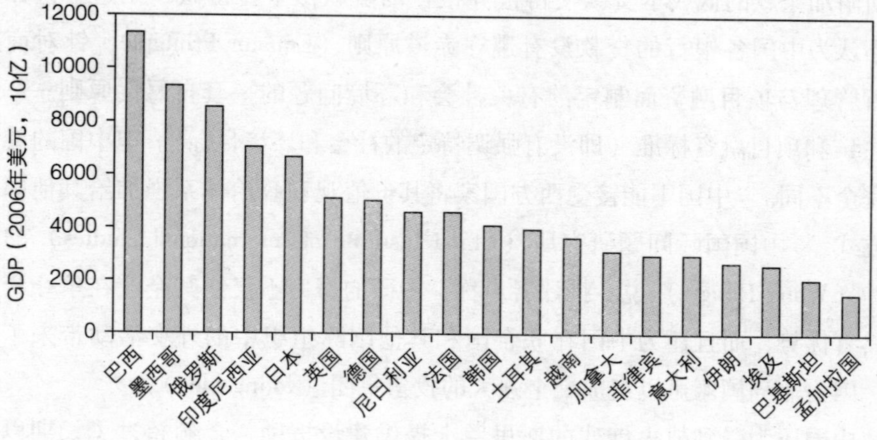

图 1.2　2050 年的世界（除中国、美国和印度之外）

资源来源：Goldman Sachs.

维持在高水平上，这一趋势就会持续下去。另外，由于美国和 G7 几乎没有应对这些新参与者的经验，因此主权财富基金的动机已经变成了无休止的投机。西方媒体和政府官员对更高透明度和公开性的呼声不绝于耳，更加强调了他们在面对这些强大实体时的神经质。

不管 G7 国家能否更好地与新兴市场进行整合，这些后来者现在已经开始在彼此的市场中相互投资。新兴市场间的外国直接投资（foreign direct investment，FDI）近年来显著增加，在 2006 年达到了大约 2200 亿美元，比 10 年前增加了 1 倍。2006 年，发展中国家吸引了大约 36% 的全球外国直接投资，尽管我们一般认为这些资本流动起源于发达国家，但来自新兴市场的外国直接投资也急剧上升。根据世界银行的统计，发展中国家间的外国直接投资从 1995 年的 140 亿美元增加到 2006 年的 550 亿美元，表明现在有越来越多的商业与金融活动完全是在 G7 的视野之外完成的。

我们可以从中国和非洲之间的投资看出新兴市场间投资流的激增。在石油出口大国如安哥拉和尼日利亚，中国正在修建铁路；在矿藏丰富的国家如刚果民主共和国，中国的企业正在积极地开采钴、铜和铝矾土矿。中国正在向农业国家如科特迪瓦投资，并由中国投资为科特迪瓦在亚穆苏克罗（Yamoussoukro）建立一个新首都。在整个非洲，慷慨的中国援助项目和没有任何附加条款的低成本贷款使得世界银行的贷款似乎显得微不足道。世界银行还认为中国各银行的贷款没有遵守赤道原则（Equator Principle，针对商业银行管理与项目融资而制定的有关社会和环境问题的一套自愿性原则——译者注）和项目融资标准（即没有强调特定的社会和环境目标）。但中国的看法则完全不同。“中国不能接受西方国家将其价值观和政治体系强加给其他国家的方式。”中国国际问题研究所（China Institute of International Studies）的王洪一（Wang Hongyi）说。批评者声称，中国的努力不仅使其企业在争夺资源时具有优势，而且还为中国在联合国和其他国际组织中的外交活动带来了优势，因为非洲国家可以组成一个强大的投票集团（voting bloc）。

中国还为受到战火摧残的斯里兰卡提供建设援助，金额超过了长期以来该国最大的捐助者——日本。中国正在斯里兰卡修建高速公路，建造两座发电厂，在斯里兰卡总统的家乡修建一个新港口。

另外，前德国总理施罗德（Gerhardt Schroeder）谈到了即将发生的“中俄合作”（China-Russia combination），这一关系将会真正削弱 G7 与亚洲的关系。施罗德支持加强欧盟同俄罗斯的关系，并对美国针对俄罗斯的“遏制政策”（containment policy）非常不满，因为他认为这只会扩大能源政策与贸易主动权（trade initiative）之间的分歧。现在只是时间问题：俄罗斯总统梅德韦杰夫已经要求俄罗斯的企业以中国企业为榜样在外国投资，以积极获取全球资产和外国的技术，并建议俄罗斯阻止美元作为一种储备货币（reserve currency）。

1.9 反作用：全球化将带我们走向何方?

在战后时期，从来没有像今天这样有如此多国家的经济和政治政策对全球经济和资本市场造成影响。表面上看，这一发展是健康的，但也正在酝酿麻烦。在过去几年中，一系列危机——包括金融崩溃、食品短缺、内战、恐怖主义、环境压力、能源危机以及新安全联盟的形成——有可能削弱经济增长，使货币、商品和人员的流动受挫。这些隐约出现的担忧造成了保护主义、资本控制和其他内向性政策的复苏。在信用危机开始之前的很长时间，历史学家如尼尔·弗格森（Niall Ferguson）和哈罗德·詹姆斯（Harold James）、诺贝尔经济学奖获得者如约瑟夫·斯蒂格利茨（Joseph Stiglitz），以及数量巨大的投资者如乔治·索罗斯（George Soros），就已经发出了警告。

即将出现问题的信号之一是美元的波动。美元的地位明显受到挑战。在过去一个世纪中的绝大部分时间里，美国经济超越了几乎所有的竞争对手，并由于其市场支配力量而享受着货币的特权。但是现在，绝大多数以前同美元挂钩的货币已经与美元脱钩并自由浮动。那些还没有与美元脱钩的国家（如海湾地区的一些国家）现在也在进行这类讨论，或者已经开始与一揽子货币而不是仅与美元挂钩。近年来与美元挂钩的弱小国家深受其害，它们无法承受美元的贬值，再加上其中央银行十分脆弱，财政政策变化不定。当前，许多国家的中央银行持有的美元数量超过了它们的真正需要——但通常并不是出于对美国的忠诚。特别是东亚国家，它们购买美国国债，是为了保持美元不会相对本国的货币贬值，同时维持美国的进口水平以保证其靠出口推动的经济能够持续。如果它们抛售美元，肯定会造成自上次大萧条以来我们没有经历过的恐慌和后果。尽管 2008 年末投资向安全资产转移（flight to quality）阻止了美元的贬值，但在长期中，其价值仍然不确定。

许多评论家将此与第一次世界大战前 1880 年至 1914 年的经济一体化最兴旺的时期进行了对比。那个全球化时代——曾经被认为是无法逆转的——最终被 30 年的世界大战和萧条所毁灭。今天我们是否也面临着这种风险？我们的国际关系的安全性是不是比我们想象的还要糟糕？美国曾经是自由世界无可置疑的领导者，但在 21 世纪它还能够成为全球的代言人吗？是否应该尝试一下？我们——公民、商人和政治家们——是否意识到了这一历史性的机会，以及采取行动的时间越来越紧迫？

尽管世界上大多数人都认为经济全球化是有益的，但反全球化的观点也在抬头，并可能会因为信用危机的余波而加剧。这种担心在最富裕的国家中最为严重，而非洲国家对全球化的态度最积极。在最近的《金融时报》（*Financial Times*）/Harris Poll 公司（美国历史最悠久、声誉最佳的民意调查公司之一——译者注）的调查中，英国、法国、美国、西班牙的公民认为全球化对其国家产生负面影响的人是认为能够产生积极影响的人的 3 倍。

这些担忧引致了贸易保护主义政策。由于增长乏力、人口老龄化、失业率居高不下、担心工作被东欧和亚洲的低工资国家抢去，欧洲最大经济体的贸易保护更加严重。从欧盟扩张的阻力中我们就可以看出这一点。欧洲很多国家的公众都反对土耳其加入欧盟。2005 年，反对土耳其加入欧盟的安吉拉·默克尔（Angela Merkel）和尼古拉·萨科齐（Nicolas Sarkozy）分别在德国和法国掌权，对这一广泛的观点提供了重要支持。

除了贸易保护主义之外，民族主义也卷土重来。在比较发达的欧洲国家如法国、奥地利和荷兰，民族主义常常表现为反对移民或种族和语言导向的政策。在一些新的欧盟成员国中，一种潜在的更加危险的排外主义（nativism）开始出现。例如，在波兰、匈牙利和罗马尼亚，民族主义、反犹太、反西方的政治思想十分普遍。加入欧盟的过程部分抑制了这些冲动，因为这些国家意识到必须全面遵循欧盟核心国家长期以来坚持的民主价值。但是，一旦这些国家获得加入欧盟的许可，这一约束的制约能力就会降低。

在西方世界，尽管加强对移民的限制将减少熟练工人的供给并提高成本，但赞成对移民施加更严格限制的政治选区（political constituency）正在得到支持。一些次要的政治团体已经成功地制造了反对移民的舆论。一些主流的政党发现，将占主导地位的大多数人组织起来十分困难。结果，他们接受了一些奇怪的盟友，即那些反移民言辞的支持者（他们鼓励主流政治家制定更严厉的移民法规）。同时，欧洲委员会（European Commission）预计，在未来 20 年中，欧盟需要向额外的 2000 万工人（特别是高技能的工人）敞开大门，以填补其劳动力的缺口。一些欧洲国家在更多移民还是遵循传统的单一民族国家观念之间难以做出抉择。

贸易保护主义措施招致了不断升级的报复行动。这对经济增长的影响可能十分严重。据《经济学人》信息部（Economist Intelligence Unit，《经济学人》杂志的附属部门——译者注）预测，2011 ~ 2020 年间，即使是相对温和地反对全球化，也有可能造成全球年 GDP 增长率下降整整 1 个百分点。同时，贸易保护主义的压力不断上升。在美国，总统的贸易促进局（Trade Promotion Authority，TPA）已于 2007 年 7 月届满。TPA 是一种程序工具（procedural device），它赋予白宫进行贸易协议谈判的权力，并将最终结果提交国会进行最终投票，但没有修订权。对于美国自由贸易议程来说，这一点至关重要，因为如果贸易伙伴知道以后美国国会有可能改变已经达成的协议，它们就不愿意进行贸易协调。

在欧洲，欧盟扩张和外国竞争造成的政治混乱，再加上成员国中激进的极右派（hard-right faction）的压力，可能会瓦解欧洲正在进行中的经济和政治一体化，并破坏该洲对贸易政策的一致观点，而这种一致性来之不易。考虑到欧盟是全球贸易体系的支柱之一以及与美国的密切关系，其与贸易相关的分歧将会为其他国家调整各自的贸易政策使其偏离多边主义提供借口。

新兴市场国家同样面临着日益增加的对全球化特别是贸易自由化的反对观点。作为对国内选民的回应，巴西已经实施了严格的资本控制和高进口关税，这对美国的商业利益造成的破坏尤其严重。巴西的观点在其他南美国家中产生了共鸣，而巴西将日益成为推行强硬路线的、不断壮大的发展中国家集团的领袖，这些国家已经促使 WTO 多哈回合谈判延期举行。

作为新兴市场国家，俄罗斯、印度和中国等国的经济力量和政治力量不断壮大，它们加强了对外国直接投资、兼并与收购活动的监控。这些措施通常都是为了保护国内缺乏竞争力的行业和企业，并造成全球自然资源价格提高。这些压力使得政府不得不考虑采取一系列措施以加强对外国直接投资流的评估，包括通过立法将“战略部门”（如国防产业和关键的基础设施）与潜在的外国收购者隔离开来。

尽管被认为十分重要，不能失败，但遗憾的是，WTO 全球贸易谈判的进展非常缓慢。自 2001 年 11 月开始，多哈回合谈判的目标就是通过减少工业和农业关税以及降低农业补贴、强调发展中国家的利益，来进一步实现全球贸易的自由化。谈判的一个结果令人难以捉摸，欧盟和美国受到指责，因为它们没有减少对农业的支持，而新兴市场国家如巴西和印度拒绝向工业产品和服务开放其市场。世界上绝大多数发展中国家都认为，国际贸易对其国家的经济和企业有益，而许多人（特别是 G7 国家的人）则认为自由贸易会威胁到他们的工作、降低工人的保障，并会破坏环境。

由于全球谈判进展缓慢，贸易国家开始将双边贸易协定（Bilateral Trade Agreements，BTAs）作为一种权宜之计。2007 年，全球范围内有大约 300 个双边贸易协定生效，而且这一数字还在不断增加，涵盖了全球贸易量的大约一半。中国在将双边贸易协定作为一种战略外交政策工具以获得自然资源并在非洲和拉丁美洲发展新的联盟方面做得很好。美国也在利用双边贸易协定，但由于国会的贸易保护主义观点等原因，其范围较小。最终，双边贸易协定的大量增加以及多哈回合谈判的停滞，增加了人们对曾经支配全球贸易达60年之久的多边贸易体系不断弱化的预期，这有可能导致全球贸易体系分解为区域联盟。另一种可能的情况是WTO在解决争端方面的权威性受到侵蚀，使得各个国家采取针锋相对的贸易战的可能性大为增加，而这种贸易战有可能颠覆全球经济。

多哈回合谈判的持续延期是这一新的充满不确定性时代的信号。不久之前，布什政府的官员们曾经乐观地谈到“从阿拉斯加到火地岛”（阿拉斯加州是美国最大的州，位于北美洲西北部顶端，而火地岛是南美洲最南端的岛屿——译者注）的自由贸易区，以及到2015年，世界上将取消工业品关税（industrial tariff）。从今天来看，这一愿景似乎不太可能实现。华盛顿要巩固其遗留下来的影响力，并对新兴国家宽宏大量一些，让这些国家参与制定新的多边性、国际性的政策，以应对全球能源、环境、健康与安全挑战。

1.10 利益趋同还是趋异？

新兴市场的崛起来得如此之快，而且其潜在影响力如此之大，使得我们不仅要将它们视为经济机会，而且还要将它们当成管理21世纪全球风险的合作伙伴。然而，G7和其他新兴国家对于贸易、人权、环境和能源具有不同的观点，使得如世界银行、WTO和联合国进行的多边贸易磋商难以取得进展，而在这些机构中，新兴国家也没有被充分代表。这些国家是否能够继续利用全球经济体系以及这一体系的资本市场、稳定性和法律而不必承担维持这一体系完整的责任？如果这些参与者在全球治理会议中没有被充分代表，那么如何要求它们对自己的行为更负责任？这是一个全球性的“先有鸡还是先有蛋”的难题。

如果不进行制度变革，许多发展中国家——也包括一些G7国家——有可能继续“搭便车”并回避国际规范，而且其中一些国家甚至有可能成为凶猛、无情的竞争者，进一步降低美国在全球的影响力。而且，我们不应该忘记，随着利益分歧的增加，不断加剧的竞争将不可避免地使 G7 内部关系变得紧张。与其第八个成员——俄罗斯——在各个方面（从能源政策、核扩散、民主、人权到北约的未来等）的紧张关系有可能侵蚀全球稳定性的基础。而美国则在这一复杂的网络中纠缠不清。首要的问题是：美国能不能清醒过来并看到“完整的大象”?

1.11 新千年的“量子架构”

在上一个千年的大部分时间里，美国主要依赖其熟悉的线性的、单方面的问题解决方法——一种“微观国内”（Micro Domestic）的模式。这种“返祖性的”（atavistic）的偏见使美国的政策与当今世界越来越不相适应。例如，布什总统的外交政策可能是从 20 世纪 80 年代初罗纳德·里根总统的“剧本”中“偷”来的一页。他的“反恐战争”与“对共产主义的战争”（war against communism）十分相似，只是用“邪恶轴心”（axis of evil）取代了“邪恶帝国”（evil empire）。对增加军费支出的强烈依赖使人们想起了里根，而我们的经济也日益呈现出那一届政府造成的“孪生赤字”（twin deficits）。除了国防，美国在能源和化石燃料的使用、农业、环境方面的态度和政策也似乎与 21 世纪的现实严重脱节。

尽管“微观国内”的方法在两极世界中可能有效，但今天我们却应该对它进行重新评估。我们生活在一个物理学家称为“量子”的世界中，这是一个包含着无穷联系的世界。我们曾经讲过，现在有许多（而不仅是一两个）“权力掮客”（power broker）。此外，与 100 年前甚至 20 年前相比，今天的全球相互作用规模更加令人眼花缭乱。信息、商品、货币和人员的跨国流动量及其移动速度已经永久性地改变了国际格局。

为了在这一新的环境中取得成功，我们需要一种新方法——我称之为“宏观量子”模式——这种方法可以应对更多的参与者、更密切的相互联系和更低的可预测性。正如现代的医生不会在不监控大脑和肺的情况下做心脏手术一样，我们也不可能在不考虑对北京、伦敦和巴西利亚以及地球本身的影响下对世界“做手术”。简而言之，我们必须看到整头大象，而不能只看到大象的某一部分。

“微观国内”模式依赖于过去的战略，而“宏观量子”观点则是一种超前思维（forward thinking），这种观点认为，如果要取得更大的进步，就需要新的方法。“宏观量子”观点假设跨国关系是不可预测的，而不是一成不变的。重要的是，“宏观量子”模式承认前面有很多条道路，而正确的选择取决于环境背景（situational context），而不是一种正确的方法。尽管一些美国人可能渴望明确地将世界划分为“我们和他们”，但我们必须重新调整我们的思维，以认识到根本就没有正确或错误的解决方案，只有更好的或更糟的解决方案。最近，后者赢得了胜利。例如，美国式的民主可能对我们有效，但并不意味着在每个国家制定宪法并建立两院制国会都能够创建出有效的政府，更不用说繁荣的国家了。“宏观量子”世界中的国家差别巨大，每个国家都拥有自己独特的传统与历史，这就要求我们制定特定的解决方案，而不是通用的解决方案。

在“微观国内”方式下，美国的目标是控制（control）国家和事件，而在“宏观量子”世界中，我们努力建立关系以影响（influence）并协助管理（manage）趋势。在冷战期间，美国从来不用质疑其北约盟国的忠诚。除了前苏联的威胁外，美国利用其发达的经济和军事力量迫使盟国接受其决策。在新的千年中，情况已经完全不同了：美国进攻伊拉克令其最密切的盟友感到焦虑，而且使欧洲许多重要城市感到非常不安。与其他国家和平共处将是美国在新千年中困难但值得一学的课程。

除了与更多的国家合作外，理解并建设性地管理与非国家参与者的关系也将成为一种宝贵的生存技能。我们不应该总是用警惕、怀疑的眼光来看待后来者，而是必须承认其潜在的作用，并设定明确的规则，以使这些参与者以一种透明且有益的方式发挥作用。至于恐怖主义和准军事组织，设计一些新的战略以抵消它们对基于全球规则的合作体系造成的影响将具有非常重大的意义。

最后，在“宏观量子”世界中，政策的制定必须是一个主动的、持续的过程，并要让众多参与者（既包括最高统治者，也包括平民）参与其中。“微观国内”的观点认为将政策问题看成是独立的且各不相同的，而“宏观量子”的观点则努力促进一体化政策的制定，以收到一石多鸟的效果。另外，国内政策必须适应全球发展且与其保持同步，而不能单方面制定政策。表 1.4 对“微观国内”和“宏观量子”模式进行了对比。

表 1.4　“微观国内”与“宏观量子”模式对比

微观国内	宏观量子
在时间上更多地关注眼前甚至过去（这更糟糕）	在时间上更多地关注未来
假设在跨国关系中具有较高的确定性和可预测性	假设在跨国关系中具有较高的不确定性、模糊性和不可预测性
只有一条最佳路线，通常来自国内或小集团的观点	前面有许多条道路，随全球形势的变化而定
主要强调利用少数盟国间集中的权力进行控制	强调来自各类参与者的积极行为的影响
以怀疑的眼光看待其他国家，将它们当成利益完全不同的竞争对手，很少关注非国家参与者	其他国家和非国家参与者是拥有共同利益的合作伙伴
政策改变是为了应对变化，由强国发起	政策改变是主动的、持续的，有众多参与者（包括最高统治者和平民在内）
将政策问题视为独立的、互不相干的、国内的事情	将政策问题视为相系关联的、一体化的、全球的事情

有了这种哲学上的变化后，美国及其盟友就可以开始考察未来需要认真关注的七大相关领域，这些领域也是本书后面各章将要讨论的问题（参见表 1.5）。

表 1.5　微观国内与宏观量子模式下的 7 大政策领域

全球问题	联　系	微观国内	宏观量子
贸易与金融	能源，安全，移民，健康，环境，贫困	关注过去、国内观点；对落后的产业提供补贴；阻碍贸易的政策；倾向于使用化石燃料；敌视外国人；高杠杆、重视消费；不重视环境；很少关注 GDP 较低的国家；不惜代价致力于提高国内 GDP	前瞻性、外向型观点；对未来有可能成功的产业提供补贴；增加贸易的政策；使用多种能源；鼓励外国参与；低杠杆、重视投资；更加重视环境；对低 GDP 国家具有更大的兴趣；致力于福利而不是传统的度量指标

（续表）

全球问题	联　　系	微观国内	宏观量子
能源	贸易，安全，移民，健康，环境，贫困	严重依赖石油进口，依赖煤炭发电，没有动力使用可再生能源	不太依赖进口石油；多种方式获得电力；具有更多使用可再生能源的动力，致力于太阳能的使用
安全与国防	能源，安全，移民，健康，环境，贫困	核威慑；北约的军力，遏制战略；全球防卫的主要承担者；调整防卫措施以应对低概率事件；以实力获得和平；美国在海外驻军；保护获得石油的途径；出售武器	防止核武器扩散；更多国家加入北约；灵活、快速的响应战略；全球防卫的次要承担者；调整防卫措施以应对高概率事件；通过合作获得和平；减少美国在海外的驻军；更多的联合国维和努力；有限出售武器
移民	贸易，安全，健康，环境，贫困	零和观点，贸易保护主义倾向，不太关注技能，自“9·11”以来实施禁止性法律框架，被视为“单行线”	吸引所需劳动力的机会，遏制外包的浪潮；注重较高的技能；将战略移民作为一种经济工具；被视为“双行线”
健康	贸易，安全，移民，环境，贫困	关注国内，强调治疗	关注国际，强调预防性策略
环境	贸易，能源，安全，移民，健康，贫困	没有主要的国内或全球策略，过度依赖化石燃料，误导性补贴，没有全球协议	对环境标准进行更严格的全球性监督；致力于使用可再生能源；针对若干压力点（特别是农业）推动全球性协议的签署
贫困	贸易，能源，安全，移民，健康，环境	通过多边贸易获得有限的外国援助，偶尔通过联合国和世界银行对外国政府做出承诺	通过非政府组织、小额贷款提供者等渠道获得的外国援助不断增加；对新的社会企业组织更长期的承诺

1. **贸易与金融**：几十年来，全球贸易量一直在以 2 倍于世界产出量的速度增长，并成为更大规模的跨国相互影响及财富创造的基础。但是，近来多哈贸易谈判的破裂表明存在着严重的政策分歧以及双边主义的兴起。G7 成员国每年为农业提供的补贴超过 3000 亿美元，而发展中国家则通过在许多制造和高技术部门采取关税保护措施进行反击。如果不能打破这种多边贸易僵局，通过贸易协定来达到消除贫困的目的——这是世界上最成功的模式——将永远无法实现。

贸易和资本流动超过以往任何时候，因此对协作的要求也比任何时候都迫切。目前，世界银行能否领导这一转型是有争议的。在过去的十年中，E7 从 G7 的债务人转变为债权人使得世界银行最初的目标变得模糊不清。其他全球性协议，如巴塞尔新资本协议（Basel II），需要重新进行评估以确定在快速全球化的世界中是否有效。实际上，全球范围的信用危机凸显出金融市场多边协作的重要性。

另外，由政府和贸易赤字、人口移民的模式（demographic immigration pattern）、错误的能源政策等造成的金融失衡，需要在长期贸易和投资的背景下进行解决。美国消费导向的政策（包括过度借款）可能需要转向储蓄，不惜一切代价致力于 GDP 的扩张也需要进行认真的改进。在 21 世纪的量子世界中，进步不可能仅由 GDP 来度量，可能需要不同的指标来指导政策的制定。

2. **能源**：伴随着经济和财富的增长，对权力的要求也越来越大。能够做到能源独立的国家极少，大部分国家都依赖化石燃料进行运输和发电。由于全球变暖和碳氢化合物不断减少，对这些问题的关注将会继续使富裕国家和发展中国家保持对立，加剧发展中国家与 G7 国家之间的紧张关系，除非找到共同的环境与能源政策解决方案。

对能源的新需求还造成了在很短的时期内硬通货流向俄罗斯和其他石油出口国，这是前所未有的。为了避免进一步集中和失衡，迫切需要鼓励各国在有效利用能源、使用可再生能源、国内电力生产等方面进行更深入的合作。核能利用的增加同样也要求进行全球协调，因为它有可能被转化为武器。

3. **安全**：尽管随着贸易一体化的深入，国家间的全面战争不断减少，但仍然存在着一些所有国家都要考虑的重大安全威胁。核扩散依然是一个普遍性的问题。另外，所有的军事冲突——正规军队或游击队、国际间的或国内的——都会通过耗费资源、破坏生产能力而对全球体系造成威胁。尽管大规模杀伤性武器占据了报纸的头版，但更致命的威胁仍然是常规武器。2009 年，美国的军事预算为 7000 亿美元——超过紧随其后的 10 个国家的总和——这些资金本来可以配置到更具生产力的领域中。

加入任何国家集团的代价就是要对安全承担更大的责任。更广泛的全球防卫协作应该要求其他 G7 国家以及新崛起的强国承担更重要的角色，以应对全世界面临的更加分散的安全问题。在建立范围更大的、共同的资本主义和平时，需要对许多新的安全战略进行重新考虑，包括扩大的、经过重新调整的北约，对联合国安全与维持和平力量的更多承诺，更准确的全球情报网络，禁止出售核武器等。

4. **移民**：人员的自由流动使世界受益，为出生率不断下降的富裕国家提供了新的劳动力。反过来，发展中国家也会从汇回的款项中看到这种劳动力输出的利益。但是，移民在全球范围内都是一个变化无常的问题，它会影响贸易竞争与贫困，并引发贸易保护主义观点。理解人员更自由流动的重要性可以减缓老龄化国家的人口统计学趋势，并促进贸易更自由地进行，有助于在长期中消除贫困。在富裕国家中，这将是一种非常不同的移民方式，在过去的10年中成长为极端贸易保护主义。阻止移民增加了外包的机会，这在富裕国家中同样遭到抨击。最后，协助发展中国家创造更大的经济机会可以被当成是全球移民解决方案的一部分，因为大多数移民者一般来说都是为了寻找更好的经济机会。

5. **健康与药物**：不管是艾滋病、禽流感、非典型性肺炎的爆发，还是变质食品和药物的出口，健康问题已经不再局限在一个国家之内。不断加强的全球联系带来了潜在的未来健康问题，其重要性和范围可能令人难以理解。我们忘记了更好的健康状况是参与全球经济的前提。在贫困国家中，提高日常热量摄取量、减少儿童疾病、预防疟疾之类的传染性疾病等看起来非常简单的项目实际上对整个社会具有巨大的利益。对于富裕国家来说，健康问题也会是一个主要的关注点，因为财富引起了与生活方式相关的疾病，使社会付出数十亿美元的不必要的医疗支出。

6. **环境**：将全球变暖这一最热门的问题放在一边，我们还有很多与环境压力相关的问题，这些压力是由G7和新兴市场的经济活动造成的。如果没有设计出更长期的规划，能源、食品和水的短缺将对全球造成影响。《京都议定书》（*Kyoto Accord*）无法实施的原因之一是G7和E7成员国都不认可相互之间关于环境问题的指责，而这一问题在一个运转正常的团体中应该得到认真对待。但是，双方无法弥补这个裂痕，而如果世界将要面对全球气候变化的毁灭性后果时，就必须马上采取行动。这显然与能源的使用有关，但除能源之外许多领域中需求不断增加造成的环境压力刺激了国内和国际冲突的发生。我们可以想一想北极冰川和格陵兰岛冰原融化造成的金融、安全和社会后果，这将使海平面上升 40 英尺或 50 英尺，危及数以亿计生活在海滨的穷人和富人。

7. **贫困**：世界上有 2 亿多人仍然生活在贫困的边缘，在全球化的巨大收益面前，这一点很容易令人遗忘。除了显而易见的道德暗示外，G7 和新兴国家都需要重视贫困在世界上造成的令人灰心丧气的政治失败，以及由此引起的安全风险。另外，考虑到伴随快速工业化和发展而来的巨大的经济差距，G7 需要理解许多 E7 国家面临的内部压力，并重新思考外国援助和经济与金融协议。E7 和 G7 都需要开始推动消除贫困，并超越国界促成更多的全球经济机会。世界上的大部分内战都发生在相对贫困的地方，并很容易扩展到其边境之外。

1.12　美国的最新挑战与新全球日程表

在经历了一个令人失望的 21 世纪开局后，奥巴马总统将会拥有一个独一无二——而且非常短暂——的机会重新确立美国在全球事务中的领导地位和影响力。这不容易做到。我们的领导人需要理解，G7 国家与新兴国家之间的利益分歧只不过是表面上的，而如果我们能够采取“宏观量子”的观点做出大胆的、非正统的选择，那么所有人都可以获得更大的收益。

这是当今的一个重要悖论：各个国家在经济上的联系显然越来越紧密，在商品、贸易和资本方面日益相互依赖，但不幸的是，它们在政治上则渐行渐远。过去，像 G7 这样的论坛协助打造了多边关系——共同进步的规则、行为准则和机制以及有序的冲突解决方案。但是，即使我们忽视当前成员之间利益和意见出现分歧的那些信号，但今天 G7 的各成员国的重要性肯定有所下降，而且不能再充分代表全球体系中越来越多的国家。曾经驱动这一新生的、前所未有的全球化浪潮的经济与人口统计学发动机没有显示出任何减速的信号，而且在新旧强国之间还存在着多边、全面协作的迫切压力。作为一个不具备资格但仍然十分强大的霸权国家来说，美国面临的挑战很多。尽管美国已经丧失了一些全球声誉，但它仍然拥有无与伦比的人力和经济资本。美国必须吸引老的联盟、新兴市场、正在崛起的国家和非国家组织参与进来。

在一系列政策领域借助全新的、综合性的方法，美国可以重申其重要目标，这一目标在某种程度上具有讽刺意味：带领世界走向一个不再由美国主导的世界。在这样做的过程中，通过提升共同利益，美国实际上也提升了自己的利益。通过引导新的方法和新的机构，并通过更深入地理解国际问题间的相互联系，美国可以通过获得其似乎已经丧失的全球影响力和领导地位，增加其赢得光明未来的机会。

全球一体化与体育

身高7英尺5英寸的姚明是世界上最受欢迎的运动员之一，他是休斯敦火箭队的首发中锋。姚明是苹果、耐克和维萨信用卡的形象代言人，并且在一些全明星赛的球迷投票中获得了令人吃惊的票数，当然，其中大部分是中国人投的。但更重要的是，姚明是众多在外国出生的21世纪体育明星中的一位。与不久之前相比，这是一个重大突破，为我们提供了一个全球经济一体化以及“宏观量子”世界将走向何方的快照。

历史上，职业体育运动一直由美国主导。但随着全球化的加深以及财富的创造，海外不断改善的训练方法已经在更多的项目中培养出了更具竞争力的运动员。职业篮球曾经是美国主导的运动，但也是第一个接受这一趋势的运动。1970年，NBA引进了最初的两名外国运动员。今天，几乎每一支球队都有至少一名国际球员，联盟总共约有100名外国运动员（总运动员数量为450人），他们来自大约40个国家。NBA在全球寻找像姚明一样优秀的运动员，如来自德国的德克·诺维斯基（Dirk Nowitzki）、来自刚果的迪坎贝·穆托姆博（Dikembe Mutombo）和姆本加（DJ Mbenga）、来自阿根廷的马努·吉诺比利（Manu Ginobili）、来自塞尔维亚的佩贾·斯托亚科维奇（Peja Stojakovic）等。在全球范围内寻找天才球员已经变得非常普遍，现在，NBA中有50%的球员来自国外。

体育的全球化超出了篮球的范畴。想一想曲棍球，这是一种流行的国际体育运动，历史上职业运动员基本都是加拿大人和美国人。1970年，美国全国曲棍球联盟（NHL）的球员中，90%来自美国和加拿大，到2008年，这一数字下降到 60%。近年来，该运动中最优秀的选手来自东欧，包括俄罗斯人亚历克斯·奥维琴根（Alex Ovechkin）——世界上收入最高的运动员、亚历克塞·雅欣（Alexei Yashin）、谢尔盖·费德罗夫（Sergei Federov）、亚历克斯·科瓦列夫（Alexei Kovalev），以及捷克球星亚罗米尔·亚戈尔（Jaromir Jagr）。

在棒球大联盟（Major League Baseball，MLB）中，过去 20 年来，日本一直在培养人才，包括新秀松坂大辅（Daisuke Matsuzaka）、前打击王（batting champion）铃木一郎（Ichiro Suzuki）以及扬基队外场手松井秀喜（Hideki Matsui），同时，拉丁美洲人如大卫·奥提兹（David Ortiz）和阿尔伯特·普约尔斯（Albert Pujols）等占据了棒球大联盟选手名单的 30%。

在女子职业高尔夫球运动中，2008 年世界排名前 15 位的选手中，有 5 位来自韩国。实际上，今天，前 50 位女性选手中只有 30% 是美国人，而在 1990 年的时候，这一数字还高于 60%。

在职业网球运动中，2008 年，排在前 10 名的男女选手中，只有 2 名来自美国，前苏联和中欧国家的选手占绝大多数。

前苏联还颠覆了拳击运动，而在 20 世纪的大部分时间内，这一运动都由美国人主宰。乌克兰的维塔利·克里钦科（Vitali Klitschko）、弗拉基米尔·克里钦科（Wladimir Klitschko）兄弟以及乌兹别克人如斯兰·查加耶夫（Ruslan Chagaev）在新千年的大部分比赛中赢得了冠军，还有许多年轻的俄罗斯人和哈萨克人的排名都很高。

足球可能是全世界最受欢迎的运动，它也经历了类似的天才球员的国际化。20 年前，在著名的英国超级联赛（Premier League）中，实际上所有的球员都出生于不列颠群岛。但是，现在再看一看英国切尔西队［归俄罗斯亿万富翁伊万·阿布罗默维奇（Ivan Abromovich）所有］或阿森纳队的球员名单。在阿森纳队的 32 名球员中，只有 2 名生于英格兰（而且他们都是新手，很少上场）。其他球员来自巴西、墨西哥、多哥、象牙海岸、瑞士、法国、西班牙和德国。同样，欧洲冠军杯（Champions League）也拥有一个国际化的球员名单。这些杯赛的球迷也日益国际化。许多球队的网站都使用多种语言，实际上，曼彻斯特联队（Manchester United）的网站使用了汉语、日语和朝鲜语。

我们可以在奥林匹克运动会上更明显地看到体育人才的国际化。在 2004

年雅典奥运会之前的五届运动会中，赢得金牌较多的国家发生了明显变化。1988 年，5 个国家赢得了63%的金牌，而到 2004 年，这一数字下降到41%。另外，1998 年，有 31 个国家赢得了金牌，而到 2004 年，赢得金牌的国家跃升至57 个。尽管前苏联的解体可以部分解释这一现象，但 2004 年赢得金牌的国家中只有 7 个是新成立的国家。然而，奥运会中崛起最快的是中国。1976 年，在蒙特利尔夏季奥运会上，中国没有获得一枚金牌，甚至没有获得一枚铜牌。在 2008 年北京奥运会上，美国获得了 36 枚金牌（奖牌总数为 110 枚），而中国获得了 51 枚金牌（奖牌总数为 100 枚）。

与全球经济一体化一样，运动天才的全球一体化也会持续下去。比较贫困的国家在过去几十年中都缺少体育基金，但现在拥有了投资并培养运动员的可支配收入。实际上，经济与赢得奥运会金牌的数量有很大关系。在最近的研究中，安德鲁·伯纳德（Andrew Bernard）和梅格汉·布斯（Meghan R. Busse）分析了过去 40 年夏季奥运会奖牌数量，以确定是哪些因素决定了各个国家获得的奖牌数。从统计上讲，一个国家预计获得奖牌数的 95% 只受两个因素影响：上次奥运会获得的奖牌数以及该国经济的总体规模，越大越好。

奇怪的是，人均收入与奖牌数没有什么关系。假设一个大而穷的国家和一个小而富的国家拥有同样的 GNP，则这两个国家将获得同样多的奖牌。比 GNP 更重要的是获得奥林匹克留下的遗产。伯纳德注意到，如果你在过去做得不错，那就会持续下去。"一旦你建立起了基础设施、训练方法和设备，并培养出了运动员，他们就会在几届奥运会中取得不错的成绩。"他这样说道。

越来越多的国家在经济全球化的进程中变得越来越富裕，而这种趋势将持续下去。随着在全球各地建立起世界级的设施和训练方案，我们预计会有更多的国家站到奥林匹克运动会的领奖台上，而且在不久的将来，会有越来越多的国家参与并主导职业体育运动。这一点与商业是一样的，许多新兴市场国家培养出了很有才能的个人和公司，来挑战美国和欧洲过去的主导地位。

第 2 章

贸易与金融：金钱无处不在

希尔顿酒店的女继承人和小报明星帕丽斯·希尔顿（Paris Hilton）证明，一个人不需要获得诺贝尔经济学奖就可以看出一些征兆。经过一个多世纪的相对衰落之后，上海已经成为中国成功回归全球经济的中心，到处是富丽堂皇的办公大楼、购物中心和多得令人吃惊的法拉利汽车。经过 20 多年的增长（年增长率为 9% ~10%），中国经济成为全世界人类活动的发源地之一，在很多方面令人惊讶：

- 中国曾经是小农经济主导的国家，但现在拥有 175 座人口超过百万的城市。
- 自 1990 年以来，成立了 2200 万家私有企业，雇用了 1.35 亿人。
- 中国在过去 3 个星期的出口超过其 1978 年的出口总量。
- 中国拥有世界上最多的外汇储备——现在超过 2 万亿美元，而 1997 年还不到 900 亿美元。
- 中国公民在过去 10 年中共开设了 1.2 亿个股票账户，超过英国、法国、德国开户数的总和。
- 中国的科学、工程、医学学生比其他任何一个国家都要多——每年向劳动力市场推出 60 万名新技术人员和工程师。
- 在未来 20 年中，中国将创造出 7000 万新劳动力，而在同一时期，欧洲和日本的劳动力会减少。
- 到 2007 年底，中国大陆有 41 位亿万富翁，百万富翁人数超过丹麦人口。

- 北京的新机场是世界上最大的机场，从规划到建成只用了4年的时间（提前完成）。其主航站楼长达1.8英里，占地面积比英国希斯罗机场的5个航站楼的总面积之和还要大。
- 2001~2005年，中国在道路和铁路系统上花费了500亿美元——超过前50年的总和。2006~2010年，仅在铁路上就还要投入2000亿美元。
- 中国计划在上海建一座摩天大楼，其高度将超过当前世界上最高的建筑——马来西亚双子塔（Petronas Towers）的两倍，这一300层高的大楼可以容纳10万人。

我们可以继续列举中国的增长与规模，从其消费的商品数量，到每天在线的互联网用户数，再到每天去吃麦当劳和肯德基的人数。这份“世界第一”的列表是写不完的，一页页的事实生动地记录下中国的再度崛起。

尽管中国是最大的、最有活力的新兴市场（emerging market，EM），但它并不是唯一从当前贸易与金融一体化中获益的国家。实际上，在过去20年间，整个世界都出现了令人难以置信的社会经济进步，如前所述，我们正在见证一次有史以来最重大的经济融合（economic convergence）。商业、贸易和金融从微不足道的、孤立的领域迅速发展成为历史上人类相互影响最密集的领域，商品、金钱、人员和思想在整个地球上的快速流动几乎无法度量。

中国是“金砖四国”（BRIC）的基础。“金砖四国”是指巴西（Brazil）、俄罗斯（Russia）、印度（India）和中国（China）的缩写，这是由吉姆·奥尼尔（Jim O'Neill）和他的高盛（Goldman Sachs）团队在2003年发表的一份重要报告中提出的，这份报告描述了这些经济体日益提高的重要性。这些国家的人口加在一起超过全世界人口的40%。如果按当前的发展轨迹运行，“金砖四国”应该在2040~2050年间超越G7国家的经济产出，而奥尼尔的“金钻11国”（Next 11，N11）新兴市场预计将在2075年之前彻底超越G7。

新兴市场国家的长期、快速增长将显著改变贸易、劳动力和消费模式，这使得我们有必要重新评估美国和G7未来在全球体系中的地位。英国和美国花了 50 多年的时间才成为世界强国，而这些国家——以前曾经是地球上最贫困的国家——是如何以如此快的速度成长起来的呢？正如我们将要看到的，这些国家中年轻的、受过良好教育的劳动力，再加上对自由市场改革以及新技术的采纳，已经使这个星球发生了巨大改变，其速度超过了任何人的预期。

2.1　比较优势与自由贸易：皈依新的信仰

仅仅在一代人之前，世界上还有很多人生活在计划经济之下。直到 20 世纪 80 年代初，全球贸易还受到 G7 和其他十几个国家的主宰。但放弃计划经济而转向自由市场使得那些曾经与全球贸易和投资网络隔离开来的地区出现了前所未有的增长。图 2.1 显示了贸易模式的巨大变化。

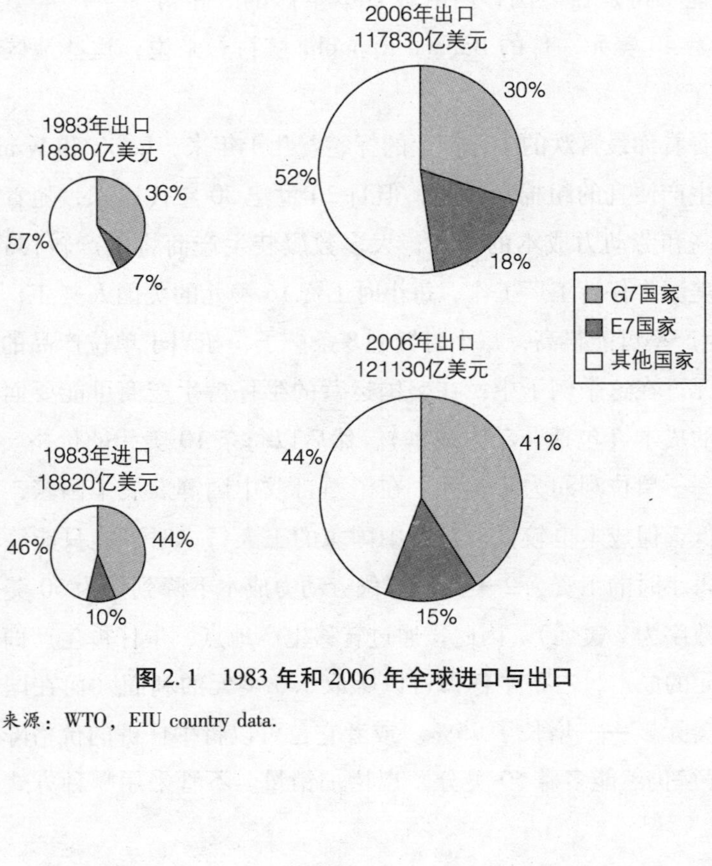

图 2.1　1983 年和 2006 年全球进口与出口

资料来源：WTO，EIU country data.

在全球范围内，成千上万家国有企业被卖掉、被私有化或者被关闭，这激发了经济生态体系的竞争力量和永久性的改变。同时，全球熟练工人数量的不断增长也已经显著降低了大多数消费品的生产成本。根据瑞士联合银行（UBS）的统计，1990～2007年，新兴市场向工业化国家的出口从每月450亿美元飚升到将近2400亿美元。更令人关注的是，新兴市场间的出口总值已经从每月300亿美元上升到2450亿美元——实际上已经超过了向富裕国家的出口量。

这是一个具有重大影响的转变。现在，大量的贸易与G7毫无关系。我们并不仅仅是在谈论香蕉和凉鞋的贸易，我们谈论的是所有商品的贸易。传统的贸易路线如丝绸之路（Silk Road）在美国诞生之前就已经辉煌了成百上千年，而现在则通过用卡车替代骆驼，用电子、钢铁、机器和石化燃料代替茶叶、丝绸和食品获得了新生。为了理解最近为什么会出现劳动力和贸易模式的巨大变化，那就看一看你的壁橱吧。你的衣服主要是在哪里生产的？很可能不再是在美国、西欧或日本生产的。相对于生产4美元一件的内衣甚至是40美元一件的Banana Republic牌衬衫来说，这些地区的劳动力成本太高了。

现在看看你最喜欢的牛仔裤上的标签。几十年来，Levi's和Wrangler等企业在美国生产便宜的粗棉布裤子，但自20世纪50年代以来，随着美国生活水平的提高和劳动力成本的增加，大多数服装生产商将生产转移到了国外。今天，在美国牛仔裤工厂工作、每小时工资16美元的美国人（工厂的平均工资），其生产率可能很高，每小时缝制8条裤子，相当于单位产品的劳动力成本为2美元。在这个例子中，在美国运营的牛仔裤生产商可能要面对每条裤子8美元的成本（包括劳动力成本），然后以每条10美元的价格卖给Macy's等零售商——单位利润为2美元。在墨西哥或中国等发展中国家，劳动力的生产率较低，但成本也较低。发展中国家的工人每小时可能只能缝制4条牛仔裤，而每小时的工资为2美元，单位劳动力成本下降到仅为50美分（在美国，这一数字为2美元）。因此，通过转移生产地点，牛仔裤生产商就可以削减1.5美元的成本，一条牛仔裤可以赚取3.5美元的利润（而在国内生产只能赚取2美元）——增长了75%。或者它也可以将牛仔裤的价格降低1美元（每条牛仔裤仍然能多赚50美分）以增加销量。不管采用哪种方式，在生产率一成本比率较高的国家进行生产的牛仔裤公司，其竞争力更强大，就算这个国家的绝对生产率较低也是如此。这就是比较优势（comparative advantage）的本质，同时也是在史无前例的全球增长中抑制通货膨胀的驱动力。不论我们讨论的是牛仔裤、洗衣机、计算机、汽车，甚至是数据处理，在国外寻找成本优势界定了“宏观量子”全球经济，并将新兴市场数以十亿计的人转变为全球工人和消费者。

2.2　贸易的下一个阶段

在日益激烈的竞争环境中，国家如何演变？让我们看一看有两个国家的贸易模型：一个较富裕的国家（如美国）和一个较不发达的国家（如墨西哥）。劳动力成本和生产率差距使得较富裕的国家从需要较多劳动力的部门（如农业）转向制造业和服务业更具有优势，就像美国在20世纪大部分时间所做的一样。在这一过程的第一个阶段，美国开始从墨西哥进口农产品，以解放美国工人，转向工资和利润更高的制造业。贸易发展了，两个国家也日益繁荣起来。渐渐地，随着这一模式的不断发展，墨西哥从农业中赚取的利率使其能够从美国进口工业品——如牛仔裤。在贸易的第二个阶段，墨西哥经济实力增强，能够更好地利用其较为廉价的劳动力，以比美国更低的成本自己生产牛仔裤（如在前面的例子中一样）。美国的工人看到无法在牛仔裤领域进行竞争，就转向生产电视机，并开始了一个新的双向模式：向墨西哥出口电视，并进口牛仔裤。在全球化的第三个阶段，墨西哥再度集中于牛仔裤的出口，并开始从更不发达的国家（如危地马拉）进口农产品，危地马拉的劳动力生产农产品的成本低于墨西哥，而墨西哥的劳动力可以从缝制牛仔裤中获得更多收益。后来，危地马拉开始进口墨西哥产牛仔裤，而这一模式会不断发展下去。这些阶段从家用电器到汽车，再到飞机、计算机、金融服务，永无止境。

随着全球劳动生产率的不断提高，各种贸易将许多国家捆绑在一起，因此编织出了经济相互依赖和互惠互利的“资本主义和平”。我们已经忘记了，在19世纪末，几乎所有的美国人都是农民。到1950年时，有一半美国人是工厂工人。今天，只有不到2%的美国人在农场工作，只有不到25%的在工厂工作。绝大多数人——超过70%——在服务部门工作。随着各个国家不断创新、提高其生产率并避免贸易保护主义倾向，这一模式将很可能持续下去。如图2.2所示，新兴市场的出口构成遵循了我们描述的这一模式。1981年，新兴市场超过80%的出口是自然资源如石油和铁矿石，而现在，新兴市场国家的出口是低技术、中等技术和高技术工业品的组合，资源仅占22%。

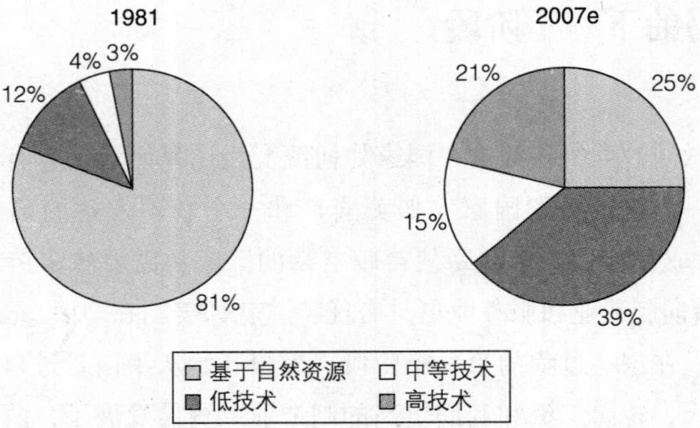

图2.2　新兴市场出口的结构变化（1981～2007年）

资料来源：World Bank；Eurostat；IMF；IEA.

这一过程的结果就是全球贸易的惊人增长。记住，贸易不仅限于最终产品，在不同国家加工并在一个最终国家（final country）进行装配的中间产品占据了很大份额。现代汽车工业的生产链就是一个极好的例子：Mini Cooper是一种娇小、时髦、典型的英国车，它实际上是由德国汽车制造商BMW拥有并生产的。BMW从巴西进口发动机，并根据市场成本从十几个国家进口其他部件（制动器、玻璃、轮胎）。最后，只有总装是在英国进行的。

除非在全球范围内出现大萧条（考虑到当前的全球金融危机，这是有可能的），劳动力和制造业的全球化应该会持续几十年，而新兴市场正在推动经济的扩张。G7国家的劳动力加在一起不到5亿，而2007年，15个主要的新兴市场国家拥有25亿人。到2050年，G7的劳动力将比现在更少。而在同一时期，与人口不断老龄化且数量不断减少的德国、日本和意大利相比，新兴市场国家将增加额外的 3.75 亿熟练工人。

我们不要忘记亨利·福特在 100 多年前就已经知道的事实：今天收入高的工人就是明天的消费者。图 2.3 显示出了新兴市场国家的消费增长有多快。随着可支配收入的提高，新兴市场国家中的二三十亿工人正在成为跨国公司梦寐以求的新顾客，而这些跨国公司正在饱受本国市场饱和之苦。当前，在美国，普通人每年会消费 360 多瓶饮料（如百事可乐和 Snapple），而在中国

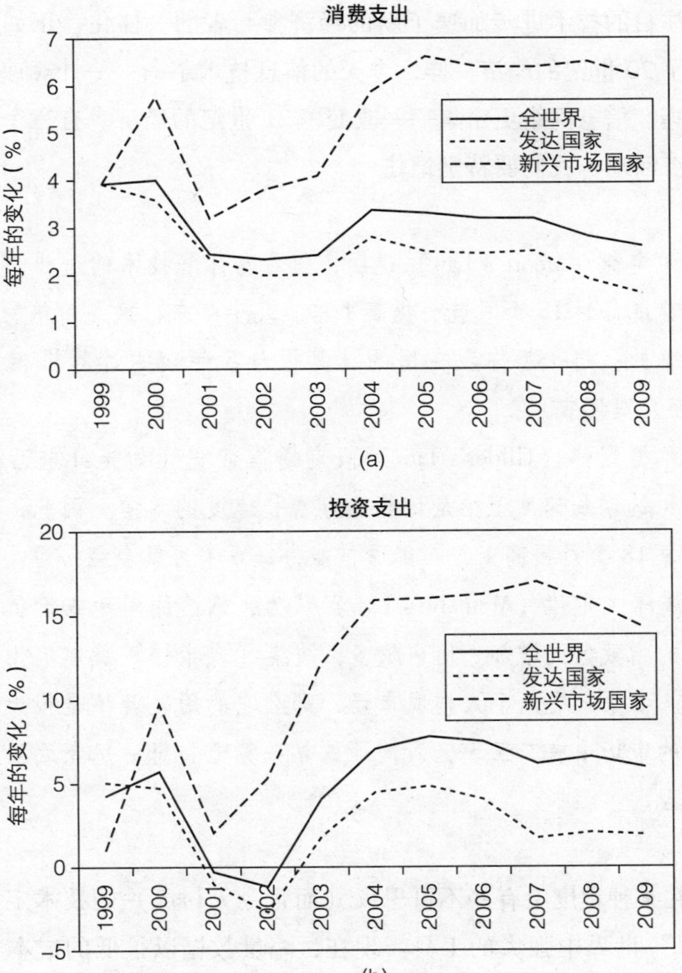

图 2.3　新的增长引擎：消费与投资支出

资料来源：HSBC，2008.

和印度这一数字还不到60瓶。不断扩张的全球市场代表着大量的机会，这些机会表现为人们对基本食物、衣服、药品和电子产品的需求没有得到满足，而这些需求在西方国家被认为是理所当然的。

2.3　先进的信息与通信技术：贸易的助推器

引人注目的技术进步加速了新的经济参与者的一体化。正如交通运输的创新重塑了20世纪的经济一样，今天的信息技术革命——计算速度更快、通信能力更高、信息网络更密集——改变了21世纪的经济。有三个重要的定律加速了经济活动，我们要特别记住：

1. 摩尔定律（Moore's Law）说明，随着晶体管技术的进步，计算机的处理速度每过18个月就会提高1倍。几十年来，这一简单的推断一直是正确的：想一想你现在用的计算机与5年前的计算机相比快了多少（而且更便宜）。
2. 吉尔德定律（Gilder's Law）假定通信带宽（如光纤电话线和卫星通信）的增长速度至少是计算能力增长速度的3倍。因此，如果计算能力每18个月提高1倍，则通信能力每6个月就会翻一番。
3. 麦特卡夫定律（Metcalfe's Law）认为，网络的用途或价值会以用户数量的指数方式增加。用户越多，网络（或市场）就越有用，价值就越大。如果只有两个人构成市场，那么它的用处就不是很大。但如果在你的市场中有二三十亿人，那就算一算吧。想一想今天互联网上有多少人。

这些在某种程度上有些不可思议（而且令人讨厌）的技术定律实际上是“宏观量子”世界中强大的工具。现在，海量数据以很低的成本在地球上传播：一台价值500美元的笔记本电脑处理信息的速度之快，足以令20世纪60年代美国国家航空航天局的计算机看起来像一个算盘。例如，现在，尼日利亚的医生可以通过因特网观看在洛杉矶展示的最新外科手术技术，并立即下载辅助性的医学研究资料。如果本地的医生没有完成这一手术所需的医疗设备，那么必要的设备在一天内就可以运到。有些外科手术甚至可以通过计算机遥控完成。同样，技术使得跨国公司成为真正的全球企业。跨国公司可以实时控制并监控各个大洲的运营，并通过全球定位系统（GPS）跟踪其货物，所有这一切都增加了贸易的信心。这三个定律与数量巨大的贸易参与者结合在一起，而且我们的麦特卡夫市场已经从 1990 年的约 5 亿人增加到今天的约 30 亿人，并且每一分钟都在增加。新千年的等式是：摩尔定律 + 吉尔德定律 + 麦特卡夫定律 = "宏观量子"全球化。

2.4　越多越好：前所未有的相互作用

正如我们看到的，新技术与放弃计划经济使得繁荣迅速传播开来，其速度比流感的传染速度还快。全球贸易量正在接近世界 GDP 的 50%，而根据世界银行的统计，2000 ~ 2008 年间，全球 GDP 本身也增长了超过 40%。人类有一半生活在年均增长速度超过 7% 的国家，如果这一增长速度能够持续 10 年，那么产出就会翻一番。图 2.4 显示了近年来新兴市场国家增长率的快速提高。从历史上看，今天的增长速度是一个奇迹。直到工业革命开始前，全球年均增长率平均还不到 0.2%。在这一增长速度下，世界经济产出要花 500 年的时间才能增长 1 倍。相比之下，中国经济正在以年均超过 10% 的速度增长，大约 7 年就可以翻一番。如果维持最近 5% 的增长率，全球产出经过大约 14 年就会增加 1 倍，使全球经济总量从当前的 45 万亿美元增加到 2050 年的 350 万亿美元。复合增长（compounded growth）会导致趋同：如果一个国家今天的 GDP 只相当于美国的 30%，但以每年 4.5% 的速度持续增长 50 年（如日本在第二次世界大战后的情况），而美国的年增长率只有 2%，那么 50 年后，两个国家的 GDP 会大致相同。在今天的世界上，这意味着一个 GDP 只相当于法国 GDP 的 1/3 的国家（如墨西哥），经过不到两代人的时间（一代人大约相当于 30 年——译者注），两个国家的 GDP 就会大致相同。

由于低出生率、市场饱和、本来就比较高的 GDP 和生产率，G7 国家的经

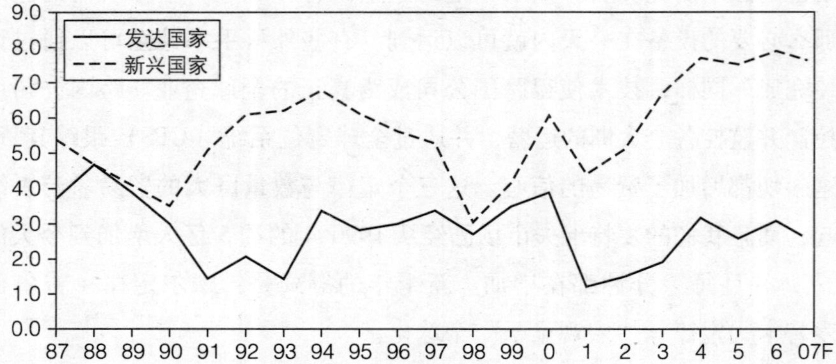

图 2.4　新兴国家和发达国家：1987～2007 年 GDP 增长预测

资料来源：IMF World Economic Outlook, April 2007.

济增长比新兴市场国家的增长速度慢得多。但是，G7 国家仍然从发展中国家的增长中获得了好处。这个时代最大的赢家是 G7 国家的消费者和已经扩张到海外的 G7 国家的公司。其他国家通过经济自由化而获得的成功是美国实际收入较高以及中产阶级人数不断增加的部分原因。经济全球化通过将从前的奢侈品变成日常必需品而使人们普遍富裕起来。1960～2008 年，美国出口增长了将近 80 倍，从 305 亿美元增加到 2.4 万亿美元，而其总 GDP 从 2.5 万亿美元增加到 11.6 万亿美元。生活在贫困线 125% 之下的美国人口从 1959 年的 31.1% 下降到 16.8%（最近的普查数据）。尽管美国的中产阶级（大致定义为：按 2005 年美元计算，家庭收入在 35000～75000 美元）在 1967～2005 年间确实有所收缩（从 40.1% 下降到 33.3%），但这些脱离中产阶级的人并没有变得更穷。收入低于 35000 美元的人口份额下降了 4%，而家庭收入高于 75000 美元的人口数量实际上提高了 10.6%，达到 56.6%。

我们不能也不应该希望这些全球化趋势发生改变。与以前相比，世界上有更多的人正在以更快的速度摆脱匮乏、疾病、缺乏教育和贫困的束缚，如果我们能够为“宏观量子”贸易体系制定战略规划并对其进行维护，那么这一趋势将永远持续下去。但是，要做到这一点，我们需要采纳一个新的世界观，即一个关注在贸易与投资游戏中无数参与者相互作用的世界观。

老富豪与新富豪

1987 年，《福布斯》（*Forbes*）杂志开始对全世界的亿万富翁进行排名。排行榜中大约有1/3 的人来自美国，18.5% 的人来自日本（反映了日本在泡沫破灭前的经济顶峰），26.7% 的人来自欧洲。

尽管美国人在2008 年的排行榜上所占份额提高到44.3%，但新兴市场国家的崛起也不容忽视，包括首次榜上有名的塞浦路斯、阿曼、罗马尼亚和塞尔维亚。印度拥有36 位亿万富翁，令人印象深刻，超过日本成为超级富豪最多的亚洲国家。俄罗斯排名第三，紧随美国和德国之后，拥有53 位亿万富翁。韩国拥有10 位超级富豪（1987 年有2 位），巴西和中国大陆各有20 位亿万富翁（另外，香港地区有21 位，台湾地区有8 位），而土耳其拥有25 位（1987 年的名单中没有土耳其人）。

富豪名单的人口统计学变化反映了过去20 年来新兴工业化国家和发展中国家令人吃惊的财富创造。不久前，在许多国家中，私有制还是一个禁区，而现在，其白手起家的故事和美国一样多。例如，俄罗斯最富有的人阿布拉莫维奇（Roman Abramovich）曾经是一个孤儿，一步步成为政府官员，最后出售了自己在Sibneft 石油公司的大部分股份，获得了130 亿美元。年轻的俄罗斯人占据了前25 名中的7 名。许多人在资源（如铝、镍、石油和天然气）公司中取得了成功。这7 位俄罗斯亿万富翁的平均年龄有多大？还不到44 岁。

回顾一下，20 世纪80 年代末，在排行榜上还找不到中国、俄罗斯、印度或墨西哥人的名字。但在2008 年，排行榜前25 名中，只有4 名是美国人，只有5 名来自欧洲，而另外16 个人来自以前的穷国。墨西哥电信巨头卡洛斯·斯里姆（Carlos Slim）一直在与比尔·盖茨（Bill Gates）和沃伦·巴菲特（Warren Buffett）这两位老牌超级富豪争夺《福布斯》排行榜第一的位置（据说他的净资产已经超过了那两个美国人）。想一想：斯里姆的财富差不多占墨西哥年经济产出的6.5%。如果比尔·盖茨占美国财富的比例也这样高，他将拥有7840 亿美元——这差不多是其现有资产的8 倍。4 位印度人——拉克希米·米塔尔（Lakshmi Mittal，全球最大钢铁厂的所有者）、阿姆巴尼兄弟

(Ambani brothers，Reliance 集团的继承人，印度最有价值的企业)、辛格（KP Singh，房地产）——在前 8 名中占据了 4 个席位。印度富人中的亿万富翁比其他国家（美国除外）更多。尽管最近的股票市场波动可能使一些亿万富翁的财富缩水，但他们的财富还是大幅增加了。

2.5 世界舞台上的非国家参与者

跨国公司在刺激全球贸易中不断提高的重要性与新金融机构的崛起是一致的。今天，在 100 家全球最大的经济组织中，大约有一半是公司。通过鼓励知识和技能的转移并将资本配置到最需要的地方，这些新兴组织的成长已经成为战后时期最值得肯定的人类发展之一。

伟大的全球化先锋如美国运通（American Express）、卡特皮勒（Caterpillar）、高露洁—棕榄（Colgate-Palmolive）、通用电气（GE）、汇丰银行（HSBC）、小松公司（Komatsu）、麦当劳（McDonald's）、诺基亚（Nokia）和西门子（Siemens）以及其他数以百计的企业几乎都是 G7 国家和其他工业化国家的公司，但新兴市场国家的企业也正在赢得全球市场份额。波士顿咨询集团（Boston Consulting Group，BCG）最近的一项研究表明，许多新兴市场国家的跨国公司有资源也有雄心颠覆老牌的对手。波士顿咨询集团 2008 年的报告列出了来自新兴市场国家的年收入达到 10 亿美元并积极向海外扩张的 100 家企业（参见表 2.1）。这些企业具有很多竞争优势，足以向现有参与者发起挑战。在全球《财富》500 强企业中，已经有 48 家企业来自发展中国家。随着资本越来越容易获得，更多的新兴国家企业准备起飞。2002 ~ 2007 年，有 727 家新兴市场国家的企业发行了国际债券，有 2998 家企业从国际辛迪加银行贷款市场中获得了借款。同一时期，在主要交易所上市的企业发行的股票中，有 1/3 是由新兴国家的企业发行的。今天，新兴市场经济国家拥有 15000 多家跨国公司，其中许多企业获得了全球认可。

表 2.1　需要关注的 100 家新兴市场公司

阿根廷（1）
Tenaris*
巴西（13）
Braskem
Companhia Vale do Rio Doce（CVRD）
Coteminas
Embraer
Gerdau Steel
JBS-Friboi*
Marcopolo*
Natura
Perdigão
Petrobrás
Sadia
Votorantim Group
WEG
智利（1）
CSAV*
中国（41）
中国铝业公司
比亚迪公司
长虹电子*
奇瑞汽车*
中国航空工业集团
中国第一汽车集团
中集集团
中国五矿集团公司
中国移动通信集团公司
中国重汽集团有限公司
中国石油化工股份有限公司
中海集团
中国海洋石油总公司
中粮集团*
中远集团
中国船舶重工集团公司
东风汽车公司
方正集团
格兰仕集团公司
格力电器
海尔公司
海信公司
华为技术公司
德昌电机集团
联想集团
利丰集团
美的控股
玖龙纸业（控股）有限公司
中国石油天然气集团公司
上海汽车工业（集团）总公司
上海宝钢集团公司
上海振华港机股份有限公司
首钢集团
中国中华集团公司
中国机械工业集团公司*
TCL 公司
创科实业有限公司
青岛啤酒
伟易达集团*
万向集团公司
中兴通讯
埃及（1）
Orascom Telecom Holding
匈牙利（1）
MOL Group*
印度（20）
Bajaj Auto
Bharat Forge
Cipla
Crompton Greaves
Dr. Reddy's Laboratories
Hindalco Industries
Infosys Technologies
Larsen & Toubro
Mahindra & Mahindra
Ranbaxy Pharmaceuticals
Reliance Group
Satyam Computer Services
Suzlon Energy*
Tata Consultancy Services（TCS）
Tata Motors
Tata Steel
Tata Tea
Videocon Industries
Videsh Sanchar Nigam（VSNL）
Wipro
Indofood Sukses Makmur
马来西亚（2）
Malaysia International Shipping Company（MISC）
Petronas
墨西哥（7）
América Móvil
Cemex
Femsa
Gruma
Grupo Bimbo*
Grupo Modelo
Nemak
波兰（1）
PKN Orlen*
俄罗斯（6）
Gazprom
Inter RAO UES*
Lukoil
MMC Norilsk Nickel Group
Rusal
Severstal
泰国（2）
Charoen Pokphand Foods
Thai Union Frozen Products
土耳其（3）
Koç Holding
Sabanci Holding
Vestel Group

资料来源：Boston Consulting Group.

这种经济接力棒的交接并不是第一次。第二次世界大战之后，英国公司将领先优势让给了美国的企业，而在过去20年间，日本——20世纪引人注目的新兴市场国家——同样在很多领域取代了美国和欧洲的领导地位。实际上，随着丰田、日产和本田公司的崛起，通用、福特和克莱斯勒公司都感到自己的历史地位受到了侵蚀。现在，丰田是世界上最大的汽车制造商。而转眼之间，韩国的汽车制造商如现代公司就从微不足道的小公司成长为受尊重的全球汽车生产商。再想一想印度的Tata汽车公司，最近它从福特公司收购了路虎（Land Rover）、美洲豹（Jaguar）等豪华品牌。在其他领域还有一些杰出的企业：墨西哥的Cemex公司主宰着全球水泥市场；钢铁生产受到巴西的CSN公司和印度的Arcelor-Mittal公司（现在其总部设在卢森堡）的控制，在欧洲、美国和其他地方，这两家公司都以最大的老牌钢铁公司著称。为了理解这一点，让我们看一看1997年和2008年中期世界20家价值最大的公司（参见表2.2）。过去，这一领域主要是美国公司以及少量欧洲和日本公司的天下，现在，在最有价值的25家公司中，有7家来自“金砖四国”，而在1997年时则根本没有。日本被彻底挤出了这一名单，只有两家欧洲企业进入了这一名单。

表2.2 1997年和2008年价值最高的公司（根据市值）

价值最高的20家公司（1997年）	国家	市值（百万美元）	价值最高的20家公司（2008年）	国家	市值（百万美元）
通用电气	美国	239539.44	埃克森—美孚	美国	504989
可口可乐	美国	164760.08	中国石油天然气股份有限公司	中国	413930
微软公司	美国	152155.50	中国移动	中国	339026
埃克森—美孚	美国	150337.70	通用电气	美国	322714
英国石油公司	美国	126533.50	Gazprom	俄罗斯	318957
默克公司	美国	126526.69	中国工商银行	中国	293209
花旗集团	美国	122830.85	微软公司	美国	281536
英特尔公司	美国	115384.50	Commercial Bank ZI	中国	273658
日本电报	日本	112112.52	Petrobras Pref.	巴西	257423

（续表）

价值最高的 20 家公司（1997 年）	国家	市值（百万美元）	价值最高的 20 家公司（2008 年）	国家	市值（百万美元）
诺华集团	瑞士	111110.29	皇家荷兰壳牌石油	荷兰	240079
美国银行	美国	104751.80	AT&T 公司	美国	228211
IBM	美国	100240.29	必和必拓集团	英国	226958
辉瑞公司	美国	96483.88	沃尔玛超市	美国	223625
丰田汽车	日本	95992.80	英国石油公司	英国	216681
宝洁	美国	95400.25	宝洁	美国	207639
罗氏控股公司	瑞典	91473.66	汇丰控股	英国	200398
强生公司	美国	87265.76	中国建设银行	中国	199225
礼来公司	美国	77320.09	Total SA	法国	198282
美国国际集团	美国	76072.58	伯克夏·哈萨维公司	美国	197020
AT&T 公司	美国	71579.90	雪佛龙公司	美国	195270

资料来源：Bloomberg，May 2008.

显然，许多新兴市场国家的公司正在行动。利用其股票（stocks）作为货币，它们可以进行大规模的收购，不仅是在 G7 国家，而且还在其他发展中国家进行，在那里它们感觉更舒适，而且更理解其经济环境。这些新兴市场国家的公司中有许多在向“金字塔底层”（bottom of the pyramid，BOP，即 40 亿每日收入不足 10 美元的人口，还有 20 亿人每日收入不足 2 美元）销售时处于优势地位。这个庞大的人群占地球居民的大多数，但由于购买力有限，因此他们在很大程度上被来自富裕世界的跨国公司遗忘了。新兴市场国家的公司更理解如何为其他发展中国家处于金字塔底层的人群和迅速成长的中产阶级生产产品。例如，Tata 公司的 Nano 是一种四座的汽车，其售价仅为 2500 美元，还不到大多数欧洲豪华车中 GPS 系统的价格。在较为贫困的国家，交通工具主要是小型摩托车和自行车，这种汽车可能会成为新的“大众汽车”，或者成为“平民车”。为了在这个新的“宏观量子”世界中竞争，老牌跨国公司必须在“金字塔底层”寻找机会。

2.6 资本的可获得性与货币浪潮

全球金融局势已经被这一具有重大历史意义的经济一体化所改变。1980年，在注入新兴市场的资本中，世界银行提供了超过27%，G7国家的商业银行提供了43%。今天，世界银行注入新兴市场的资本不到5%，G7国家的银行所占份额也不到15%。现在能够获得的资本种类非常多：发行股票和债券（来自那些以前从未参与股票和债券发行的国家的公司）、出口信贷和外国直接投资（来自那些正在以创纪录的速度在海外建厂并扩大贸易量的跨国公司），以及现在也提供流动性（liquidity）的本地银行和机构（如图2.5所示）。由于新兴市场信用评级的不断提高、当地股票和债券市场的发展，以及这些国家较高的储蓄率（为将新获得的财富转化成新的投资提供了渠道，使得本地的金融市场覆盖面更广、更深入），资本来源的分散化迅速发展（尽管当前的信用危机减缓了这一趋势）。在传统的前苏联式经济中，股票和债券市场是不存在的。世界银行注意到，新兴市场现在几乎能够吸收1万亿美元的外国资本，而在1985年时，这一数字还不到1500亿美元。

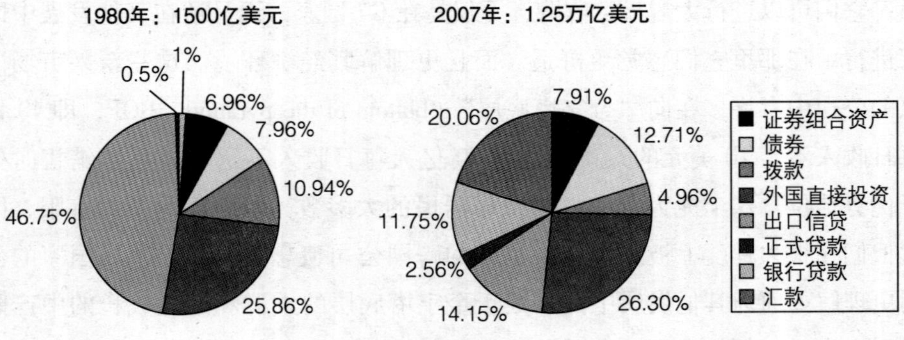

图2.5 新兴市场资本流入的重大变化

资料来源：IMF，World Bank，Bloomberg，EIU.

在过去25年中，有6次可以确认的、相互重叠的跨国资本流动浪潮，包括当今的经济全球化。在20世纪80年代的第一次浪潮中，G7的机构投资者启动了一个将资本分散投入外国股票市场的过程，它们将重点放在G7和少数西欧国家，以及澳大利亚和新西兰。这些 G7 投资者的想法是要提高投资组合的回报率，同时通过投资于多个国家以降低总体风险。当时，这样做被认为是不同寻常的，而现在则被视为基本的资产组合配置。

这一浪潮过去之后不久，又出现了第二次浪潮，在这次浪潮中，G7 国家的跨国公司在全球范围内寻找廉价劳动力并降低生产成本。各家公司（如通用电气和 IBM）在友好的国家寻找熟练工人，并在这些国家建造更多有利可图的工厂（如墨西哥的组装工厂）。世界银行的研究表明，1986 ~ 1994 年，跨国公司的外国直接投资从每年 390 亿美元跃升至 1560 亿美元，大多数投向了亚洲，还有一些投向了拉丁美洲和前苏联解体后形成的国家。

第三次浪潮带来了一种全新的金融投资模式，它始于 1989 年前后，当时人们利用布雷迪计划（Brady Plan）消除新兴市场的债务危机，而这一危机在 20 世纪 70 年代和 80 年代抑制了外国金融投资和增长。另外，前苏联解体后出现的私有化和金融自由化浪潮迅速在市场中蔓延，本地股票市场开始在全球各地生根。1993 年春季，国际金融公司（International Finance Corporation）启动了其第一个针对新兴市场的可投资股票指数（investable equity index），为 G7 国家、全球的银行以及其他投资者提供了一个基准，以协助它们进一步分散投资，提高收益。

1994 年，第四次浪潮开始了。前苏联国家、中国、印度和其他相对孤立的经济体开始出现股票和债券市场。几十年来，这些国家首次提供了外国投资者可以接触的金融市场。

到 2000 年，由于出口收入快速增长、储蓄率很高，这些新兴市场国家的硬通货储备不断增加。成功的新兴市场国家不断向其他快速扩张的金融市场进行投资以实现分散化，从而造成了第五次浪潮。例如，韩国保险公司购买了墨西哥和俄罗斯的大量债券，新加坡政府投资基金购买了拉丁美洲公司的股份，巴西的银行投资于亚洲对冲基金。这一过程不断加速。

现在，我们正处于第六次浪潮之中，这也许是最重要的一次。近年来，数量极其巨大的资本流从新兴市场直接流向了发达国家，包括 G7 国家。到 2008 年中期，20 个最大的新兴市场经济体的硬通货储备膨胀到超过 3.5 万亿美元。这些发展中国家的中央银行动用其资金定期购买成百上千亿美元的美国财政部长期债券，这有助于弥补美国的贸易与政府赤字。第六次浪潮还包括直接投资，包括在最近的美国次贷危机期间动用数以十亿计的主权财富基金购买西方金融机构的股份，还包括新兴市场国家的跨国公司购买 G7 国家的企业。大量的资金使得利率保持在低水平上，反过来，这不仅刺激了跨国投资和消费，而且还使得全球范围内迅速出现了资产泡沫。

当前的浪潮和信用危机应该能够让 G7 清醒过来。现在，有许多在经济上非常强大的国家，有许多颇具竞争力的全球公司，而且在许多市场中出现了大量的新金融参与者，这使得所有政府和企业有必要对其金融战略进行全面的再思考。显然，G7 再也不能唯我独尊，而是与其他数十个国家共同成为了密切相关的全球资本体系的一部分。信用危机强调了金融相互联系的本质（如图 2.6 所示）。

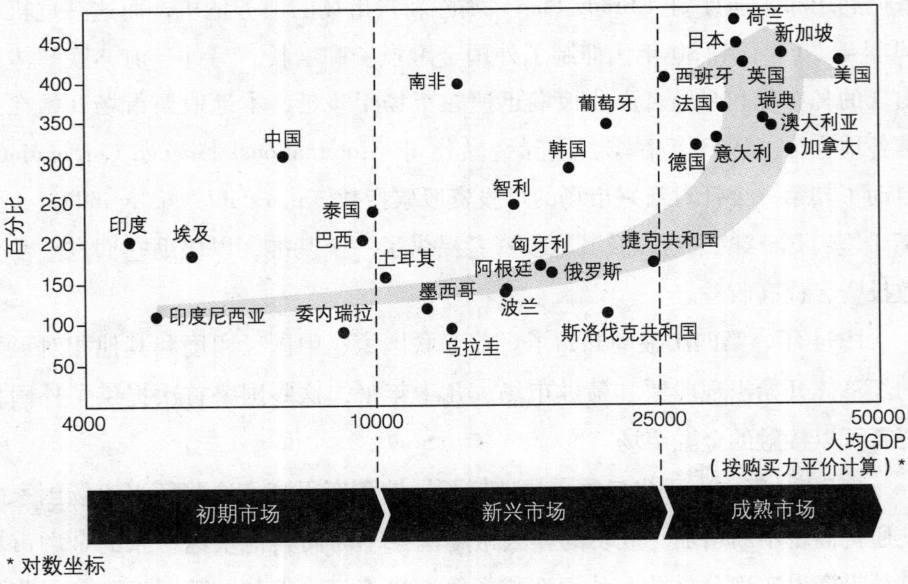

图 2.6 全球金融深度图

资料来源：McKinsey Global Institute Global Financial Stock Database.

注：银行存款、债券和股票的价值占 GDP 的百分比（2006 年）。

2.7 金融中心的改变

过去，一流的公司要在纽约或伦敦股票交易所上市，以赢得人们的尊重并获得资本。而今天，钱到处都是，使得迪拜、新加坡和中国的香港都成为了金融中心。随着经济力量逐渐向中国、印度和其他新兴国家转移，金融服务的竞争达到了空前激烈的程度。

例如，截至 2008 年 5 月，按市值计算，中国香港地区排名世界第七大股票市场，有 1200 家企业在这里上市，市值接近 2. 5 万亿美元。借助中国的崛起，香港地区也成为了亚洲最大的风险资本中心，管理着这一地区 29% 的风险资本。后来者迪拜（Dubai）和阿布扎比（Abu Dhabi）也成为投资的中心，它们因石油而获得了大量财富。经济学家估计有将近 2 万亿美元的投资来自海湾地区，大部分投资到国外。2006 年，麦肯锡公司估计，至少有 2000 亿石油美元投资到全球股票市场中，大约有 1000 亿美元投入到固定收入市场中，有 400 亿美元投入到对冲基金、私募股权投资基金（private equity）和其他类型的投资中。在石油价格经过短短几年的上涨之后，这一地区成了世界上最富裕的地区之一。

另外，美国对公司上市相对严格的规则也迫使企业到其他地区上市。根据麦肯锡公司的调查，2005 年，在世界上 24 次最大的 IPO（首次公开募股）中，只有 1 次是在美国进行的。2007 年，在香港地区通过 IPO 获得的融资超过了纽约和伦敦。2002 年颁布的《萨班斯—奥克斯利法案》（*Sarbanes-Oxley Act*）试图通过加强美国的会计标准来消除公司的不法行为，但却使渴望在美国上市的外国公司望而却步。即使是著名的外国企业如雀巢公司也无法或不愿意满足其要求从而在纽约证券交易所上市。美国仍然被认为是证券和债券市场的领导者，但法律和监管的严格再加上其他金融中心的成长使得在美国上市已经不再是必要的（de rigueur）。在有地方筹集资金的时候，谁还需要官样文章呢？我们只能想象，通过这次令贝尔斯登（Bear Stearns）、雷曼兄弟公司（Lehman Brothers）、美国国际集团（AIG）、房地美公司（Freddie Mac）和房利美公司（Fannie Mae）等巨人倒下去的全球金融危机，能够使美国新的规章辐射到其他地区。

随着经济力量在全球范围内的蔓延，美国和 G7 塑造资本市场的能力（通过管理制度等）已经遭到削弱，而其他国家在制定国际金融规则方面有了一定的发言权。新兴国家金融市场资本总额从 1990 年的大约 1 万亿美元增加到 2008 年中期的约 24 万亿美元（如图 2. 7 所示）。随着亚洲和中东地区互相竞争的全球金融中心的影响力越来越大，争夺全球资本的战斗在未来几年中将越来越激烈。资本的全球化正在推动资本市场的区域化，许多新兴市场国家交叉持股（cross-ownership）以及投资者的多样化将提高对新金融产品、服务和管理架构的要求。

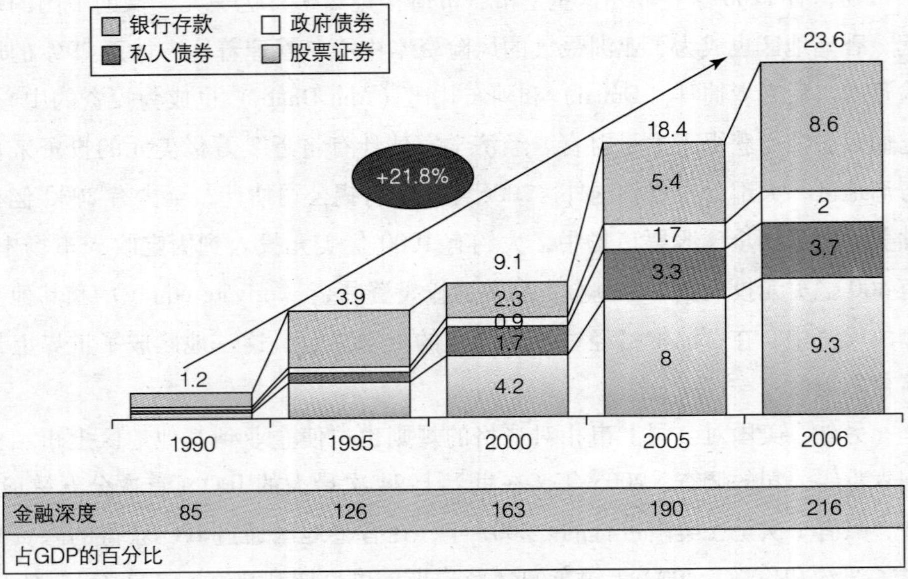

图 2.7　新兴市场金融资产的增长（以美元计，单位为万亿）

资料来源：HSBC.

2.8　不寻常的新市场

从来没有像现在一样容易获得资金，而且随着新兴市场的崛起，具有高度流动性的资本可以在几秒钟之内退出美国金融市场并进入亚洲市场，或者反过来。现在是一个真正的不间断的市场，我们可以通过电视和互联网看到全球市场每一秒钟的波动。尽管传统机构如商业银行、共同基金和退休基金以及保险公司仍然是世界上最大的金融参与者，但新的挑战者已经崛起，它们拥有与过去不同的目标和协议。1980 年，富裕国家流向新兴市场的资金中有 73%受到少量商业银行和世界银行的控制。从新兴市场流入 G7 的投资极少。今天则有些模糊不清，因为资金流入、流出的源头太多——有些受到管制，有些则在金融监管者的雷达之外运作（参见表 2.3）。尽管从表面看这是一种积极的发展，但最近市场的波动加剧、失衡、资产泡沫以及信用危机都显示出"宏观量子"世界双刃剑的本质。

表 2.3　投资的关键参与者（2006 年底）（单位：万亿美元）

银行	63.5
退休基金	21.6
共同基金	19.3
保险公司	18.5
主权财富基金	3.1
对冲基金	2.1
私募股权基金	1

资料来源：McKinsey，DB Research，Hedge Fund Intelligence，author estimates.

私募股权基金

美国严格的管制和法律环境刺激了私募股权基金的成长。尽管这些实体被批评缺乏透明度，但它们可以避开大多数上市公司都要服从的监管。私募股权基金毫不隐瞒自己购买企业的目的——将来再将其卖出以获利。现在，私募股权基金管理的资产在美国将近 4000 亿美元，在欧洲将近 2000 亿美元，在亚洲和世界其他地方将近 4000 亿美元。全球最大的私募股权基金如黑石集团（Blackstone）、凯雷集团（Carlyle Group）、得克萨斯太平洋集团（Texas Pacific Group）以及 KKR 集团（Kohlberg Kravis Roberts & Co.）只有 1 万亿美元的可投资资产，但它们通常会从银行和其他金融机构借入大笔金钱以完成对公司的杠杆收购（leveraged buyout），有时候只需要付 10% 即可实现收购。这意味着有些基金控制着大量的公司，事实上将它们打造成了工业和金融联合公司（conglomerate），类似于沃伦·巴菲特（Warren Buffett）公开上市的伯克夏·哈萨维公司（Berkshire Hathaway）的私人版本。

对冲基金

对冲基金的规模超过私募股权基金的 2 倍，同时也改变了全球金融格局。

对冲基金是为富有的个人和机构投资者设立的投资基金，它们在公开市场上进行交易，既做多，也放空。因此，对冲基金对市场的波动具有一定程度的抵御能力。与私募股权基金一样，它们也使用杠杆，这意味着这一产业超过2万亿美元的资产实际上可以控制5万亿~6万亿美元的资产。根据《对冲基金情报》（*Hedge Fund Intelligence*）的报道，到2008年中期，全世界390多家对冲基金公司管理着1万亿美元甚至更多的资产。大多数对冲基金在美国之外设立。国际金融服务公司（International Financial Services）指出，在世界上最大的对冲基金中，大约有2/3在纽约之外进行管理，而新成立的对冲基金正在悄悄进入欧洲、亚洲和中东地区。

过去，对冲基金由于各种各样的问题而受到指责。一些对冲基金在外汇市场中特别活跃，直接对政府产生了影响。1992年，最著名的对冲基金投资者乔治·索罗斯（George Soros）与英镑对赌并在所谓的“黑色星期三”击败英格兰银行，获利10亿英镑。实际上，马来西亚前总理马哈蒂尔·穆罕默德（Mahathir Mohamad）指责索罗斯利用货币投机破坏东南亚的经济根基。对冲基金认为，它们通过自己的行动使得市场更有效率。不管其意图如何，对冲基金的根本目的是只要有可能就获取利润，考虑到其规模、速度和短期交易倾向（这必然会引起波动），政府和市场需要理解对冲基金。正如最近的信用危机展示的，理解对冲基金对于理解市场条件是至关重要的：2008年中期，通过在全球范围内史无前例地抛售资产，对冲基金的去杠杆化（deleveraging）活动使这次危机进一步恶化。

主权财富基金

主权财富基金（sovereign wealth fund，SWF）是一种由政府控制的投资工具，通常是由来自国际收支经常项目顺差（current account surplus）的充裕的流动性提供资金。由于它们通常都与国有化资产有关，因此24支主权财富基金被分成两个类别：平准基金（stabilization fund），其目标是将一国的预算及财政政策与市场价格和外汇状况隔离开来；代际基金（intergenerational fund），用于在自然资源被耗尽前采取行动，是一种长期“资源退休账户”（resource retirement account）。政府向这些独立的、经营性的实体配置多余的资金，而这些实体是由专业投资组合经理负责运营的。

但是，主权财富基金在富裕国家中遭到了怀疑。它们被认为是潜在的非理性经济投资者，是为了达到政治目的。根据国际货币基金组织的调查，1990 年，主权基金可能拥有大约 5000 亿美元，而现在则大约拥有 3 万亿美元——超过了全球对冲基金产业的规模，但仍然只占全世界 165 万亿美元证券的 2%。摩根士丹利（Morgan Stanley）声称，这些投资基金在 10 年之内可能会增加到 17.5 万亿美元。这是人们担心的一个问题，它们是重要的参与者，而且日益壮大。阿布扎比于 2008 年率先达到 1 万亿美元的水平（参见表 2.4）。

表 2.4　重要的主权财富基金

国　家	基　金	管理的资产（10 亿美元）	开始年份	来　源
阿拉伯联合酋长国	阿布扎比投资局（ADIA）	875	1976 年	石油
新加坡	新加坡政府投资公司（GIC）	330	1981 年	非商品
挪威	政府环球养老基金（GPFG）	322	1990 年	石油
沙特阿拉伯	各种基金	300	NA	石油
科威特	科威特投资局（KIA）	250	1953 年	石油
中国	中国投资有限责任公司	200	2007 年	非商品
中国香港	香港金融管理局投资组合	140	1998 年	非商品
俄罗斯	俄罗斯联邦稳定基金（SFRF）	127	2003 年	石油
中国	中央汇金投资有限责任公司	100	2003 年	非商品
新加坡	淡马锡控股公司	108	1974 年	非商品

除了挪威政府的养老基金外，主权财富基金一般都会公布一些关于其资产、负债和投资战略的信息。过去，主权财富基金都遵循促进金融稳定的长期投资战略，主要购买政府债券。但是，鉴于中国投资有限责任公司（China Investment Corporation）于 2007 年 5 月购买了私人股权投资企业黑石公司（Blackstone）30 亿美元的股份，人们推测有一些主权财富基金的投资战略正在转向更加分散、风险更高的外国资产。

这些担心被过度夸大了。主权财富基金被许多西方人误解。新兴市场国家政府一段时间以来一直是美国和欧洲债券的大买主，最近尝试着购买其他资产是为了像大多数同等规模的 G7 国家机构一样实现资产多样化，这一愿望是合理的。许多主权财富基金聘请外国经理人来管理其资金，而且很多主权财富基金的总部都设立在 G7 国家。最近，有一些主权财富基金成为了全球金融体系的救星。次贷危机爆发之初，主权财富基金向美国和欧洲的银行注入了 1000 多亿美元，协助它们保持了偿债能力和运营（这些投资中有许多遭受了亏损）。然而，这些有益的投资却受到了质疑，主要是因为这些投资者所在的国家：科威特、阿拉伯联合酋长国、俄罗斯、中国、文莱和沙特阿拉伯。主权财富基金不大可能是一个巨大的威胁，而更恰当地说应该是一种提高透明度的推动力。2008 年 5 月，国际货币基金组织和 25 支主权财富基金成立了一个工作组，以起草有史以来第一个最佳实践指南。由于这些国家是全球市场中的新面孔，将它们适当地整合起来以强化全球金融体系是十分重要的。

养老基金、保险公司和主权财富基金经常投资于对冲基金和私人股权投资公司（还有对冲基金和私人股权投资公司的相关资产），全球的银行经常把钱借给这些机构，并为相关的投资造势，这一事实意味着金融体系中任何一个角落出现的问题都能够对整个体系造成巨大的破坏。

2.9 “宏观量子”危机剖析

为了理解当今相互关联的、迅速发展的世界，只需要看一看最近美国发生的信用危机及其与全球的联系。金融灾难并不是发生在监管较弱的发展中国家，而是发生在世界金融领导者——美国。通过分析全球经济、资本市场、劳动力、移民、能源和管理制度的复杂网络（它们刺激了美国次级抵押贷款泡沫的发生并造成了更大范围的金融灾难），我们就可以看出世界的联系有多么紧密。

20 世纪 90 年代初，克林顿政府接近平衡的联邦预算推动了全球利率的下降，使得美国的抵押贷款成本比 20 世纪 80 年代末更低。HSH Associates 的研究表明，利率从 1989 年中期高于 11% 的高点下降到 1995 年的 7.25%，并在 20 世纪最后几年中持续下降。由于融资成本更低，美国的房地产销售和价格不断飙升。住宅抵押贷款额从 1992 年底的 2.95 万亿美元增加到 2000 年的 5.1 万亿美元。住宅市场的繁荣造成了对建筑工人需求的增加。受到高工资的诱惑，许多墨西哥人和中美洲人移民到美国（有些是合法的，有些则是非法的）以弥补这些工作空缺。相应地，数以 10 亿美元计的资金被汇回这些工人的祖国，推动了这些国家的繁荣。中东地区和欧洲类似的经济扩张也吸引了来自印度、孟加拉国、巴基斯坦、土耳其和菲律宾的移民，并向各自国内汇回了大量资金。

这一房地产繁荣还引发了美国从中国进口的狂潮。美国人开始购买他们能够在本地的家得宝超市（Home Depot）或沃尔玛超市中买得到的任何东西，并塞进大型 SUV 车里运回家。这就种下了贸易赤字不断增加、美元疲软、商品价格上涨的种子。随着房地产繁荣的持续，银行把目标瞄准了无法满足抵押贷款要求的人或次级贷款者。仅仅通过提高利率以及可调整利率的抵押贷款，以及个人抵押贷款保险，许多没有收入、没有工作、没有资产的贷款者（No Income，No Job，No Assets，简称 NINJA，即“忍者型”贷款人）只需要支付少量现金或根本就不需要支付现金就能买到住房——这是喜欢借钱消费的文化、某些贪婪的贷款活动以及在抵押贷款申请中赤裸裸的欺诈结合在一起的产物。

高涨的房地产业和热得发烫的经济使得美国的贸易赤字在 1995 ~ 2000 年间从 1110 亿美元提高到 3700 亿美元，并在海外（如中国）积累了财富。2000 年硅谷泡沫的破灭及其导致的技术股崩溃只是进一步刺激了美国房地产的欲望，因为它比纳斯达克更能保持资产的价值。因此，美国人继续修建、购买、整修住房，购买庞大的 SUV 车，消耗更多的汽油，并购买越来越多的进口商品。

“9·11”恐怖袭击之后，美国联邦储备银行利用大幅降低利率来保持美国经济不致崩溃，使得抵押贷款利率——特别是可调利率抵押贷款（adjustables）的利率——达到了历史低点。到 2002 年，“引诱性”的抵押贷款利率在头两年低于 3%，15 年抵押贷款的利率平均不到 5%——只有 1992 年的一半。再加上华尔街在抵押贷款方面的创新，低利率创造了无限的流动性，继续为住宅的购买和修建热潮提供动力。住房抵押贷款迅速从 2001 年底的 5.6 万亿美元增加到 2005 年底的 8.8 万亿美元。

布什政府的“全球反恐战争”需要大量军费开支，这些支出需要通过政府债券来融资，而这些债券通常是由外国中央银行购买的。石油价格在1992年时为每桶19美元，在入侵伊拉克前提高到每桶28美元。到2003年，美国和世界经济再一次开始活跃起来，美国的住宅市场继续增长，华尔街向世界各地（从波士顿到北京）的银行投资者宣传其创纪录的抵押贷款数额。但是，这一增长建立在不稳定的基础之上：到2005年，美国贸易逆差达到了有史以来的最高值——7260亿美元，原油价格也攀升到了每桶50美元。

在新千年初期，中国的出口经济开始由于长期的全球扩张而获益。中国大量进口工业用金属材料和化石燃料，以供其高速增长的经济使用。刚刚富裕起来的中国开始消耗更多的资源，同时也开始投机于其自己的房地产和本地股市。除中国之外，英国和西班牙以及新兴市场国家如俄罗斯、哈萨克斯坦和越南等国的股市和房地产泡沫也不断发展。根据Bloomberg的分析，2002~2006年，新兴股票市场平均上涨了400%。

房地产和其他资产泡沫因1988年《巴塞尔协议》（Basel Accord，Basel I，由G7再加上一些欧洲小国制定的银行业框架）而恶化。《巴塞尔Ⅰ》的目标是标准化银行间的资本要求。2004年6月，经过修订的《巴塞尔Ⅱ》协议发布。在这两种框架下，银行承担的贷款风险越大，它需要持有的资本就越多。新的《巴塞尔Ⅱ》协议强调公开证券评级［如穆迪（Moody's）、惠誉国际（Fitch）和标准普尔（S&P）］以确定风险。结果，资产负债表是根据这些信用评级机构的决策编制的，而这些信用评级机构对其行为根本就不承担责任。这破坏了过去的做法，因为在过去，银行培养内部信用部门来评估该披露的信息，并与借款人建立密切的关系。而现在，大型商业银行失去了其历史上与借款人的联系，风险管理成为了一种统计学上的游戏。

为了最小化巴塞尔协议的资本要求，结构性金融（structured finance）大师们利用了一个被称为“特别投资工具”（Special Investment Vehicle，SIV）的漏洞。通过将少量的钱投入SIV，银行实际上能够控制非常多的表外资产，规避巴塞尔协议对资本充足率的要求。SIV利用短期债务进行融资，并将其再投资到期限较长、收益较高的产品（如AAA级抵押贷款、信用卡、学生贷款、汽车贷款和商业票据）。每个人都认为相关资产是市场中流动性最好的，几年来的数据看起来还不错，信用评级也很高。问题是，一些SIV投资的资产只是名义上被评为 AAA 级，但其风险可能比 AAA 级高得多。在经济增长减速以及利率上升期间，“忍者型”违约数据十分缺乏。

由于 SIV 购买一些期限较长的债券，但通过发行短期债务来为其投资进行融资，因此 SIV 需要持续发行短期债务。据估计，在危机爆发前，SIV 大约发行了 4000 亿美元的债务。到 2007 年 8 月，由于担心次级贷款违约，SIV 的借款利率提高了 1 个多百分点——这使得许多 SIV 的设计忽然之间变得无利可图。表演结束了。SIV 经理争先恐后地卖掉其抵押贷款支撑的证券和其他证券，以降低负债比率并停止交易，但市场已经枯竭了。许多发起 SIV 的银行被迫在其资产负债表上接受 SIV 的债务，以避免名誉受损。由于拥有它们认为永远也不必呈现在资产负债表上的大量资产，银行忽然之间停止了正常的商业贷款，因为它们现在需要为满足巴塞尔协议的要求而向 SIV 提供紧急援助。信贷市场被冻结了，住宅和经济增长减慢了，在几个月内造成了世界范围内的恐慌。一些金融机构如贝尔斯登（Bear Stearns）和 AIG 需要援救，其他如莱曼兄弟公司（Lehman Brothers）倒闭了，这造成了银行间信贷市场的恐慌。美国财政部不得不精心策划对房地美公司（Freddie Mac）和房利美公司（Fannie Mae）的紧急援助，并为美国的银行提供 7000 亿美元的紧急援助，包括入主最大的银行以支撑金融体系。

但是，在美国，系统性的银行问题并没有被隔离起来。全世界的银行体系都受到了冲击，由此引发的信用危机使各个银行由于担心破产问题而停止银行间的借款或交易。尽管巴塞尔 II 协议是由 G7 及其富裕的伙伴制定的，但被 100 多个国家采纳。这就是为什么美国的次贷问题引发全球动荡、出现在最不可能出现的地方的原因。哥伦比亚大学的沃尔特·莫拉诺（Walter Molano）认为，巴塞尔协议“通过允许少数控制信用评级机构的投资银行来决定世界储蓄资金的使用，在无意之间成为了美国信用危机转变为全球灾难的渠道”。另外，欧洲和新兴市场国家的中央银行在信贷冻结（credit freeze）之后为本地市场提供了十分宽裕的流动性以支持其银行。以前，世界从来没有遇到过这种全球化的银行危机。

除了金融问题的传播之外，金融危机还对经济产生了重大影响。随着银行贷款的减少以及 SIV 不再吸收抵押贷款，不出所料，美国的住宅市场增长减缓，其余波迅速扩散到欧洲、拉丁美洲和其他地区。例如，莫拉诺发现，在15个拉丁美洲国家中，有12个国家在美国房屋开工率和汇款之间的相关性高于90%。结果包括其经常项目余额（current account balance）的压力、国内消费受到抑制、GDP增长缓慢，以及随着资金转移的减少而使汇率处于弱势。遇到麻烦的美国住宅部门还会使欧洲和中东地区的住宅建筑活动冷却下来，影响到北非地区以及印度、巴基斯坦和菲律宾等新兴市场国家，因为这些国家严重依赖来自在外国工作的人员的汇款。如前所述，全球增长使得跨国劳动力汇回本国的款项显著增加：1995～2007年，联合国国际农业发展基金（International Fund for Agricultural Development）发现，其数额从每年1010亿美元增加到约3180亿美元。这还刺激了全球股票市场。随着美国和其他地方金融危机的发生，许多新兴市场国家（受到美国创记录的进口增长以及全球增长的刺激）的股市在2007年10月达到顶峰，并在随后的一年中下跌了50%。墨西哥城和上海（更不要说伦敦和马德里）的住房价格也出现了大幅下跌。

其间，美元就像一只布娃娃一样被拉来拉去。在这个新千年的某一时点，只要80美分就可以兑换1欧元，而到2008年初，则要花1.60美元才能兑换1欧元，到2008年10月，这一数值又回落到1.35美元。随着美元的贬值，所有的商品价格（以美元报价）都达到了创记录的水平，并像坐过山车一样剧烈波动。例如，欧洲愿意更多地以美元进行支付，因为随着贬值的发生，商品用欧元购买更便宜。投机者也对金属、能源、谷物、小麦和大米价格的飙升起到了火上浇油的作用。

波动剧烈的商品市场，再加上全球财富和热量摄入的增加，谷物、大豆和玉米从人类消费转变为供家畜食用，美国的粮食从食物转向生产乙醇，同样也在2008年中期造成了重大的全球性食物短缺。飞涨的粮食价格引发了海地、喀麦隆、菲律宾等十几个国家的骚乱，在很多城市出现了致命的暴力事件。这些粮食短缺也凸显出了富裕国家农业补贴问题，这些补贴扭曲了供给与需求，阻碍了WTO多哈回合谈判的完成。

此次全球信用危机应该让人们警醒。除了在股票、债券和房地产等上面损失的数以十亿美元计的纸面财富外，世界各地的银行还在承受着相当大的冲击，需要政府投入数万亿美元来巩固全球经济与金融体系。除了前所未有的结构和制度压力外，在这次崩溃中，数以百万计的人正在失去他们的家园和谋生之道，许多人正在挨饿，有些人甚至死去（包括自杀的农民）。结果，人们需要重新思考数据的收集、市场情报、更好的管制、个人责任以及跨国协作，以避免再次遭遇我们曾经经历过的那些损失与苦难。其他地方的政策制定者也不再能够避开在遥远的地方发生的事情，他们在制定国内政策时都要考虑这些政策的全球关联性。

2.10　美元的未来

次贷危机和全球信用危机同样引起了人们对美元这一 60 年来占支配地位的货币的关注。汇率构成了比较优势和自由贸易的基础，美元最近的快速下跌对美国和全球经济的未来造成了严重的问题，并带来了新的系统性金融风险。

在 19 世纪及 20 世纪初，金本位（gold standard）锁定了各国之间的汇率。直到第一次世界大战，英国一直是世界上最强大的经济体，拥有全部海外投资的 40%。1 英镑大约可以兑换 5 美元。然而，由于积累了大量的战争债务，在两次世界大战期间，英国被迫数次使英镑贬值，直到 1 英镑兑换约 2.8 美元。1971 年，随着布雷顿森林体系的崩溃，英镑开始自由浮动，并在 1 英镑兑换 1 美元和 2 美元之间波动。这就是当金融强国（financial power）遭遇大量海外债务时发生的情况。

在 20 世纪末的经济赶超中我们也看到了类似的模式。在第二次世界大战期间及战后，日元失去了其大部分价值，汇率被布雷顿森林体系固定在 360 日元兑换 1 美元。到 1971 年，日元被低估。日本的商品便宜得令人难以置信，而从外国进口的商品则价格很高。日本的经常账户余额从 20 世纪 60 年代的赤字变成了 1971 年的盈余。对日元被低估的信念刺激美国和欧洲推动日元升值，达到 308 日元兑换 1 美元。1971 年，固定利率体系被废弃，世界上的主要国家都允许其货币浮动。

20 世纪 70 年代，日本越来越担心日元的坚挺会伤害其出口的增长。尽管 1973 年后政府允许日元汇率浮动，但仍然对外汇市场进行大规模干预（买入或卖出美元）。到 1980 年，贸易顺差使得日元坚挺，达到 250 日元兑换 1 美元。20 世纪 80 年代持续了这一趋势，到 1985 年，一些重要的国家签署了《广场协议》（*Plaza Accord*），认为日元被低估了。这一协议再加上市场供给与需求的改变，导致日元价值快速上升。到 1995 年，日元升值到不到 80 日元兑换 1 美元，一时间使日本的经济规模几乎赶上了美国的经济规模。在 20 世纪 80 末、90 年代初日本资产泡沫破灭后，日本银行将利率控制在极低的水平（甚至不到 1%），以保持日元的疲软。此后，日元稳定在大约 100 日元兑换 1 美元，反映出过去几十年来日本对美国产生的巨大经济影响。

浮动汇率的货币（floating currency）能够更真实地反映货币价值，但在这一过程中牺牲了某些稳定性。20 世纪 90 年代，许多与恶性通货膨胀和货币不稳定作斗争的发展中国家将其货币与美元挂钩，以试图得到更好的货币控制。尽管这一政策有利于稳定经济，但在长期中，美元的坚挺意味着许多国家（包括墨西哥、韩国、巴西、俄罗斯等）的贸易竞争力受到侵蚀。沉重的外债负担迫使这些国家提高利率以吸引资本，最终使本国经济陷入不景气之中。大坝终于崩塌了，墨西哥于 1994 年末、泰国于 1997 年、韩国和俄罗斯于 1998 年、巴西于 1999 年、阿根廷于 2001 年分别与美元脱钩。

在这些货币与美元脱钩并实现自由浮动之后，大多数发展中国家都逆转了其贸易赤字，并实现了创记录的增长、贸易盈余和硬通货储备。石油输出国——包括来自海湾地区的几个国家——自从石油价格上涨以来，已经积累了数以万亿计的美元。简而言之，当今大部分世界都受到美元的影响，同时也受到美国银行体系中结构性问题（造成了美元价值的不确定性）的影响。

即使实现了货币自由浮动，贸易取得了惊人的成功，但世界银行仍然认为，从理论上说，许多新兴市场国家的货币还是被低估了。在长期中，随着贸易和投资一体化的加速，许多货币都应该相对于美元升值，就像美元相对于英镑升值、日元相对于美元升值一样。注意，从 20 世纪 90 年代中期到 2007 年，墨西哥、韩国等快速一体化的国家发现其货币从理论值的 30% 上升到 80%。因石油价格升高而得以复苏的俄罗斯的货币在 2000 ~ 2007 年间从 25% 上升到 62%，但几个亚洲国家的货币有些滞后。印度和中国还不允许货币完全自由兑换（full-currency conversion），其货币的价值还不到经济学家们认为的价值的一半。考虑到美国对中国的巨额贸易赤字，北京的货币政策已经变成了一个严重的问题，美国政府常常要求中国重新对其货币进行估值。

中国是否会通过市场力量或政府干预来缩小这一价值差距？时间将证明一切，但情况比看起来要复杂得多。

中国疲软的货币使得中国与美国的相互依存关系充满不确定性。中国是一部强大的出口机器，在2008年中期拥有将近2万亿美元的外汇储备，同时还对资本进行控制，并且没有外债，因而在20世纪90年代末中国可以维持与美元挂钩而其他新兴经济体则做不到这一点。实际上，现在中国人在为美国的债务融资。日本是第二大买家，但日本几十年来一直是美国在经济和金融上的盟友，而人们担心中国与日本可能是不同的。华盛顿的一些鹰派人物认为中国不仅仅是一个新的经济对手。他们认为，中国正在积累美元以增强其地缘政治力量。在被低估的货币与美国的赤字之间，中国确实对美元的价值有某种程度的控制力量。国务院发展研究中心金融研究所所长夏斌曾经公开声称，这种影响力是中国的“谈判筹码”。

中国如何利用其对美元的影响力来实现政治目标？让我们想象这样一个场景：中国不同意美国关于台湾地区独立的政策，决定要改变美国的行为。中国不会采取军事行动，而是可以选择卖出美国国债，造成利率迅速提高。这会给本来就已经伤痕累累的美国房地产市场沉重的一击，使美国陷入深度衰退之中。信心危机会慢慢向外汇和商品市场扩散，美元暴跌，商品价格迅速提高——中国的官方媒体称之为金融上的“核备选方案”（nuclear option）。

几代人之前，美国和英国的金融一脉相承。在1956年苏伊士危机（Suez Crisis）期间，专家们推测，艾森豪威尔总统威胁要抛售英镑储备以迫使英国让步。正如国际关系理论家们提醒我们的，如果一个国家拥有对另一个国家的经济影响力，那么主权就会受到威胁，并最终被剥夺。

今天，出于多种原因，风险与以前有所不同。中国的财富同美元和美国经济——其最大的出口市场——紧密联系在一起。美国的衰退会打乱与中国有利可图的贸易模式。只要抛售数千亿美元的国库券，就可以发出丧失信心的信号，并导致美元在外汇市场上走弱。因此，只要中国进行抛售，其未出售的储备就会贬值。这就是为什么许多乐观的经济学家和华尔街的金融家们都认为：实际上中国最感兴趣的是保持美元的适度强势。破坏美元的稳定性最终会因为伤害了其最大的出口客户而使中国偏离正常的轨道，而中国还有6.5亿人非常贫困，他们还没有享受到全球化的好处。有人将这种情况称为

“确保经济互毁”（mutual assured economic destruction），并相信当中国和美国在金融上直接面对对方时，谁也不愿意眨眼睛。更有可能的情况是，中国将使其储备多元化，并在美国和其他西方国家购买关键资产，如港口和与能源相关的企业，以促进中国的增长。西方国家以及新兴市场国家将会看到中国在全球范围内购买的资产不断增加，其经济影响力也将在全球范围内扩展。

尽管“确保经济互毁”可能是真实的，但要记住，环境会发生改变。要牢记许多国家已经积累了大量的美元储备。其中一些国家采取行动时比较缺乏理性，而更多地从政治出发。如果某一个国家开始抛售美元，令人担忧的是，其他国家也可能随之进行抛售。巴里·艾肯格林（Barry Eichengreen）注意到，在老布雷顿森林体系的固定可兑换安排（fixed-convertibility arrangement）下，法国将美元转变成了黄金。这反过来使得林顿·约翰逊总统（Lyndon Johnson）的政府在越南战争期间陷入了一场小规模的金融危机中。另外，亚洲、中东以及其他私人投资者持有的美国资产——不仅仅包括债券、股票和不动产——是以美元稳定为基础的，而这种稳定性会因为美元的急剧下跌而丧失，除非美国的利率大幅提高以补偿更大的风险，而这样做又会对美国经济造成负面影响。

当前心照不宣的持久性最终取决于众多国家继续为美国外债进行融资，主要是因为如果它们不这样做，那么结果会对它们自己的经济和美国的经济都造成伤害。换句话说，继续为美国赤字融资取决于具有共同利益的外国的自信心，而这些国家中有很多并不熟悉全球金融体系。在全球经济和金融利益平衡出现严重不稳定的情况下，抛售美元并非不可能。为了防止金融崩溃，需要尽快进行多边沟通、协作并建立联系。2008 年 10 月召开的 G7 国家首脑会议讨论了如何共同努力以应对危机的问题，这一会议令人鼓舞，但除了豪言壮语之外，我们还需要实际行动。

在这种混乱中，美国仍然能够对前进的路径进行某种程度的控制。币值和汇率与政府和私人部门的实践与选择紧密联系在一起。美国经常项目赤字根植于根深蒂固的贸易逆差（部分原因是能源价格的上涨，部分原因是从亚洲和欧洲大量进口、与伊拉克战争相关的高昂的国防成本、从中东地区的石油进口，以及向外国人支付的债务利息），在过去 10 年间，其数额迅速膨胀到占 GDP 的 5% ~6%。美国与许多国家保持着相互依存的关系，这些国家为其借款进行融资，以使其出口导向型经济受益于有竞争力的汇率，以便将其产品销往美国。尽管一些分析家将这种关系描述为一种不言而喻的、非正式的“第二代布雷顿森林体系”（Bretton Woods II），但它是不稳定的。美国需要许多国家（特别是中国和日本）继续购买其国债，但这些国家的购买能力、需求以及购买意愿也许不会永远持续下去。如果外国投资者——或者仅仅是中国——停止购买美元，这不仅会给美国带来麻烦，而且还会为日益陷入困境的宏观量子经济带来麻烦。为了分散这一风险，美国需要减少其政府预算赤字，并提倡有助于重新平衡贸易流的更宽泛的国际货币协定以及其他经济调整。

在战后期间，美国是自由经济秩序的提倡者，从那时起就一直是全球市场的领头羊。到现在为止，还没有其他国家作为领导者脱颖而出。但这一地位建立在信任之上，而美国在全球范围内的受信任程度可能受到侵蚀。2000 ~2008 年间美元的不断下滑（其间还经历了次贷危机和信用危机）使得美国的经济非常脆弱。这一状况必须通过可靠的公共政策加以解决。美国对外国资本的依赖要求政府在财政上更加谨慎，这使得布什政府累积了大量的赤字。能够削减赤字的最明显的领域是国防支出。我们在 21 世纪短暂但有用的经历强调了平衡的贸易及投资流的必要性。有些人建议建立一个新的框架，通过老牌工业化国家和新兴市场国家间政策制定者的密切合作，限制汇率的波动过多地偏离其理论均衡值——这一直是 G7 国家的任务，但现在需要更多国家的参与。我们还需要出口大国（中国、日本、海湾国家以及一些欧洲国家）在财政政策和货币政策方面进行更密切的协作，以刺激国内需求和进口。美国政府还可以鼓励国内储蓄计划，以阻止难以控制的消费，并制定政策减缓能源进口。

当然，做到这一点并不容易。只有当美国国内的态度和政策发生根本性改变，并强调协商和共同协作而不是单边控制时，它才能发挥作用。也许当前全球金融压力可以作为这种跨国努力的催化剂。作为世界上最大的债务国，美国可以很容易地将恰当的伙伴带到谈判桌旁。这应该受到能够缓解某些市场压力的审慎的国内政策的支持。无论如何，全球体系——以及美元的价值和美国作为金融领导者的角色——显然处于危险之中。

2.11 资本主义和平的反作用？

只有通过促进资本主义和平，美国及 G7 国家才能在不平衡及竞争对总体系统造成摩擦之前协调已有的和新出现的参与者之间的利益关系。但是，公众的态度已经倾向于更加悲观：认为自己的国家应该在世界事务中更加积极的美国人下降到 42%，是 20 世纪 90 年代初以来的最低点。根据 Pew 调研中心的民意调查，相信贸易对美国有益的美国人从 2002 年的 78% 迅速下跌至 2006 年的 59%，这一比例在 47 个参与调查的国家中是最低的。2007 年，全球经济已经进入了第 5 个年均增长率超过 4% 的年头，这是自 20 世纪 70 年代初以来持续时间最长的高速扩张时期。尽管金融市场遭遇困境，但世界增长仍然得以持续，根据世界银行的统计，贸易以 9% 的速度增长。自由贸易的利益倾向于在更大的范围内扩散，而其代价——如破产和工作岗位的减少——则倾向于不断集中且非常显著。但是，正如哈耶克（Hayek）注意到的，与贫困国家相比，繁荣的国家能够造就更好的贸易伙伴，因此贸易国家应该对其他国家的自由和繁荣维持一种“利己”的兴趣。

尽管经济自由化会造成负面影响，如惊人的失衡以及信用危机，但贸易保护主义更应该受到诅咒。贸易保护主义者的观点已经造成了大量无谓的贫困，并使 G7 及新兴市场国家丧失了许多经济机会。2007 年，在其《世界发展报告》（*World Development Report*）中，世界银行 25 年来首次将提高农业及小农场主的生产率以减少贫困放在议事日程的首位。但是，美国、欧盟和日本持续反对减少农业补贴已经使多哈回合贸易谈判陷入僵局。正如诺贝尔奖获得者约瑟夫·斯蒂格利茨（Joseph Stiglitz）所说，对美国式全球化的攻击“受到勒德派分子（Luddites）和贸易保护主义者的推动”。尽管反全球化的力量发表了很多尖刻的评论，但不断加剧的全球竞争已经提高了普通美国人的生活水平。我们不应该攻击全球化，而是应该创造一个更加健康的经济环境，以降低相互依存的经济体系的风险。

对美国繁荣最大的威胁不是中国、印度，甚至不是恐怖主义，不是主权财富基金和对冲基金的兴起以及来自外国的资本流动的增加，也不是不恰当地将新的经济参与者整合到日益复杂的世界中。世界范围内的决策者一直在为理解金融、商品贸易以及劳动力市场的融合（confluence）而努力，却没有充分监控空前的资本流动，以防止出现投机性的且具有破坏性的市场波动，而这会激起民族主义者的担忧。美国没有将贸易和开放作为一个协作的平台，而是将新兴经济体看成是对国内工作和安全的威胁，并据此做出反应，采取贸易保护主义措施（包括阻止了几次外国人在美国的收购活动），这在金融上对所有人都造成了伤害，并引发了世界其他国家舆论的强烈反应。

美国及其传统盟友的力量、协作和影响力日益减弱。历史上，世界赖以实现经济相互影响的多边制度，特别是 G7 和世界银行，在这个动态的新权力格局中日益落后。通过制度变革，美国可以将新兴国家和非国家参与者吸收到一个以自由贸易和经济协作为基础的互利体系内。没有这一体系，高商品价格、粮食短缺、资产泡沫、金融恐慌和其他失衡问题可能会导致贸易保护主义等问题，或者更糟糕的是，可能会导致我们曾经经历过的 20 世纪初的军事冲突。

2.12　制度变革：另一条量子之路

为了防止世界末日的到来，新兴国家应该通过各种建立在规则之上的制度而融入全球秩序中。过去，这一目标成功得以实现，实际上，G7 就是在与今天类似的情况下产生的。这一集团在过去 30 年中促进了有助于共同发展、有利于有秩序地解决冲突的规则和行为准则的制定。在 G7 建立以前，金融问题是通过布雷顿森林协定来管理的，这一协定设定了固定的汇率。

随着日本和西欧国家从第二次世界大战中恢复过来，全球经济发生了巨大变化。1958 年底西欧货币以及 1964 年日元的重新可兑换推动了国际金融交易的大幅扩张，并深化了货币的相互依存。经济力量的新多元化分布使得人们对美元作为国际货币的特权日益感到不满。另外，大型私人银行集团的出现使得大规模跨国资本转移成为可能，这种资本转移可能是出于投资目的，也可能是为了应对汇率波动而进行的对冲或投机。到 1970 年，美国不再是唯一的经济超级大国。美国的经常账户赤字持续存在，而只持有不到 16% 的国际储备。到 1973 年，美元的日益疲软导致布雷顿森林体系寿终正寝。美国没有能力继续担当世界银行家。随着货币的浮动，全球性的衰退出现了。

2.13 G7 的演变

1975 年，G7 作为一个非正式的管理国际货币制度的论坛而在布雷顿森林体系的废墟上成长起来。G7 的成员都是那个时代最重要的经济体。新经济体以及私人参与者的兴起使得人们对 G7/G8 体系的作用产生了怀疑。G7 成员国仍然是全球经济的重要组成部分：加在一起，它们的人口占世界人口的 14%，其 GDP 占世界 GDP 的近 2/3，但这一团体已经不足以代表扩展后的全球体系。在 2007 年秋季召开的 G7 财政部长会议上，中国持续增长的经常账户盈余以及对人民币汇率升值的要求成为主要议题。**但是，中国不是 G7 的成员**。

正如我们看到的，中国和其他一些国家正在迅速成为全球经济体系的重要组成部分。中国的储备为美国的支出提供“燃料”，而这种不健康的关系在世界范围内压低了利率。一二十年前，新兴经济体的快速货币增长根本没有引起发达国家中央银行的注意。如果土耳其中央银行投放大量货币，则只会在那里造成恶性通货膨胀。但今天，这些经济体在世界经济中以及跨国金融流动中的作用要大得多。由这些国家中央银行释放出的流动性会流入国际金融市场。

美国和 G7 国家应该致力于改革制度框架以使更多的国家能够得益于经济开放，并融入全球体系中。尽管美国仍然拥有巨大的经济与政治影响力，但它需要为新兴国家提供融入体系之中的激励，并建立一套强有力的监督体系，以确保私人参与者能够发挥作用。

现有的国际组织——世界银行、世界贸易组织和 G7——遵循自由贸易和资本主义和平的原则，但如果它们无法为非国家参与者提供活动空间，并且不能让新兴国家发挥与其不断增长的经济力量相称的作用，那么它们就要承担在组织上日益僵化的风险。制度变革必须在不显著减缓增长的情况下解决全球贸易与经常账户失衡的问题。新的框架必须要找到一种成功结束多哈回合贸易谈判的方法。最后，这一框架必须能够强化国际金融体系并降低其波动性，以避免金融危机加剧。

在经济领域之外，适当发挥作用的制度也可以减轻开放的负面影响。尽管不断深化的经济相互依存关系已经减少了国际间的战争和贫困，提高了生活水平，但自由化绝不是万灵丹。经济开放与增长面临着复杂的环境、健康及安全方面的挑战。伴随着商务的增加，人员的流动加剧，因而恐怖主义和流行性疾病扩散的可能性也更大。更大的繁荣也会导致对商品和能源的需求增加，产生新的环境压力。成功的经济框架必须解决所有这些问题。

G7 模式的整体平台（holistic platform）使得这一组织能够以特殊的方式应对经济自由化造成的影响，而且值得进行复制。G7 最初发挥作用的领域是宏观经济管理、国际贸易，以及与发展中国家的关系。从成立之初起，峰会的议程就扩大到包含从环境标准到健康的一切问题。G7 的核心问题不是设计而是资格。当前，G7 关注的问题是它无法直接控制的问题。例如，G7 国家的财政部长已经要求石油生产国扩大其产量以限制原油价格的上涨，并要求非 G7 亚洲国家采取更灵活的货币制度。

显而易见的解决方案是扩充 G7 成员，或者加强早已存在的 G20 的作用（最有可能的办法是改变一下成员国的名单）。G20 成立于 1999 年，由 G8 国家、欧盟、澳大利亚以及几个重要的新兴经济体（包括中国、印度、巴西、韩国、阿根廷、印度尼西亚、墨西哥、沙特阿拉伯、南非和土耳其）组成。尽管由利益不同的国家组成的较大的组织很可能缺乏 G7 的灵活性和凝聚力，但它显然是一种自然的进化。对于传统上在 G7 范围内的关键货币协定，可以由一个较小的团体定期召开会议以协调政策，并偶尔召开全体会议。在这种方案下，除了拥有重要货币的美国、欧盟、英国、俄罗斯和中国等大国和大集团外，一些区域性的组织如南方共同市场（Mercosur）、海湾合作委员会（Gulf Cooperation Council）和东南亚国家联盟（ASEAN）也可以加入其中。通过取消 G7 而承认 G20，我们就会进入多边主义的一个新纪元。

2.14　WTO 与贸易的进步

由于私人部门和新兴市场国家在全球经济中发挥的作用越来越重要，国家和政府间组织的角色必须反映出这一变化。自由放任的经济总是需要强大的制度和监管。当人们可以轻而易举地用 2 美元的价格购买一张盗版 DVD 时，市场本身无法强迫消费者花 20 美元购买正版的 DVD。同样，它也无法说服一个政府停止向无效率的产业发放补贴，或者加强对金融市场的监管。我们仍然需要一个更加正规的制定规则和执法的机构以确保贸易条款得到普遍采用。

作为 1947 年形成的关税与贸易总协定（General Agreements on Tariffs and Trade，GATT）的“接班人”，WTO 自 1994 年起开始承担这一角色。GATT 的谈判始于第二次世界大战结束时，其目的是在最惠国待遇（Most Favored Nation，MFN）条款（根据这一条款的规定，对一个成员实施的最低关税必须扩展至所有的成员）下降低关税、促进贸易。

今天，WTO 的目标是协助所有国家获得最惠国地位，以保证任何一个国家都不会比其他国家拥有更多的贸易优势。WTO 的规则也成为了一个国家国内法律体系的一部分，并应用于公司的国际间运营。如果一个国家是 WTO 成员，则其本地法律就不能与 WTO 的规则和条例相抵触，而这些规则和条例管辖着将近 97% 的世界贸易。尽管这一组织在战后时期取得了巨大的成功（关税已经降低了将近 90%），但 2001 年在卡塔尔首都多哈开始的最新一轮 WTO 谈判却停滞不前，随之而来的是，WTO 框架之外的双边协议不断增加。大约 300 个双边自由贸易协定构成了一张冲突网，造成了各种各样的矛盾和怨恨，从总体上破坏了最惠国待遇的观念。

多哈回合面临的困境是富裕国家对农业进行补贴这一由来已久的争论（实际上所有国家都有错误），以及发展中国家在开放其工业品市场并限制外国所有权方面采取的报复性态度。在该轮谈判开始之初，布什政府于 2002 年签署了一项农业法案，为美国农产品提供更多的补贴，这就为“战斗”做好了准备。同年，法国总统雅克·希拉克（Jacques Chirac）说服德国总理格哈德·施罗德（Gerhard Schröder）将尝试在欧盟内部降低农业补贴的时间再推迟 10 年。甚至到了 2007 年，美国国会仍然通过了 2007 年农业法案，该法案还增加了对农副产品的补贴。

G7 国家每年超过 3000 亿美元的补贴抑制了大约 1 万亿美元的全球贸易。几十年来［直到最近的大宗商品冲击（commodity shock）］，被人为压低的全球价格破坏了发展中国家的农业，使其无法与 G7 国家受补贴的农业企业进行有利可图的竞争，因而切断了许多国家参与全球贸易的渠道。对外国农业生产者的这一伤害使得 G7 的许多努力成为泡影，导致了报复性补贴、关税和制造业及外国所有权方面的壁垒。2008 年大量见诸报端的粮食短缺及骚乱凸显出了进一步促进农业自由的紧迫性。

在美国，过去 20 年中维持对农业生产者的农产品补贴造成的损害超过 1.7 万亿美元。尽管美国的小农场主常常受到国家的关注，但实际上农民非常富裕，并且在华盛顿拥有强大的游说团。农业家庭的财产中位数（median wealth）比美国家庭的总体平均值高出 5 倍。自 1996 年以来，农场主的平均年收入比所有家庭收入的总平均值高出 5% ~17%。通过为农业市场引入竞争、增强其活力，移除农业进口壁垒可以为消费者提供更便宜的粮食。当前用于补贴农业的资源可以用于开发各种运输和能源技术。考虑到国外收入不断提高而造成的对粮食需求的增加，我们需要立刻解决这一问题。正如 WTO 总干事帕斯·拉米（Pascal Lamy）在 2008 年 5 月粮食危机爆发后所说，“尽管 WTO 无法立刻提供任何东西来协助解决当前的危机，但通过多哈回合谈判，它可以提供中长期解决方案”以增加世界的产出，从而稳定商品市场。

对于富裕国家，WTO 面临的另一个关键问题是逐步消除在私有企业和上市公司中的外国所有权限制，特别是在金融和银行等服务领域，在这些领域中，老牌的发达国家具有比较优势。在 2006 年加入 WTO 的谈判中，美国和俄罗斯的谈判人员对此问题进行了激烈的争论。印度保证到 2009 年进一步开放，同时，中国开始取得进展。在此之前，外国银行只能间接地参与中国不断发展的消费金融业务（consumer banking industry），禁止直接向中国公民提供贷款和银行服务。现在，外国证券公司只能拥有合资企业 33% 的股份。外国投资者最多只能拥有中国银行 25% 的股份。较小的、不太完善的经济体（如越南和利比亚）正在制定向外国资本开放其银行部门的战略。

G7 和新兴国家必须通过跨国兼并与收购来促进更快地实现一体化。在过去的几年中，我们看到了保护主义倾向利用国家安全这一借口来证明其合理性。假定互相拥有既得经济利益的国家之间不大可能相互进攻，则跨国交易会因为事实上的共同利益而为建立更加密切的关系打下基础。这就是资本主义和平理论的核心。

富裕国家和发展中国家必须认识到，全球贸易是一条双行线。它还必须解决一些关键问题，如知识产权保护。因此，使 WTO 恢复生机的第一步是美国和欧盟要承诺制定一个多年的规划，彻底消除贸易保护主义政策，以换取发展中国家在一定时间内降低制造业和服务业的壁垒。

2.15 世界银行的变革

带着减少贫困和稳定全球金融的目标，世界银行及其附属机构几十年来一直在进行自我重塑，从 20 世纪 50 年代的技术专家，转变为 20 世纪 60 ~ 80 年代促进发展的贷款人（developmental lender），再转变为 20 世纪 90 年代的危机管理者。但是，在新千年中，这一组织需要一个新的使命。由于转向了以市场为基础的体系以及可以从新的途径获得资本，因此，从世界银行和国际复兴开发银行（International Bank for Reconstruction and Development，IBRD）流入发展中国家的净资金自 1991 年开始就一直是负值。世界银行 63% 的贷款都给了中等收入国家（Middle Income Countries，MICs），但在过去的 12 年中，中等收入国家比富裕国家发展得更快，平均每年偿还的款项比新获得的贷款多出 38 亿美元。由于比前几十年更加稳定、管理更完善，再加上更信赖本地和全球资本市场，因此这些中等收入国家中有很多已经能够在世界银行体系之外为自己融资。

在新千年中，由于作为一般贷款人的传统角色逐渐衰退，世界银行集团需要对自己进行重新定位。首先，它需要改变其存在偏见的投票结构。与许多战后建立的机构一样，世界银行由 G7 主导（拥有大约 45% 的份额和投票权），而且许多欧洲小国也占有很大的份额。相比之下，“金砖四国”才拥有不到 10% 的投票权，巴西和印度的投票权只是略高于 1%，中国的投票权不到 4%，俄罗斯的投票权约为 2.6%（与比利时相同）。人们利用为几个国家（如前面提到的中国、墨西哥和韩国，这些国家习惯于从世界银行借款）提供更大份额这一想法设计了不同的方案来改变这一状况。毫不奇怪的是，为了提高影响力，中国和俄罗斯在世界银行体系之外进行常规性的发展贷款，这些贷款通常不带有非经济性限制条件。尽管世界银行的贷款条件给出了一些很好的建议，但对于债务国来说，与中国的无附加条件的资金相比，它可能更像是一种麻烦。

世界银行必须考虑一些试图避开其规则的国家，以防止发生这些体系之外的交易（sideline deal），并拯救自己。随着向世界银行借款的成员越来越少以及国际货币基金组织的收入减少，这一组织被迫进行重组和收缩。现任总裁多米尼克·施特劳斯—卡恩（Dominique Strauss-Kahn）最近宣布，世界银行将裁员15%，并全面检查其非核心业务。然而，全球金融体系似乎比以往任何时候都需要更多的资源来监控资本的流动并协调复杂的活动。正如一位华尔街分析师所说："现在的缩减就相当于在发生火灾较低的情况下裁减消防队一样。"实际上，全球信用危机使许多国家——既包括新兴国家也包括工业化国家——变得非常脆弱，不得不向世界银行寻求支持。

尽管2008年5月将2.7%的投票权从发达国家（主要是欧洲国家）转移到了发展中国家手中，但这远远不够。我们的建议是：根据10年期的购买力平价（PPP）调整后的GDP来重新平衡投票权，例如，允许"金砖四国"拥有45%的份额（与其在世界产出中的份额相对应），同时允许N11以及其他亚洲和海湾国家拥有更多的投票权。反过来，更多的投票权需要这些国家承担更多的金融义务。美国和欧洲的影响力会大幅下降，世界银行体系的所有权和运作将变得十分民主。

毫无疑问，在遇到20世纪90年代的亚洲和拉丁美洲金融危机时，许多国家还是需要IMF和世界银行的紧急贷款，它们应该成为世界金融稳定性的保护者，并应该在信息和风险监控方面发挥更大的作用。正如我们所看到的，金融的持续开放和流动性的增加需要更严格的监管。除了向那些无法获得资本的国家提供资金外，世界银行还可以成为追踪资本的总体流动以防止出现失衡、防御投机性攻击的全球性机构。

最后，在金融领域，IMF和世界银行应该把握住这一机会，以使自己成为更强大的金融参与者。2008年2月，IMF对其资产负债表进行了调整，未偿还信贷由2004年的500亿美元减少到大约50亿美元。摩根士丹利（Morgan Stanley）的斯蒂芬·简（Stephen Jen）提议卖出IMF的1亿盎司黄金储备，按当时的价格计算约值900亿美元（如图2.8所示）。通过这些程序，IMF可以启动一个超国家的基金，用于长期项目的投资。除了创造新的收入外（放在地窖里的黄金不会带来收入），IMF 还可以将这笔资本投入确实有利可图的领域，以及用于世界银行集团消除贫困的使命，包括：

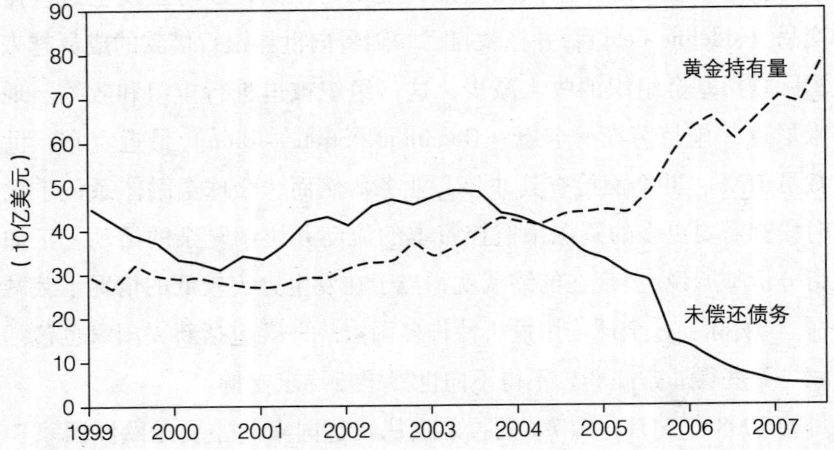

图 2.8　IMF 的黄金持有量与未偿还债务

资料来源：IMF.

1. 小额贷款，或者直接贷款，或者交给现有的成功经纪人。
2. 金字塔底部业务，以在收入极低的国家公民中培养商业与创业精神。
3. 可再生能源，能够降低对环境的影响，希望减少气候变化与环境恶化。
4. 可持续农业，这是增加财富和人口增长的迫切需要。
5. 强化当地金融制度和本地市场。

这个建议引发了争论，因为令 IMF 成为金融市场上的庞然大物将使得它对世界经济的影响力更大。另外，还存在着如何以其成员的名义进行管理的问题，如果投票结构以及成员身份按上述方式进行改变，这些问题就会得到解决。总而言之，如果能够重新调整资本结构和目的，并拥有更加广泛的所有权和投票结构，那么在宏观量子世界中，世界银行就应该是一个非常有价值的机构。

对于全球经济面临的挑战，我们没有什么简单的解决方案。我们为重组 G7、WTO 和世界银行体系所提建议的根本目的在于：（1）不断提高新兴经济体的作用；（2）理解日益复杂的世界带来的困难。这些措施在不同层次上共同发挥作用，从而可以令我们获得更加成功的资本主义和平。首先，通过认可和尊重广大参与者为进行更有效的交易而在外汇政策方面进行的更密切的协作，创造出一个更大的讨论平台。其次，如果我们取消农产品补贴，则贸易就会加速，从而在 WTO 内打破富裕国家和发展中国家之间的僵局。最后，通过全面修正世界银行的成员资格并使其策略适应现代需求，同时始终关注其最初的目标，全球金融体系会得到更好的保护，这一点在 21 世纪和在 1944 年一样重要。当然，这需要美国及其欧洲的长期盟友拥有巨大的勇气，需要这些国家以一种全新的世界观来调整其国内政策，并显著改变其对多边协作的态度。但是，随着宏观量子活动和参与者的重要性迅速降低并威胁到资本主义和平，拯救这类论坛的机会之窗正在关闭。

在宏观量子世界中市场为什么会出现暴涨暴跌

2008 年，当粮食价格达到创纪录的水平时，许多人想知道是什么推动了大宗商品价格的上涨。例如，如果石油价格从每桶 50 美元跃升至 100 美元，是否意味着全球需求增加了一倍？不，其中的关系要复杂得多：如果需求增加 10%，价格也许就会上涨好几倍。

许多市场具有弹性，因此供给很容易得到调整以满足适度的需求变化。但是，农产品和其他资产如不动产却缺乏弹性。种植粮食、提炼石油或建筑楼房都需要时间，使得这些资产很容易受到投机的伤害，而投机会推动这些市场上下波动。

大多数石油甚至在还没有开采出来之前就被卖掉了，如果供给或需求忽然发生变化，那么市场中回旋的余地就很小。正如我们将在第 3 章中讨论的，在许多新兴市场中（以及在驾驶 SUV 车的美国人中），结构性需求一直在稳定增加。近年来，全球石油精炼厂的缺乏（部分是由卡特里娜飓风造成的）也减少了供给。另外，自从美国入侵伊拉克以来，伊拉克的石油产量也有所下降，尼日利亚和其他国家的劳工问题也断断续续地降低了石油的产量。

对于农产品市场来说，过量需求与新投资者的影响因喂养牲畜和生产酒精所需的粮食与大豆数量的增加而纠缠在一起。因此，尽管从历史上看某些粮食的供给一直很充足，但最近其价格也因为全球粮食需求的快速增加——不仅仅用于人类消费，也用于喂养动物和生产可替代能源——而达到高峰。另外，在石油和农产品市场中，金融投机者也使得对大宗商品的需求增加(尽管他们会快速改变自己对市场的看法)。

大宗商品价格与外汇市场相关联，这又增加了问题的复杂性。大多数世界大宗商品合约按美元结算。因此，石油、黄金、粮食等商品的价值随美元的价值而波动。例如，考虑一下如果美元对欧元贬值会出现什么情况。假设最初的汇率是1美元兑换1欧元。如果一桶石油值100美元，那么它也就值100欧元。随后，美元变得疲软，使得1美元只能兑换0.8欧元。贬值之后，一桶石油只值80欧元。由于石油的基本价值没有改变，因此其美元价格可能会上升到接近125美元（贬值后相当于100欧元）。这意味着只有使用美元的购买者会看到石油价格上涨，而欧元价格则稳定得多，石油的卖家因美元贬值受到的伤害不太大。

由于大宗商品相对来说缺乏弹性，再加上外汇和投机性投资的影响，石油和粮食价格在2008年中期达到了新的高点。这些价格上涨得很快，但下降的速度也同样快，这就证明大宗商品市场出现暴涨的可能性与出现暴跌的可能性是一样的。最近的市场转变就是宏观量子世界面临新的潜在压力的警示信号，而许多复杂的变量现在都会对市场和我们的生活方式产生影响。

第3章

能源——碳氢化合物的黄昏?

没有迹象表明，碳氢化合物人（Hydrocarbon Man）会放弃他们的汽车、郊区的住宅以及他们已经习惯的事物，不仅是因为方便，而且是其生活方式的基础……也没有任何迹象表明，发展中国家的人们会拒绝由化石燃料提供动力的经济带来的好处，而不论环境会出现什么问题。任何减少世界化石燃料消费的观点都会受到未来人口大幅增加的影响。

——丹尼尔·耶尔金（Daniel Yergin）

对于全球化，经济学家、政治家、科学家与一般民众能够达成一致的方面为数不多，而能够达成共识的一个方面就是全球化会增加能源需求。世界生活水平不断提高，对能源的需求也不断增加。在过去的一个世纪中，这种增长的需求几乎都是由化石资源——石油、天然气、煤炭及其相关产品——独自满足的。但这种情况不可能永远持续下去。即使不考虑其严重的副作用，不确定的供给和空前的需求也使我们的碳氢化合物经济的代价极高：化石燃料依赖使得财富集中到少数地缘政治热点地区，并造成了温室气体排放，这两点都使得资本主义和平受到威胁。

我们的现代生活方式建立在相对便宜、可靠的能源之上。比较一下《草原小屋》（*Little House on the Prairie*）和《绝望主妇》（*Desperate Housewives*）中的片段，你就可以理解这一快速的历史演变。成本和可利用的能源形式几乎决定了一个人或整个国家所能实现的一切，包括我们在哪里生活和工作、如何旅行、吃些什么东西、如何娱乐甚至如何睡眠。

很难想像没有碳氢化合物的世界是什么样子，但我们对它的依赖是最近才出现的。在工业革命之初，我们用鲸油来点灯照明，烧劈柴来取暖。但到了1856年，波兰化学家伊格纳西·卢卡西维茨（Ignacy Lukasiewicz）开发出了一种更简便的从原油中提炼煤油的方法。他的发现终结了捕鲸业，并宣告了更加光明的现代社会的到来。随着1859年的石油大发现以及19世纪末在燃煤发电厂中的提炼活动，丹尼尔·耶尔金所说的“碳氢化合物人”诞生了。

能够在能源上自给自足的国家太少了，这使得能源成为宏观量子世界中国际会谈的核心问题。它与贸易共生，影响着国际资本流动以及通货膨胀和汇率，同时也受这些因素影响。能源影响安全并非仅仅因为它是经济增长的基础，还因为其中一种形式——核能——能够转化成可怕的武器。当然，它也会对环境造成巨大影响。我们当前的能源模式无法应对这些连锁关系的挑战，我们需要认真地重新思考能源的使用、来源以及成本。

3.1 持续增加的需求

20世纪期间，在世界范围内能源的消费增加了20倍。今天，全世界的能源使用总量相当于3060亿人的体力劳动量，就好像是这个星球上的每一个人都有46个人在为他服务。在科技发达的美国，每个人拥有238个这样的虚拟工人。

生产率及消费水平的不断提高使得能源的使用以滚雪球的方式增加。今天，美国人消耗的能源是1929年的30倍，他们所住的房子也比一个世纪前大了5倍。这些大房子里装满了加热器、空调、微波炉以及几十种家用电器，这些东西是《草原小屋》中的劳拉·英格尔斯（Laura Ingalls）做梦也想不到的。另外，全世界有8亿辆汽车，将我们从家里运载到办公室，再到购物中心。我们还建立了很多为满足这种生活方式而进行生产的工厂。回顾一下不久之前，我们就可以看到能源使用的脚步在不断加快。1970～2004年间，世界能源消耗总量增加了1倍多，从204×10^{15} Btu增加到447×10^{15} Btu——每年增长2%，主要发生在G7国家中。随着新兴市场的兴起，美国能源情报署（Energy Information Administration，EIA）估计，2004年到2030年，全球能源需求量将增加57%（如表3.1和图3.1所示）。

表 3.1　2006 年能源消耗量

国　　家	百万吨石油当量（MTOE）	占世界使用量的比例（%）
美国	1721	21.8%
中国	1147	14.5%
俄罗斯	518	6.5%
日本	386	4.9%
印度	277	3.5%
德国	248	3.1%
加拿大	245	3.1%
法国	195	2.5%
英国	171	2.2%
巴西	160	2.0%
世界总计	7912	100.0%

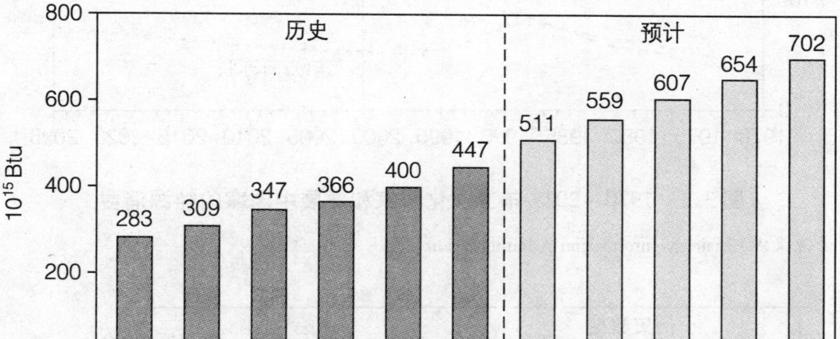

图 3.1　1980 ~ 2030 年世界能源消耗

资料来源：Energy Information Administration.

不断增加的财富意味着不久之后一二十亿以前的贫困人口就可以采纳美国式的能源密集型生活方式。到 2030 年，传统上的富裕国家的能源使用将增加 24%，而新兴市场到那时会增加 1 倍。总的来说，随着发展中国家持续实现工业化和城市化，到 2010 年，这些国家的能源需求就会超过发达国家，到 2030 年就会比其多 1/3。仅中国一国的需求就非常巨大：经过短短 20 年的快速膨胀，中国现在已经成为世界上第二大能源消费国，并正在超越美国。自2002年以来，中国的能源消费就以每年11%的速度增长，而其当前的人均能源使用量很少——只有美国的1/7——这说明这种增长速度在未来几年中将会持续。根据中国政府的统计，到2007年底，中国拥有1.59亿辆机动车，包括6000万辆轿车，比2006年增加了10.2%。据专家预测，在未来几十年中，中国市场汽车的销售量将以每年10%的速度持续增长，而汽车拥有率也会从每1000人44辆提高到富裕国家的水平——欧洲国家为每1000人300～600辆，在美国为每1000人750辆。考虑到工业化国家和新兴市场国家的趋势（如图3.2所示），我们迫切需要全球合作以应对能源需求不断增加的挑战。

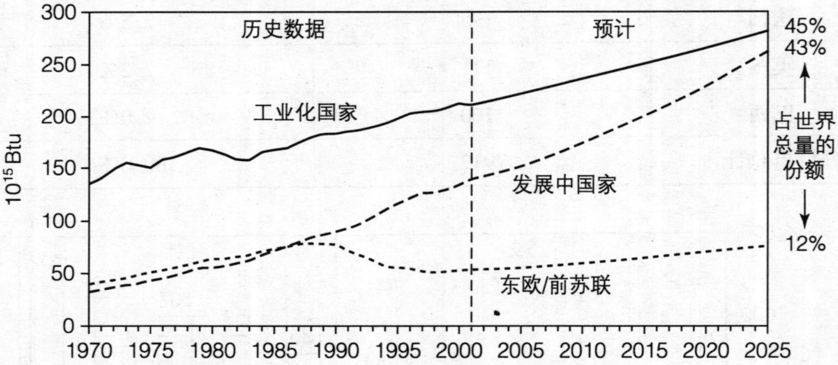

图3.2　1970～2025年工业化国家和发展中国家的能源消费

资源来源：Energy Information Administration.

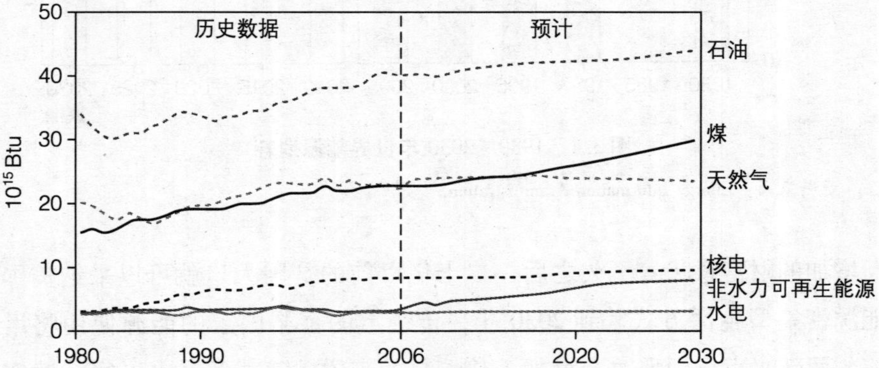

图3.3　1980～2030年燃料的能源消费（10^{15} Btu）

资源来源：BP Statistical Review of World Energy 2007.

中国：从水桶到洗衣机

洗衣服是人类社会最早的活动之一。从传统的在河边洗衣服，到 1797 年的洗衣板，再进化到今天的洗衣机，这是人类发展和工业化的一个很好的写照。如果没有流动水、天然气或电，那么即使是简单的手工洗衣服都要耗费人们大量的时间和劳动。工业化前，典型的洗衣过程包括洗涤、煮洗消毒和漂洗。洗一桶衣服需要 400 加仑水——重 400 磅——这些水要从水泵、水井或水龙头中转移到火炉上，然后再倒入水桶中，最后到洗涤用锅炉中。上个世纪机械式洗衣机的发明与普及终结了这些费力但必要的过程。

到 1940 年，美国用上电的 2500 万户家庭中有 60% 拥有了洗衣机。40 年后，中国才达到这一水平。现在，中国是世界上最大的洗衣机市场，其洗衣机的年进口量从 1981 年的 128 万部增加到 2003 年的 1940 万部。在中国，大约 95% 的城市家庭和 40% 的农村家庭拥有一部洗衣机（如图 3.4 所示）。

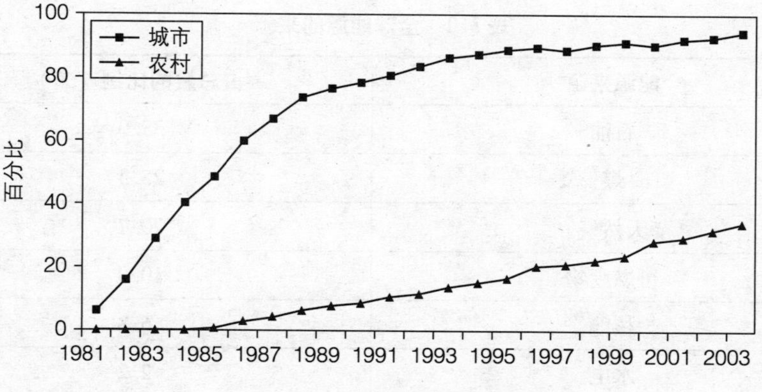

图 3.4　洗衣机在中国的普及率

资料来源：China Statistical Yearbook 2003.

现在，中国每个城市家庭的洗衣机需要 1600 千瓦时的电。随着中国现代化的推进，洗衣机正在从简单但耗能少的冷水叶轮式洗衣机转向热水滚筒式洗衣机。如果所有的洗衣机中有 1/3 是后者，电力消耗将增加 25%——这相当于 12 座 300MW 大型发电站输出的电力。

我们可以推断，这些家庭生活方式的转变（如洗衣机的使用）将推动能源需求的增加。随着第二个10亿消费者拥有了家用电器，开始过上现代化的生活，我们可以想像得到，在整个21世纪，能源需求将会激增。公共政策可以抑制这种需求：安装计量装置以改变家庭的洗衣行为（一旦人们知道洗一次衣服需要耗费多少能源，他们就会把洗衣机塞满后再开动），或者推出更节能的洗衣机。

3.2 全球能源的地理学与数学

世界应该如何满足这种对能源不断增长的渴望？表3.2强调了我们对化石燃料的强烈依赖。大约80%的能源来自石油、煤或天然气。对地球无害的可再生能源如太阳能、地热和风能尽管不断增长，但其对全球能源生产的贡献只有0.5%。

表3.2 全球能源的来源

能源来源	占总量的比例（%）
石油	35.0
煤	25.3
天然气	20.7
可燃废物	10.0
核能	6.3
水电	2.2
其他 *	0.5

* 包括地热、太阳能和风能。

资料来源：International Energy Agency, *Key World Energy Statistics* 2007.

石油

石油是当今最大的单一能源资源，其中约2/3用于运输。如果没有石油，世界经济将几乎无法运转：汽车、卡车、轮船和飞机都需要石油，而且还没有找到好用的石油替代品。如表3.3所示，许多国家都出产石油，但使用量少于生产量的国家很少，而发现新油田的国家则更少。产量占已探明储量的比例表明，美国、中国、墨西哥和其他国家正在以很快的速度消耗其储量。直到1948年，美国还拥有非常巨大的原油储量，而且是石油净出口国。从1980年起，美国的消费产出比已经超过了新的供给，使得其储量从650亿桶下降到大约210亿桶。美国的储量还不到沙特阿拉伯2640亿桶储量的10%。除非在美国找到新的油田，或者消费量大减，否则据推测，美国国内石油产量只能再持续10年至20年。同样，经过几十年的石油自给自足，中国也开始转变为石油进口国，这使得世界开始担心石油能够再维持多少年。

表3.3　主要的石油生产国

国　家	百万吨石油当量（MTOE）	世界总量（%）	总产量占储量的比例（%）
沙特阿拉伯	507	12.9	1.4
俄罗斯	477	12.1	4.7
美国	310	7.9	10.7
伊朗	216	5.5	1.1
中国	184	7	8.3
墨西哥	183	4.6	10.8
委内瑞拉	151	3.8	0.6
科威特	139	3.5	1.4
阿拉伯联合酋长国	134	3.4	1.0
世界总量	3936	100.0	2.2

对于石油供给，人们有不同的观点。一些劫数难逃论者（catastrophist）认为，世界石油生产在2000年达到顶峰，而且随着石油不断减少，会出现世界范围内的粮食短缺和其他危机。美国的生活方式最容易受到影响：人们居住在离其工作地点30多英里外的郊区，而且他们驾驶的是非常耗油的SUV车、大型汽车和卡车，而这些车辆需要便宜的石油。随着汽油越来越贵，人们将居住在离其工作地点较近的地方，这会引发郊区住宅市场的崩溃以及衰退——正如我们今天看到的一样。另一方面，技术专家们则认为，已探明石油储量可能已经达到顶峰，但人类的创新以及适应能力会不断进化。就像150

年前的鲸油一样，随着石油变得越来越贵，替代能源将越来越有竞争力，而且如果能够迅速制定明智方案的话，则失衡会在长期中减弱。

不管你是乐观主义者还是悲观主义者，我们都可能到达了“便宜”石油时代的终点。当前的供给和需求处于一种“紧平衡”（tight balance）状态，以至于世界石油价格面临着持续上涨的压力：1998 年，一桶石油的价格是 12 美元，但到2008 年中期上涨到 147 美元，到年底又下跌到50 美元以下。在未来几年增加石油产能的当前项目（包括钻更深的油井、从砂岩和页岩中提炼石油、采用其他高科技方法以及新的精炼厂等）令人振奋，但它们也很难满足需求。另外，金融投机者和投资者对市场造成的扭曲也为这种局面火上浇油。增加石油进口将继续产生贸易赤字和金融失衡，并排放出更多的污染物和温室气体。但是，石油并非我们担忧的唯一一种化石燃料。

煤炭

由于不会每周向我们的汽车里加煤，因此大多数人并不了解煤炭对全球能源体系的巨大贡献。在美国，烧煤的发电厂为人们提供了大约 2/3 的电力。以百万吨石油当量（MTOE）衡量，世界煤炭储量比石油或天然气的储量要多。煤炭的地理分布与石油大不相同，中国和美国的储量最大，而中国的产量几乎是美国产量的 2 倍，美国的产量是排名第三位的国家——澳大利亚——的 3 倍。短期内，煤炭储量不会很快耗尽。以当前的生产率计算，美国、俄罗斯、印度、中国的煤炭储量可以开采 100 多年（参见表 3. 4）。

表 3. 4　主要的煤炭生产国

国　　家	百万吨石油当量	占世界的比例（%）	总产量占已探明储量的比例（%）
中国	1317	38. 1	1. 0
美国	676	19. 5	0. 3
澳大利亚	233	6. 7	0. 3
印度	202	5. 8	0. 2
俄罗斯	168	4. 9	0. 1
南非	138	4. 0	0. 3

（续表）

国　　家	百万吨石油当量	占世界的比例（%）	总产量占已探明储量的比例（%）
印度尼西亚	104	3.0	1.9
波兰	86	2.5	0.6
哈萨克斯坦	43	1.2	0.1
世界总量	3459	100.0	0.3

资料来源：International Energy Agency, *Key World Energy Statistics* 2007.

自20世纪60年代以来，随着GDP的增长，煤炭的消费量也一直在持续增加，如图3.4所示。自2001年以来，煤炭一直是增长最快的碳氢化合物，而实际上石油的增长最慢。根据美国能源部（U.S. Department of Energy）的统计，这一趋势将会持续，到2030年，煤炭将占据世界能源使用量的25%，其发电量将占世界总发电量的45%。

由于中国和美国是主要的石油输入国但拥有丰富的煤炭资源，从逻辑上说，这两个国家可以用煤炭来抵消其石油进口。但是，煤炭不是应对能源危机的长期解决方案。煤炭的提炼成本很高，其运输等过程本身就要消耗大量的能源，排放出大量温室气体和其他废物。许多政治家和煤炭的游说者试图推动“清洁”煤的使用——利用高科技工艺降低二氧化碳的排放。尽管“清洁的煤”可能更干净，但与可再生能源相比，它还不够绿色，而且不会使石油进口降低多少。不幸的是，新兴市场的增长只是使煤炭的开采与使用量不断增加。每隔10天，中国就会建成一座煤电厂，其发电量足以为达拉斯这种规模的城市提供电力。为了支撑其不断增加的人口，印度烧煤的电厂增加速度仅次于中国，预计到2030年就会超过中国。

烧煤是人造颗粒物（particulate matter）的主要排放源。煤灰、灰尘或煤尘都可以被当成是人造颗粒物，超过1.59亿美国人——美国人口的一大半——生活在颗粒物浓度很高的地区。这不仅是美国面临的问题，任何到过中国和印度的人都见识过许多城市糟糕的空气质量。另外，颗粒物是造成肺癌和其他呼吸系统疾病的罪魁祸首。比如说哮喘，它是与糟糕的空气质量相关的疾病之一。据估计，30%的儿童哮喘与环境有关，每年美国要为治疗这种疾病花费20亿美元。哮喘使儿童无法上学（美国儿童每年的缺课天数为

1400万天），雇员也无法上班（每年为1200万个工作日）。在讨论未来能源选择时，需要考虑煤炭的这些隐性成本。

天然气

与煤炭一样，天然气主要用于发电，而且在世界上仍然拥有相对丰富的储量：据估计，当前天然气的储量可以维持50~100年。随着新气田的发现，已探明储量不断增加。如表3.5所示，俄罗斯拥有巨大的天然气储量，并提议建立一个卡特尔来管理天然气市场。这会对依赖俄罗斯天然气发电的欧洲国家产生很大影响。

表3.5 主要天然气生产国

国 家	百万吨石油当量	占世界总量的比例（%）	产量占已探明储量的比例（%）	总储量
俄罗斯	627	22.0	1.1	57000
美国	501	17.6	8.6	5826
加拿大	181	6.4	10.0	1810
伊朗	94	3.3	15.1	623
挪威	88	3.1	1.7	5176
阿尔及利亚	85	3.0	4.3	1977
英国	80	2.8	3.5	2286
荷兰	74	2.6	0.3	24667
印度尼西亚	69	2.4	2.7	2556
土库曼斯坦	64	2.3	0.8	8000
世界总量	**2845**	**100.0**	**1.6**	**1777813**

资料来源：International Energy Agency, *Key World Energy Statistics* 2007.

表3.5还表明，美国拥有相当大的天然气储量。随着石油的耗尽，美国的天然气储量会迅速减少，到2025年就可能所剩无几。加拿大可能在更短的时间里耗尽其天然气。

使用天然气最主要的问题是运输与储存。天然气管道是一种非常经济的方法，但在穿越海洋的时候则不可行，容易遭到袭击，且在穿越国界的时候会引发争论。2007年9月，墨西哥的韦拉克鲁斯（Veracruz）发生连环爆炸，使得该国60%的钢铁厂停工。轮船和卡车也是可供选择的运输方法，但这些方法成本太高。总体而言，有限的国内供给、安全问题以及俄罗斯出于政治目的而减少天然气的输出意味着天然气很可能不是美国或其他G7国家长期的可靠选择。

核能

唯一重要的非化石燃料是核能，但它伴随着特殊的风险。美国是最大的核电生产国，但核电只占美国总能源生产量的12%，而这一比例在法国为87%，在日本为69%，如表3.6所示。

表3.6　主要核能生产国

国　家	百万吨石油当量	占世界总量的比例（%）
美国	211	29.3
法国	118	16.3
日本	79	11.0
德国	42	5.9
俄罗斯	39	5.4
韩国	38	5.3
加拿大	24	3.3
乌克兰	23	3.2
英国	21	3.0
瑞典	19	2.6
世界总量	720	100.0

资料来源：International Energy Agency, *Key World Energy Statistics* 2007.

差不多所有的核能都用于发电，与化石燃料不同，它不会对全球变暖造成影响。就在不久前，与使用煤和天然气发电的成本相比，使用核能发电的成本还相当高，但由于化石燃料的价格不断攀升，现在其成本也不算太高了。当前，全球31个国家中有435座核反应堆用于发电，还有将近30座正在修建中，正在考虑修建的有222座。印度可能要建造20座或更多的反应堆，而中国则打算修建60多座核电站，预计发电量为500亿瓦。

尽管自20世纪70年代以来美国没有修建新的商用核反应堆，但现在又开始重新认真考虑这一问题。例如，保守的传统基金会（Heritage Foundation）宣称，美国104座核电站每年减少了将近7亿公吨（metric ton）二氧化碳排放，相当于道路上的汽车减少了96%。核废料的挑战经常被夸大。利用新的核燃料回收技术，大约有97%的核废料能够得到再生，只有3%是废料。它的效率非常高：1千克浓缩核燃料所发的电相当于160吨煤的发电量，而只有30克废物——还不到1盎司。

另一方面，核电站有可能导致危险的放射性物质泄露、放射性废物和空气污染。牛津研究小组2007年3月的报告声称，尽管核电站在运行过程中不排放二氧化碳，但生产能源的必要步骤（包括铀的开采和废物的存储）会排放出大量的二氧化碳。

核能还会带来政治和安全问题。从能源转化为武器技术的过程并不十分复杂，核能的普及就相当于核武器的普及。但是，我们很难拒绝能源不足的国家使用核技术。想一想伊朗，具有讽刺意味的是，其核项目是美国在20世纪50年代作为"原子为和平服务"（Atoms for Peace）计划的一部分协助其启动的。该民用核能计划是在核不扩散条约（Nonproliferation Treaty，NPT）的许可下进行的，而考虑到其当前的石油储量估计只能再维持74~89年，伊朗政府希望制定一个民用核能计划也是合理的。但是，一座普通的民用核电站只需一年的时间就可以生产出足够的钚来制造一枚小型核弹，而我们知道伊朗在持续不断地进行核浓缩。一旦通过核能设施生产出足够的原料，那么只需几年（甚至几个月）的时间就可以生产出核弹头。因此，真正的问题是：我们能否因为化石燃料造成了全球变暖而鼓励和平利用核能，同时最小化核武器扩散的风险？或者更好一些，难道没有应该受到鼓励的替代核能的选择吗？

3.3 能源平衡与资本主义和平

依赖能源的国家发现其对外政策越来越与能源相关。美国是世界上最大的能源消费国，其使用的能源比排名第二的国家——中国——多出50%。能源消费大于产出的国家（主要是G7国家）面临的主要政策问题是如何填补其能源的不足。

日本、美国和德国是最大的能源进口国，但它们也是全世界最大的经济体。新兴市场国家和较小的经济体正在快速出现在这一列表中。特别令人担心的印度和中国，这两个国家正在面临着能源不足日益严重的问题。中国从海湾地区获得了其60%左右的石油，但正在努力分散石油供给的来源。

看一看最依赖能源进口的国家的能源缺口占该国总使用量的比例也很有意思。从表3.7中可以看出，这些国家都属于世界上最穷的国家。考虑到能源进口不仅比本地资源更加不可靠，而且成本更高，因此这些国家几乎没有机会实现现代化、提高生产水平。同样引人注目的是，表中这些国家的日照时间都超过平均值。塞拉利昂、索马里等国家一年中的日照时间几乎是不间断的，那么这些国家为什么要依赖昂贵的外国石油和天然气而不利用来自天空的、几乎免费的能源呢？无论如何，在讨论全球贫困时，能源的使用都是一个国家社会经济发展过程中无法摆脱的束缚。这些依赖性使得追寻资本主义和平变得更加复杂。

表3.7　能源缺口最大的国家

国　家	缺口占该国使用量的比例（%）
塞拉利昂	100.0
索马里	100.0
威克岛	100.0
英属维京群岛	100.0
贝宁	100.0
多哥	97.0
以色列	95.4
摩洛哥	95.0
约旦	94.5
柬埔寨	92.5

资料来源：U. S. Energy Administration, 2007.

3.4 能源供给现状

全球需求、能源价格飙升、最近的地缘政治事件之间的关系使我们看到了未来的挑战。随着主要工业化国家和发展中国家国内能源生产无法跟上不断增加的消费步伐，世界上的大部分国家就会日益依赖于从少数几个国家进口化石燃料。

在20世纪70年代第一次石油危机期间，美国的进口量就上升到总消费量的37%。到2006年末，这一数字提高到65%——每天超过1200万桶——而到2010年则会超过1350万桶。据美国能源部估计，到2020年，预计美国石油进口将占其总消费量的2/3。国家能源政策委员会预计，到2025年，美国每天的石油需求将增加超过40%，达到每天约3000万桶。以每桶80美元、每天1350万桶计算，进口这些石油大约每年需要4000亿美元——这差不多是美国当前贸易赤字的75%。一些人推测，美国入侵伊拉克就是为了打开石油的通道并使价格降低。如果真是这样，那么这是一个令人痛苦且不成功的战略。自从2003年中期战争开始后，石油价格从每桶35美元（比20世纪90年代亚洲金融危机期间上涨了1倍）上升到2008年创纪录的水平。这种依赖性不仅仅是美国面临的问题。根据国际能源署（International Energy Agency）的调查，其他富裕国家也正打算增加其石油进口比例，从今天的56%增加到2030年的2/3。

石油的成本中没有包括美国的国防支出，这部分支出所占份额很大，而这是美国石油依赖的副产品。美国军队肩负着保护输油管道和精炼厂不受恐怖主义和叛乱者袭击的任务。美国国防部一直在支持安哥拉和尼日利亚，向它们提供武器，对其进行军事训练，协助它们保护其能源生产地点免受袭击，而现在美国在哥伦比亚、沙特阿拉伯和格鲁吉亚共和国驻军，也是出于同样的原因。美国海军在波斯湾、霍尔木兹海峡、南中国海、马六甲海峡等油轮航线及其他地方巡逻。伊拉克战争的前五年就耗费了美国超过1万亿美元，而现在每个月要花费100亿~200亿美元，战后用于医疗和伤残人士的费用可能还需要1万亿美元。但是，只要我们依赖化石燃料作为能源，这些安全措施就不是多余的。例如，如果沙特阿拉伯东北部拉斯坦努拉（Ras Tanura）附近的脱硫塔遭受袭击，就可能在两年内使得市场上的石油供给每年减少600万~700万桶，令石油价格创下新高。

美国的能源供给状况看起来很糟糕，但其他国家的情况可能更差。在短短20年内，中国的能源需求增加了3倍，已经从能源自给自足变成了第三大原油净进口国——紧随美国和日本之后。随着中国和其他新兴国家国内能源生产与消费量之间缺口的快速扩大，这些国家无疑担心自己享受第一世界生活水平的梦想会被能源短缺或负担不起的成本打破。

美国、欧洲和日本对能源市场施加的压力，再加上来自中国、印度和其他新兴国家不断增长的需求，同样会在世界范围内产生破坏性的经济和政治影响。例如，想一想可能发生的电力短缺。如果中国和印度的公司缺少电力、不能满负荷运转，那么钢铁、建材、服装、电子设备和办公外包等领域会出现什么情况？即使我们拥有足够的能源，那么通货膨胀意味着什么？近年来，用于支撑当代农业生产的能源价格不断上涨，造成粮食价格也不断提高。

3.5　能源与全球金融体系

能源是改变国际资本流动、通货膨胀、汇率和财富分配的最大的单一力量。实际上，不论从数量还是从价值方面来看，石油都是国际间交易量最大的商品。上个世纪，一些国家通过发现了地下的石油和天然气而从最穷的国家变成了最富裕的国家。麦肯锡的一项研究表明，如果在未来5年中石油价格维持在每桶50美元以上，那么石油出口国每天可以在世界资本市场上新增超过10亿美元——总计超过1.8万亿美元。但是，如果石油价格徘徊在每桶50~60美元之间，我们就可能看到世界经济力量出现偏移。让我们仔细看一看表3.8中列出的一些盛产石油的地区。

表 3.8 最大的能源过剩国家

国　家	绝对过剩量（百万吨石油当量）	过剩占使用量的比例（%）
俄罗斯	561.577	75
沙特阿拉伯	469.429	285
挪威	213.140	412
阿尔及利亚	156.137	444
伊朗	143.946	80
澳大利亚	143.277	106
尼日利亚	136.280	516
阿拉伯联合酋长国	131.716	231
委内瑞拉	126.947	164
科威特	123.322	429

资料来源：U. S. Energy Administration，International Energy Annual，2007.

中东

对于国际经济来说，石油输出国的新经济和政治力量是一把双刃剑，中东地区就是一个例证。大约在一代人之前，中东地区还是一个在沙漠包围的狭小范围内存在着多个酋长国的地区。这些偏远地区的生活方式在1000年中基本没有发生变化。突然之间，石油财富将这些国家推向了世界经济和政治舞台的中心。

近年来，科威特、阿拉伯联合酋长国（包括阿布扎比和迪拜）、卡塔尔等较小的国家付出了巨大的努力以将其大量的石油和天然气财富转化为金融财富并实现现代化。它们在能源基础设施上投入巨资，以确保未来拥有足够的产能以应对不断增长的全球需求。大部分国家正在进行大规模建设，并修建一些公共工程项目。

三个国家——沙特阿拉伯、伊朗和伊拉克——占据了波斯湾周围的大部分陆地，而且掌握着该地区绝大多数石油储量。尽管我们经常听人们说起迪拜或者科威特，但我们应该知道，这些国家的面积很小，其石油储量相对来说也比较少。在储量较大的国家中，只有沙特阿拉伯对美国友好，而这种关系在全球高油价的压力下也会变得紧张。例如，2008年，美国参议院先后4次阻止了向沙特阿拉伯出售武器，除非它每天增产100万桶石油以缓解市场的压力。沙特阿拉伯非常善于适应新环境，尽管面对来自OPEC国家的反对（它们还有日产量限制），它还是在市场面临压力的情况下增加了产出。正在遭受内战折磨的伊拉克可能还需要数年的时间才能使其石油产业的基础设施现代化，以便每天多产一些石油。另一个储油大国伊朗不仅与美国的关系糟糕，而且还没有进行正确的投资以扩大产能，因而有可能出现石油短缺，这真让人感到奇怪。实际上，由于政府短视的投资政策，据估计，其日产量已经下降了10%～12%。总之，三大石油生产国应对未来需求冲击的能力远远不能令人满意。

埋藏着黑金的沙漠

创记录的石油美元的流入使得海湾地区的政府能够在基础设施项目和开发上花费数以十亿计的金钱，其建筑工地的规模堪与中国相比。除了通过主权财富基金将其过剩的金钱进行投资外，海湾国家政府还通过花巨资修建炫耀性项目来拉动其国内经济——这些项目相当于当代的金字塔、紫禁城和泰姬陵——这使得这些国家进入了世界上增长最快的经济体之列。

在石油收入流入阿布扎比之前，这座城市只有46000名居民、4名医生和5所学校。

人们以养骆驼、种植无花果和枣、打鱼、潜水采珍珠为生。大多数人生活在棕榈叶搭起的小屋里，只有少数富有的家庭能够盖起泥屋。英国勘探者在这里发现世界第五大石油储量仅仅50年后，阿布扎比差不多成了地球上最富裕的国家。其人口已经增加到420000，从理论上说，每一个居民的身价都高达2000万美元。2006年，阿布扎比的人均GDP达到63000美元，紧随卢森堡和挪威之后而位居第三，预计在可以预见的将来，其GDP会以每年10%的速度增长。由于拥有超过1万亿美元的石油储量，阿布扎比正在以一种奢华的方式发展。正如31岁受过美式教育的开发人员穆巴拉克（Khaldon Khalifa al Mubarak）所说："世界上有哪个地方可以说：'我想要成立一家航空公司。’然后在两年后就拥有了21架飞机，能飞到37个目的地？有多少个地方可以说：‘我需要15000套旅馆客房。’然后就有100座新酒店开始修建。有多少地方可以说：‘我想要世界级的医院、大学和博物馆。’然后巴黎大学、克利夫兰诊所（Cleveland Clinic）、古根海姆博物馆（Guggenheim）、卢浮宫（Louvre）就开始建造。”在未来10年中，在这个地区要投资2000亿美元，令人眼花缭乱。现在，阿布扎比的标志性建筑物是价值30亿美元的酋长国王宫酒店（Emirates Palace hotel），这家酒店配备了每晚1000美元的客房，其数10亿美元的投资计划超过了西班牙毕尔巴鄂的古根海姆博物馆，另外还有一个法拉利主题公园，里面有一个赛马场、四个马球场、一个一级方程式车队。

迪拜可能是海湾地区有史以来最引人注目的地方。像曼哈顿一样的轮廓线、游艇港、像棕榈岛（Palm Isle）一样奇特的人造岛屿、未来世界上最高的建筑物［迪拜塔（Burj Dubai），计划修建2625英尺高］，以及世界上最大的拉伸桥（expansion bridge），迪拜已经成为了沙特阿拉伯人购物的天堂、英国人休假的海滩、俄罗斯人聚会的地点。其他中东地区国家如沙特阿拉伯、卡塔尔和巴林利用出售石油赚得的钱将自己打造成了国际金融中心，从事基础建设项目融资、财富管理和保险。凭借一些运气和恰当的规划，许多中东石油国家可能能够避开时好时坏的“商品化陷阱”（commodity trap），过去，这一陷阱困扰了许多石油输出国。

俄罗斯

20世纪90年代末，俄罗斯的金融几乎崩溃，但能源使其成为了世界上重要的权力掮客（power broker）之一。在其著名的违约事件发生仅仅10年后，这个世界上第二大石油出口国就积累起了第三大黄金和硬通货储备，2008年中期时价值6000亿美元。在弗拉基米尔·普京（Vladimir Putin）结束其第二任总统任期时，飞涨的石油价格使得俄罗斯的联邦预算自1999年以来增加了10倍。这带来了6%的预算盈余，GDP以7%的速度增长，贫困率从1999年的30%下降到2006年的10%。考虑到石油和天然气占据了俄罗斯GDP的20%，带来的收入超过出口收入的64%，吸引的外国直接投资占全部外国直接投资的30%，出现这种情况就不足为奇了。

在国际上，人们仍然担心俄罗斯可能利用其掌握的能源来扩大影响力。俄罗斯所有的天然气都由世界上最重要的国有企业之一 Gazprom 公司（俄罗斯天然气股份有限公司）管理。现在，欧洲能源需求的 1/4 强依赖俄罗斯，德国从 Gazprom 公司进口的天然气占其需求的 40%。东欧地区的一些国家更加依赖俄罗斯为其提供电力。据估计，在未来几十年中，这些趋势会不断加强。一些分析家认为，到 2020 年，欧洲天然气供给的近 70% 需要由俄罗斯来提供。

普京的行为表明，他将国家庞大的能源资源当成一种政治工具，以恢复这个国家因前苏联解体而丧失的国际影响力。其战略的关键是 Gazprom 公司，以及它能够对西欧电力用户施加的巨大影响力。俄罗斯的输送管道从南到北包围着欧盟。正如我们在 2006 年冬季看到的，只要俄罗斯想“影响”其邻居，它可以随时关闭天然气的阀门。当 2006 年初俄罗斯停止向乌克兰提供天然气后，立即导致了欧洲国家的天然气短缺，因为乌克兰的管道输送了由俄罗斯到欧洲天然气的 80%。就连远在西边的法国也受到影响，其天然气供给下降了 30% ~40%。由于担心整个冬天无法照明、取暖和做饭，乌克兰政府很快就与俄罗斯签订了一份天然气价格提高 4 倍的协议，以结束供给中断。俄罗斯以同样的方式将其影响力施加到格鲁吉亚、白俄罗斯、阿塞拜疆、亚美尼亚和立陶宛身上。正在修建的新管道更令人担忧。在未来，俄罗斯可以关闭通向乌克兰、波兰和白俄罗斯的管道而不影响“更重要的”欧洲客户。

由于增强了能源在俄罗斯全球总体战略中的重要性，普京总统在 2008 年 5 月离任后，被任命为 Gazprom 公司的董事长，同时担任国家总理，将俄罗斯巨大的权力交到了他的手中。出于同一心理，克里姆林宫竭尽全力阻止欧盟能源宪章条约的签署，因为该条约要求它向其他国家和其他供应商开放其天然气管道。谈判开始两天后，普京就以法律的形式确立了 Gazprom 公司作为唯一天然气出口商的垄断地位。更令欧洲人感到担心的是，有可能形成一个与 OPEC 石油输出国卡特尔相当的组织，而且普京已经同卡塔尔等天然气输出国取得了一些进展。

非洲

在非洲，石油输出国尼日利亚、苏丹和乍得已经从高油价中获得了巨额利润，在某种程度上使这些国家摆脱了 G7 的影响。苏丹的首都喀土穆（Khartoum）正在迅速发展，新的摩天大楼和豪华酒店拔地而起。

尼日利亚是这一大陆上重要的能源生产国，其已探明储量居非洲之首。但不幸的是，尼日利亚的国内动荡影响了其能源的产出。经常性的叛乱和工人罢工使其 2007 年的日产量下降了 475000 桶，只有 675000 桶。尽管政府的腐败程度不断降低，但这一问题仍然阻碍了这一地区的充分发展。主要石油产区之一德尔塔州（Delta state）的前任州长詹姆斯·艾伯瑞（James Ibori）被指控参与了 129 次洗钱活动和其他金融犯罪，而且他还与尼日利亚总统亚拉杜瓦（Umaru Yar' Adua）有财务上的关系。

当中国将非洲大陆作为其石油来源时，美国及其盟友的那种将贸易与非洲人权和民主捆绑在一起的方法就不再有效。中国政府的企业已经在非洲的几十个国家（包括阿尔及利亚、安哥拉、加篷、尼日利亚、苏丹和津巴布韦）投入了数 10 亿美元，没有任何附加条件，并使用中国的工程与建筑资源来修建基础设施，以开发石油、天然气、矿产及其他资源。20 世纪 90 年代期间，中非贸易增长了 700%，到 2006 年达到了 321.7 亿美元。这使得中国成为非洲的第三大贸易伙伴，居美国和法国之后，但领先于英国。

拉丁美洲

在拉丁美洲，墨西哥和巴西仍然非常友好，为世界提供稳定的供给，但是，如果不能找到新的油田，墨西哥的石油储量也会在几十年后被开采一空，而且 2005 年的卡特里娜飓风破坏了其大部分基础设施。巴西可能成为这一地区的亮点，最近，在其海域内发现的一个深水勘探区可能储存着 330 亿桶的石油，这是世界上已知的第三大石油储量。尽管可能还需要多年的时间才能充分开发，但这加速了巴西成为世界强国的步伐。

除了这两个可靠的国家外，从最大的石油生产国委内瑞拉开始，拉丁美洲的能源地图上布满了问题点。如果没有石油，查韦斯（Hugo Chavez）的恐吓只能是虚张声势。但自 20 世纪 90 年代以来，石油价格已经上涨了 8 倍，委内瑞拉总统利用其石油财富在南美施以恩惠，提供低于市场价格的原油以赢得同盟者。在其反美主义和反资本主义言词的驱动下，查韦斯将加强拉丁美洲能源网络（包括 2005 年的一个协议，根据该协议，要修建一条 5000 英里长的洲内管道将巴西和阿根廷连接起来）作为其政策的核心。最近，该国与埃克森美孚石油公司的法律争端（是由 2007 年委内瑞拉决定将其油田国有化引起的）使得两国关系进一步恶化。法庭允许埃克森美孚公司冻结 PDVSA 公司（委内瑞拉的国有石油公司）在海外的 120 亿美元资产，这使得查韦斯威胁将切断对美国的能源供给。

尽管玻利维亚拥有这一地区第二大天然气储量（紧随委内瑞拉之后），但该国是拉丁美洲最穷的国家之一。这个内陆国家还以政治不稳定而闻名，近年来，其总统任期很少有超过一年的。在这些总统中，洛塞塔总统（Gonzalo "Goni" Sánchez de Lozad）在 2003 年反对出口玻利维亚天然气的抗议活动转化为暴力冲突之后被迫辞职。2007 年，玻利维亚发布命令，要求外国公司——包括西班牙和巴西的公司，它们自 20 世纪 90 年代末玻利维亚开放其能源领域以来已经投入了约 40 亿美元——必须将其过半数的控制权交给国有的玻利维亚石油矿藏管理局（Yacimientos Petrolíferos Fiscales Bolivianos）。这些企业有 180 天的时间与玻利维亚政府重新谈判能源条款，而专家认为这将引起石油价格的上涨。

美国在该地区的第二大石油进口国厄瓜多尔也发生了类似的情况。2006 年 5 月，政府接管了美国石油巨人西方石油公司（Occidental Petroleum）的经营，从那时起，科雷亚总统（Rafael Correra）就开始重新谈判外国石油条款，目标是使该国所占的份额提高 4 倍以上。

3.6　集中与不稳定性

考虑到大多数能源出口商都是国有的企业，因此全球经济的命运就掌握在少数政府手中。不管能源利润是进入主权财富基金还是进入政府预算，结果都有可能造成不友好的、见不得人的政治与商业的勾结。过去，委内瑞拉和墨西哥的生产困难、对伊朗和伊拉克的关注以及尼日利亚的暴力冲突造成了石油价格的政治风险溢价（political risk premium），估计为 25 ~ 50 美元。全球已知石油储量的 2/3 集中在海湾地区增强了这一区域的潜在政治风险。中东地区的不稳定性已经造成了石油价值的提高，对过去 35 年中美国以及全球的每次衰退都起到了推动作用。实际上，最近5年石油价格的上涨趋势已经显著降低了美国消费者的储蓄率，推动了美国的通货膨胀，恶化了美国的贸易赤字，侵蚀了美元的基础，降低了GDP的增长速度。

世界能源供给的不安全性还提高了人们对长期经济发展和减少贫困的关注。在过去的几个世纪中，地理位置、是否靠近水域和贸易路线（trade route）以及气候可能就已经决定了一个国家的经济状况。今天，能源的可获得性同样重要。随着中国日益现代化及其经济的增长，中国的能源消费在1980年和2001年间增长了3倍。在这一期间，极度贫困（每天只有1美元或更少）的人口比例从53%下降到了8%。中国和其他新兴国家通过依赖电力的机械加工（mechanical process）来降低贫困率。这些国家认为，缺少电力会使大部分工业活动无法进行，从而丧失它们创造的就业机会，因此使贫困率进一步恶化。当前缺少电力的人们每天只能靠不到2美元维持生计，这绝对不是巧合。即使是今天，世界上仍然有1/4的人（16亿人口）没有用上电，而2/5的人口仍然主要依赖传统有机物来满足它们的基本能源需求。在这些人口中，超过80%生活在南亚和撒哈拉沙漠以南的非洲。非洲是最贫困的大陆，拥有将近10亿人口，占世界人口的1/6，而其发电量只相当于全球总发电量的4%。近年来，非洲的经济增长良好，可靠的能源供给就显得越来越重要。2007年末、2008年初，南非（通常被认为是非洲最有实力的经济体）领教了耗尽能源的含义。由于能源供给不足，它不得不停止其最大的金矿和白金矿的生产，同时还担心在2010年足球世界杯期间可能会遭遇类似的停电问题。

尽管用不上电的人数在未来几十年中会不断下降，但据估计，到2030年仍然会有14亿人用不上电。增加对能源贫乏国家的电力供给可以延伸资本主义和平，但这仍然需要国内及国际的努力。

我们还必须考虑当前发展方式对环境造成的风险：煤、石油和天然气燃烧后，会排放出二氧化碳，从而造成全球变暖。在过去的一个世纪中，平均温度上升了1.4℉，海平面上涨了约20厘米（7.8英寸），而北极则缩小了7%～15%（取决于不同的季节）。在过去的30年中，四类飓风和五类飓风发生的次数几乎增加了1倍。如果我们维持当前的能源使用模式，那么卡特里娜飓风、欧洲的洪水、加州的森林大火就是对未来的警告——更不要说癌症、哮喘和其他疾病的发病率更高了。

当前，富裕国家仍然是主要的污染排放国，其中仅美国一国排放的温室气体就占总排放量的23%，国际能源署估计，2004～2030年间，发展中国家的二氧化碳排放量将占全球排放量的3/4。这一增长快于其在能源需求份额上的增长，因为与老牌工业化国家相比，其能源使用量的增加主要集中在高碳能源上。发展中国家使用较多的是煤，而不是天然气。例如，中国有可能在2010年超过美国而成为世界上最大的二氧化碳排放国。尽管许多著名的经济学家已经试图限制环境恶化的潜在成本，但在有计划的全球扩张中，化石燃料是需要考虑的根本因素。

另外，为了获得石油，有可能引发传统军事冲突，而核能则有可能转化为武器。其他风险还包括以资本储备和金融依赖的形式逐渐累积起来的地缘政治影响力。历史学家早就说过，第二次世界大战中的侵略行为是与石油相关的，包括德国1941年进攻前苏联以抢占里海的油田，而日本攻击美国部分原因是美国对日本的石油禁运引发的。20世纪90年代第一次海湾战争的爆发是由于G7国家担心来自科威特（以及来自海湾地区其他国家）的石油最终会落入敌对的伊拉克手中。许多批评家认为，始于2003年的第二次入侵伊拉克是由于美国计划使伊拉克的石油摆脱敌对势力的控制而发动的。新的需求很有可能恶化国际敌对状态、短缺、失衡、价格波动以及军事行动。

核能被看成是应对能源挑战的万灵丹。它很便宜，效率很高，而且从理论上说，它排放的二氧化碳极少。但是，新的核电站在全球范围内的快速增加，特别是安全标准较低的国家大量修建核电站，正在造成潜在的危险。美国哈里斯堡（1979年）及切尔诺贝利（1986年）的核反应堆事故应该让我们记住核电站出故障时的巨大成本。另外，核废料的存储也造成了一种需要控制的长期风险。正如前面所讨论的，最重要的是，核能可以轻而易举地转化为武器，这一点也向我们提出了挑战。朝鲜和伊朗都宣称要以民用为目的发展核能。但是，结果表明，至少前者拥有不同的目的。另外，还要考虑到保护核设施免受恐怖分子袭击的问题。

据估计，如果我们想真的对二氧化碳排放产生影响，并摆脱对化石燃料的依赖，则需要的核电站数量是当前已有数量的3倍。国际能源署2008年进行的一项研究表明，全世界需要投资45万亿美元来修建1400座核电站才能满足政府间气候变化专门委员会（Intergovernmental Panel on Climate Change）的目标。但是，这也会使发生核扩散及切尔诺贝利式事故的风险增加3倍。在采用这种代价极高的对策之前，难道就没有其他更安全的途径来实现可靠的能源供给并更好地保护环境吗？

3.7 大转变：从碳氢化合物到可再生能源

并非所有人都认为宏观量子世界中由能源导致的危机会更糟糕——它造成了金融与能源依赖、使得有争议的国家领导人上台，或者造成严重的环境问题。谁在乎呢？不管你选择了什么理论，也不管你代表哪种思想体系，最常见的解决方案就是利用一种新的能源使用方式来使我们摆脱对化石燃料的迷恋。这可以降低对少数几个出口国的依赖，可以设法对环境更友好一些，还可以推动能源资源的多元化以降低价格波动和短缺出现的可能性，并帮助尽可能多的穷人——所有这些都包含在一个促进生产水平提高和资本主义和平的综合性计划中。

可再生能源应该成为新全球能源政策的核心。今天，可再生能源在美国能源消费中所占的比例很小（如图3.5所示）。由于美国是最大的能源使用国，而且是富裕国家中能源使用效率最低的国家之一，因此美国要想在这一领域中建立全球声誉还有很长的路要走。几乎没有国家反对在能源上更加自

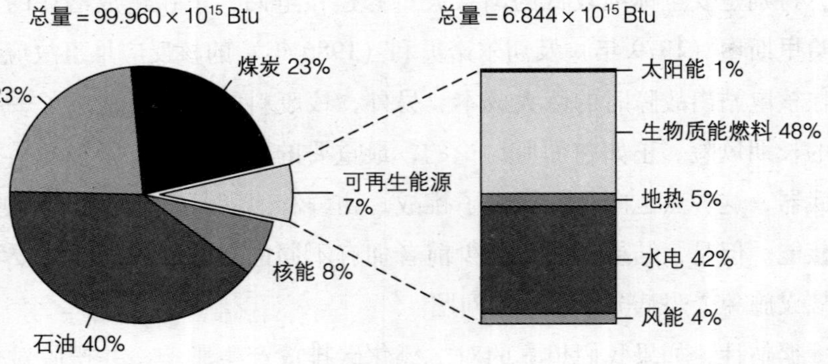

图3.5 可再生能源在美国能源供给（2006年）中的角色

资料来源：EIA, Renewable Energy Consumption.

给自足并更多地使用可再生能源的政策。

通过公共政策改变生活方式以获得更大利益的观念并不是新的。相反，这可能是政府的主要作用之一。看一看美国的州际高速公路系统。艾森豪威尔总统（President Dwight D. Eisenhower）于1956年6月29日签署了《联邦政府资助高速公路法案》（*Federal Aid Highway Act*）时，他不仅改变了美国公民的生活方式和经济命运，同时也改变了当今全球67亿人的生活方式。伴随着个人交通工具的出现，人们能够自由地选择居住和工作的地点。他们不必被迫住在遥远的农村或拥挤的市中心，一般美国人可以选择居住在风景如画的城郊，享受以前专门为大富豪准备的设施：游泳池、绿树成荫的大街、气候控制以及使生活更加便利的各种各样的小发明和小工具。随着高速公路系统的出现，一个家庭想到大峡谷（Grand Canyon）或迪士尼（Disneyland）去度假，开车很快就能到，缅因州的龙虾和佐治亚州的鲜桃等美味食物可以利用卡车运到各地市场，并保持新鲜。实际上，驾驶着敞篷车行驶在公路上，是自由、选择、闲暇的象征——这是美国生活方式的一部分，现在不仅吸引着美国人，而且也诱惑着全世界的人。但是，考虑到与化石燃料依赖有关的问题，难道美国人——现在是全世界的人——不应该转变他们的思维吗？这并不是说要放弃游泳池、迪士尼乐园或缅因州的龙虾，而只不过是让我们的选择在某种程度上能够确保这个世界的子孙后代拥有和我们同样丰富的资源以及自由。

与流行的观念相反，在长期中，可再生能源可能比传统能源更便宜。英国政府经济服务处（United Kingdom's Government Economics Service）主任尼古拉斯·斯特恩爵士（Sir Nicholas Stern）于2006年进行的具有里程碑意义的研究比较了防止气候变化的成本和地球温度升高可能导致的经济后果。斯特恩的报告认为，如果不改变我们当前的能源使用模式，全球经济增长速度将有可能因此减缓5%～10%。相比之下，对替代能源和保护环境的技术进行投资以防止气候变化只会使GDP增长速度降低1%。尽管斯特恩的报告提出了方法论的问题，但仅凭这份报告还无法得出不良能源政策会对经济造成伤害这一结论。

另外，更加清洁、更加绿色的能源可能真的会推动我们的经济增长。加利福尼亚公共利益研究小组（California Public Interest Research Group）进行的一项研究表明，每兆瓦可再生能源创造的就业机会是天然气的4倍。同样，可再生能源比燃煤电厂创造的就业机会多40%。两种能源资源具有大相径庭的经济等式。化石燃料的成本主要受石油、天然气和煤炭的开采成本控制，而替代能源的成本主要取决于资本投资和熟练劳动力，这些要素在美国十分充足。田纳西大学的一项研究进一步说明了替代能源的经济潜力，该研究发现，如果替代能源的产量达到美国所有能源的25%（今天只占7%），就会创造出价值7000亿美元的经济活动和500万个新就业岗位，同时减少100万吨的碳排放。

有几个国家已经从可持续技术中获益，并且可以分享其经验。例如，巴西从20世纪70年代开始实施其基于乙醇的燃料计划。2003年，巴西乙醇计划提供了将近70万个工作岗位，1975～2002年间，其石油进口支出减少了500亿美元。今天，巴西汽车燃料有将近40%来自乙醇（从甘蔗中提取）。由于技术进步，巴西已经能够以低于汽油的价格提供含水乙醇（税前）。美国应该废除为了保护美国甘蔗种植者而设置的贸易壁垒，它阻止了巴西乙醇进入美国市场。布什总统和巴西总统希尔瓦（Lula da Silva）于2007年3月签署的技术共享协议是向这一方向迈出的一步。

其他可再生能源也取得了类似的进展。有一个发展中国家充当了水力发电的先锋，这就是中国。中国的湖北省是2009年竣工的三峡水坝的所在地，这是世界上最大的水力发电项目。大坝因其对生态环境的影响而受到批评，但独立式涡轮机（free-standing turbine）和其他水力发电技术的进步正在使近海的潮汐能量成为一种可行的选择。太平洋天然气和电力公司（Pacific Gas & Electric，美国的一家公用事业公司）率先同意从波浪发电厂购买电力，这家发电厂建在加利福尼亚州的海面上，于2012年开始运行。

丹麦是制造和利用风力涡轮机的杰出代表。当前，丹麦利用风力涡轮机发出的电超过了其总发电量的20%，这一比例是全世界最高的，总风能发电量排在世界第五位。丹麦生产的风力涡轮机占世界销量的30%，占其GDP的很大一部分。这些技术以及太阳能、生物燃料、潮汐能和地热等技术是具有巨大潜力的领域。通过充分的研发、技术共享和贸易，这些资源在未来可能会被用于生产能源。根据美国能源部的预测，到2020年，风能将使二氧化碳的排放量减少4.5%，考虑到美国沿海及北部草原地区巨大的风能“储备”，这一数值只占很少一部分。

美国为能源安排的联邦预算只有微不足道的30多亿美元。与美国从OPEC国家进口能源所花费的1110亿美元相比，或与当前5000多亿美元的常规军事预算相比，这一数额表明政府显然缺乏承诺。2006年，政府仅在研发战斗机上的投入就达到60亿美元。

在过去的3年中，美国在可再生能源技术上的私人投资增加了1倍，过去10年中的累积投资额超过了1800亿美元。但在全局中，这只是微不足道的一小笔钱。如果有正确的政府激励来支持研发，想一想会动员起多么大的力量。通过引导和利用美国最大的力量——非国家参与者如科学家、公司、风险资本和华尔街——经济繁荣将有助于美国成为众多可再生能源领域中新的技术领导者。

3.8　不再浪费，不再索取

替代能源需要时间和金钱进行研发，而降低我们对化石燃料依赖性的最快捷、最便宜、最有争议的方法是少使用能源。仅仅通过更高效地使用能源，我们就会看到巨大的改善。麦肯锡公司的研究列举了一些在经济上可行的方法，这些方法可以使能源需求增长率从预计每年2.2%下降到1%。这还将使美国的污染物排放降低一半，达到百万分之450~550的上限，这是为控制全球变暖而签署的《京都议定书》(*Kyoto Protocol*)规定的。但是，仅靠市场的力量是不够的。

能源使用效率的提高不会增加我们的能源供给，但它降低了其他燃料的使用量——有时候被称为除石油、天然气、煤炭和核能之外的“第五能源”(fifth fuel)。为什么政府没有鼓励这种“第五能源”？一个新的国家能源政策应该以降低化石燃料的使用量为目标，这在很大程度上是在我们当前的技术能力范围内的立法问题。尽管在不断改善，但与欧洲国家和日本相比，美国的能源使用效率极低，因此提高效率应该不难。以前曾经做到过这一点：想一想1979~1983年间，当天然气价格最近一次达到高峰后，美国每天的石油使用量减少了330万桶，下降了近20%。直到1997年，美国的石油使用量才恢复到1979年的水平。当石油价格在2008年达到顶峰时，美国每天的石油使用量减少了80万桶，这是自1982年以来最大的减少量。

美国的家庭部门（residential sector）在最终能源使用中所占份额最大，达到25%，现在，这个部门准备好节约能源了。技术是现成的：通过安装高隔热的建筑外壳、简洁的荧光灯以及高效率的水加热设施，这一部门每年的能源增长率将降低一多半，由2.4%下降到仅为1%。奇怪的是，引入这些技术的主要障碍不是这些投资的价格——实际上，这些技术在长期中可以为一般消费者节省大量金钱——而是忽视了这些机会以及与日常能源使用相关的成本。

美国政府可以通过强制使用待机状态节能技术（standby power-saving technology）而发挥作用，正如加利福尼亚州对电冰箱所做的那样（如图3.6所示）。需要每天24小时接通电源的电器设备在待机状态下要耗费2～20瓦的电力——即使设备已经充满了电或完全关闭也是如此。待机状态的用电量占美国家庭用电量的10%，每年超过60亿美元。制造商可以轻而易举地生产出只多耗费0.25瓦电量的电器设备。另外，公用事业公司可以通过开出更详细的账单让消费者看到单个电器的实际成本，以此来协助满足效率要求。当知道自己正在消耗的是什么时，人们就更有可能节约能源（和金钱）。

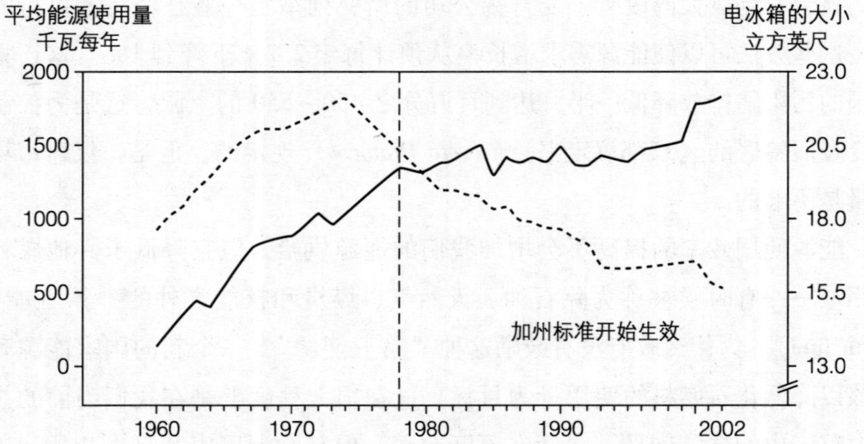

图3.6 美国电冰箱的能源使用量

资料来源：David Goldstein, Natural Resources Defense Council.

在交通部门，在全球范围内提高燃油效率标准将有助于限制石油的使用并减少排放。通过将每加仑汽油行驶里程数增加1英里，每天的石油进口量就可以减少100万桶。最近，国会就这一问题通过了决议，使美国公司平均燃油经济性（corporate average fuel economy，CAFE）从当前的每加仑25英里提高到2020年的每加仑35英里——这是自1984年以来CAFE的第一个有意义的改善，这一决议将产生重大影响。忧思科学家联盟（Union of Concerned Scientists）估计，较高的标准减少的温室气体排放相当于停驶2800万辆小汽车和卡车，每年为消费者至少节省300亿美元（如果加油站的汽油价格维持在每加仑3.25美元以上的话）。你一定感到奇怪，为什么美国要等到24年后才进行新的立法。如果我们向其他国家已经采纳的标准靠拢，那么很容易就可以看到每天的石油进口量从当前的1200万~1300万桶的水平上下降400万~500万桶。另外，通过实施每小时55英里的限速令，每天还可以再省下200万桶石油（如图3.7所示）。

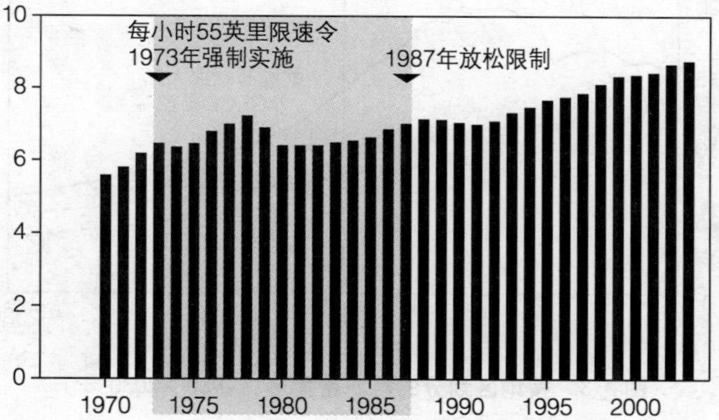

图3.7　美国的汽油使用量（百万桶每天）

资料来源：Energy Information Administration.

与家庭部门相比，工业部门（占美国能源使用量的5%）的改善空间较小。工业化国家自20世纪70年代石油危机以来就一直在努力提高工业能源效率，这可以由大部分OECD（经济合作与发展组织）成员国的能源密集（energy intensity）水平较低反映出来。随着这些国家的GDP不断增加，它们对能源的使用效率更高。实际上，自1970年以来，美国创造1美元国民收入的成本已经下降了49%。然而，在工业部门中还有一些技术能够节省能源，而政府可以通过实施示范项目并进行能源审计来支持工业部门的节能努力。

尽管新兴市场国家的能源密集度在缓慢下降，但要想达到工业化国家的标准，这些国家还有很长的路要走（如图3.8所示）。考虑到如果能源需求失控对整个世界造成的威胁，富裕国家真的有意愿帮助其欠发达的邻国来提高能源使用效率。技术和知识共享、降低高效能源使用技术的贸易壁垒、对来自发展中国家的低效率技术征收高额本国税收，这样就可以产生正确的激励，加速发展中国家低能源消耗模式的形成。有些国家仍然对能源提供补贴（特别是对化石燃料），这也许令你感到吃惊，但事实的确如此。麦肯锡公司估计，提供能源补贴的国家的燃油效率只有不提供补贴的国家的一半。砍掉这些补贴，从理论上说，这个世界每天可以节省300万桶石油。

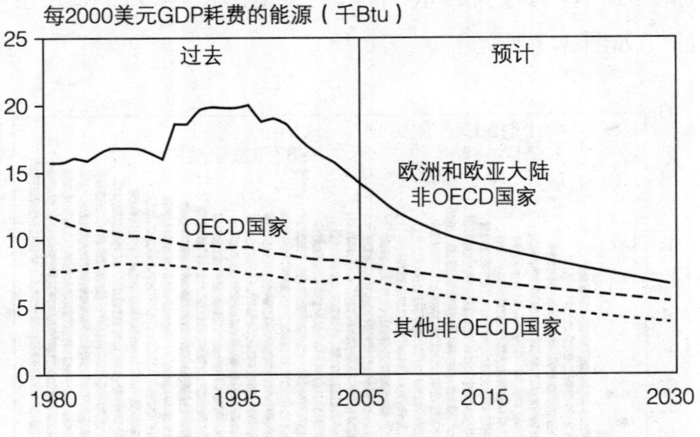

图3.8　按地区划分的能源密集度（1980～2030年）

资料来源：Energy Information Administration.

3.9　真正的好主意：太阳能

在美国——并最终将在全世界——重新定义能源使用的最大潜力来自太阳能。作为嬉皮士们永恒的幻想、环保主义者的重大问题，以及风险资本家和激进的政治家们不断增加的赌注，太阳能应该被认为是一种丰富的全球资源，它可以为许多完全依赖外国满足其能源需求的穷国提供帮助。凭借强大的技术/风险资本机器，我们可以看到，太阳能技术将推动美国经济的下一轮大发展与财富创造，与不久前计算与通信技术繁荣一样。

阳光照射地球40分钟产生的能量超过了世界全年的能源消费总和。更有利的是，美国拥有巨大的国土面积，气候温和，因而拥有数量极大的阳光“储备”。仅在内华达州、亚利桑那州、新墨西哥州和加利福尼亚州的部分地区，就拥有25万平方英里的沙漠适合修建太阳能发电站。这样一片土地一年可以接收到超过4500×10^{15} Btu的太阳能。将这些太阳能中的一小部分（比如说2.5%）转化为电力，其数量将等于美国2006年的总用电量。到2050年，美国电力的2/3以及总能源（包括运输）的1/3将来自太阳能。另外，这一能源还可以卖给消费者，费率相当于今天传统能源的费率，每千瓦时5美分。

随着最近的技术进步，包括太阳能存储系统的发展，美国可能已经拥有了技术能力。当然，打造这种更绿色、更安全、更少能源依赖的美国经济既不便宜也不容易。美国的公共政策需要发生显著改变。当前，尽管美国经济规模是日本经济规模的3倍，但日本花在促进太阳能技术发展上的支出是美国的6倍。为了引导美国摆脱碳氢化合物而转向可再生能源，专家建议在一大片土地上（可能需要30000平方英里）覆盖太阳能电池板和太阳能传输设备。尽管这一面积听起来很大，但对于每千兆瓦的发电量来说，考虑到煤矿的占地面积，太阳能电站所需的单位面积比燃煤电站还要小。美国能源部国家可再生能源实验室的研究表明，在不触及环境敏感地区、人口聚集地或条件恶劣的地区的情况下，美国西南部仍然有充足的区域供太阳能电站使用。除了要建立太阳能电站外，还要建立一个直流传输主干网以便在全国范围内高效地传输电力。

怀疑者声称太阳能存在着问题。太阳能电池的效率（当前的世界纪录是由特拉华大学领导的一家联合企业创造的，为42.8%）仅为国防高级研究计划署（Defense Advanced Research Projects Agency，DARPA）制定的效率目标的一半，而只有达到这一目标，使用太阳能才合算。近年来，尽管生产成本不断下降、效率水平显著提高，但要想使太阳能成为美国能源供给的支柱，仍然需要取得更大的进展。这并非不可能。这为什么不是一个明确的国家目标（相当于今天的登月计划）？想象一下建立一个能源硅谷——“太阳能谷”。一群具有创业精神的技术专家协同工作，再加上风险资本和华尔街的钱，在相当于比尔·盖茨或亨利·福特之类的人的领导下，创造出一个新的产业，为人们带来一种全新的生活和工作方式。如果说计算机和其他通信技术的进步在过去20年中彻底改变了人们的生活，那么在新的能源模式下是否存在着更大的潜力呢?

为什么不再建一个“风谷”、一个“可替代燃料谷”和一个“氢谷”？包括福特、通用汽车、丰田和宝马在内的大型汽车公司都将油电混合动力和氢燃料看成是汽车技术的未来。如果氢技术得到充分发展，仅美国一国的能源使用量就可以减少28%。情况越来越清楚：如果生物燃料、地热、氢、潮汐和风力也得到发展，那么从理论上说，到2100年，可再生能源可以提供整个美国所需的电力和90%的能源需求。

与艾森豪威尔总统的国家高速公路立法一样，没有政府的支持，就不可能建立可再生能源经济的总体能源规划。根据最终规划的不同，大多数能源专家估计，在未来10年中，美国政府将需要投资5000亿~10000亿美元才能完成这种模式的转变。再加上可观的私人基金以及企业的投资，一次重大的革命很可能很快就会发生。根据奥巴马总统竞选网站上的信息，他计划再投入500亿美元用于替代能源的研究与开发——与伊拉克战争的成本或常规国防支出相比，这只是一小笔钱。而与战争不同的是，这笔钱将为美国经济和整个世界带来巨大的回报。例如，太阳能电站消耗极少的燃料，甚至根本不消耗燃料（与风力发电站和其他可再生能源一样），每年都可以节省数以十亿美元计的金钱。前面提到的西南地区的太阳能基础设施——这只是众多可行计划中的一个——将代替数百个大型火力发电站和天然气发电站。这样一个长期计划可以使一代人不必再进口石油，基本上消除美国的贸易赤字，缓解全球的政治紧张局面。由于太阳能和其他可再生能源几乎不造成污染，所以这一计划每年还将减少17亿吨的温室气体排放量，远远高于《京都议定书》建议的削减量。通过对汽车发动机的设计进行一些改变，如改造成油电混合动力发动机，通过新的太阳能电力网为混合动力发动机添加燃料，还可以从以汽油为燃料的汽车中节约20亿吨汽油。2050年，美国二氧化碳排放量将低于2005年的2/3，使得全球变暖的速度大幅减缓。

国家能源基础设施的检修费用可以通过烟尘排放税（carbon tax）来支付。

对于引导电力公司采纳太阳能收集与存储系统以代替燃煤电站和燃气电站来说，每千瓦时的电收取半分钱的烟尘排放税（比现在大约高 10%）是必要的。它还可以被加到汽油价格中——如每加仑 50 美分——这与欧洲每加仑 2 ~4 美元的税收相差甚远。在石油价格从每桶 25 美元上涨到 147 美元的过程中，最有意思的发展之一是：与 20 世纪 70 年代和 20 世纪 80 年代的石油冲击相比，美国（以及全球经济）的调整相对来说更顺利一些。在多年中分阶段实施一种或多种烟尘排放税将为美国能源企业消化这一成本提供足够的时间，使得它不会造成比最近的石油价格高涨更坏的负面影响。尽管 5000 亿美元数额巨大，但这一数额还不到最近 35 年来美国农业接受的 17000 亿美元补贴的 1/3。想象一下当 20 世纪 70 年代初（这正是第一次石油危机开始的时间）开始提供农业补贴时，如果政府具有前瞻性，而不是局限于微观国内的观点，会出现什么情况。最重要的是，这些补贴将使美国摆脱因国际能源冲突造成的政策和预算问题的干扰，有可能为在宏观量子世界中管理各种国际关系以及确保资本主义和平带来新的观点。

3.10　领导潮流还是拖后腿

能源仍然是 21 世纪大多数国际问题最大的诱因。潜在的能源短缺以及由此导致的失衡，再加上气候变化，很容易使得资本主义和平在未来更加拥挤、更加富裕的国家受挫。现在的任务是面对现实，协调公共政策和私人部门的创新，并以一种渐进的方式塑造能源使用模式。尽管美国的全球地位有可能慢慢降低，但没有理由认为糟糕的能源选择应该成为影响因素的一部分。相反，美国也许能够以一个全新的计划重申其在全球事务中的正统性和话语权。很多缺少能源的国家可能会从美国的创新中受益，几十个国家有可能免于意料之外的环境灭顶之灾。由政府制定的新能源模式可以使美国的产业和工人利用可再生能源技术而重新焕发活力。最后，我们可以减少贸易赤字，同时缓解美元的压力并使利率保持在低水平上。我们也许正处在下一次技术大革命的最前沿。这是一个我们不能忽视的历史性机会。

关于汽车的话题

自从19世纪中期靠化石燃料提供动力的内燃机发明以来，汽车就成了现代化的一个标志，它不仅是个人交通工具，而且还成为了身价和个人风格的象征。考虑到所有的石油危机，为什么还没有某种新型的发动机被发明出来？为什么汽车甚至飞机只能靠石油提供动力？想一想，如果汽车能够靠比如说盐水推动会是什么结果。尽管我们现在还无法将盐水转化成能源，但问题的关键是，利用某种创新性的思维，我们也许不必在汽车上认输。

汽车在交通运输领域提供的灵活性无与伦比：它可以将1~8个人（及他们携带的物品）一次性运送到地面的任何地点。火车做不到这一点，飞机做不到，船也做不到。尽管那些个人交通工具Segways（一种电力驱动、具有自我平衡能力的个人用运输载具，是都市用交通工具的一种——译者注）看起来很酷，但它们并不比老式自行车好多少。近来，环境保护者将汽车看成是过时的技术、无节制的象征，以及噪音、污染、交通堵塞和温室气体排放的罪魁祸首。但他们漏掉了一些东西。正如美国战后的历史所示，高效的州际公路系统对于一个经济来说具有巨大的好处。利用便宜的石油、汽车和卡车，州际公路使得美国梦成为了现实：道路系统使我们能够到达国家的各个角落，那些有能力进行抵押贷款和买得起汽车的人可以在他们能够到达的范围内建起房屋、篱笆和车库。记住，许多发展中国家也已经走上了实现其自己的城市化和市郊化的道路。

但是，汽车的碳效率（carbon efficient）较低。例如，一辆汽车每加仑汽油可行驶20英里，有两名乘客，则其人英里每加仑（people miles per gallon，PMPG）为40。相比之下，装满乘客的喷气式飞机平均为65~100 PMPG，而火车（正如欧洲人喜欢提醒我们的那样）满载可以达到300~400 PMPG。但火车很少能够满载，飞机也一样。汽车也不是什么大问题。想象一下，如果小型货车或SUV车每加仑汽油可以行驶17英里，但总是搭载5个人。这就可以使其PMPG大幅提高到飞机的水平。公共政策应该鼓励合用汽车（carpooling），如通过设立大容量车（high-occupancy vehicle，HOV）专用道来提升平均载客量。另外，通过立法将美国高速公路的行驶速度重新限制在55英里之内可以显著减少石油进口和碳排放（事实证明，在这一速度下，大多数汽车的燃油效率最高）。

另外，想象一下利用现有的技术——不是实验室里的技术——如涡轮柴油机和混合动力将内燃机每加仑行驶里程数提升到30~35英里，再加上鼓励大容量车的政策，则PMPG值将得到更大的提高。你也可以使用小型汽车，近几十年来，大多数国家已经这样做了。尽管美国人一直在购买体积较大的SUV车、箱式轿车、轻型货车等（美国、欧洲、日本的汽车生产商都很愿意制造这种汽车），但世界其他地方都在开燃油效率更高的小型车。在日本和欧洲，平均每加仑行驶里程数比美国高出50%。在汽油价格为每加仑4美元的情况下，油电混合动力汽车和纯电动车如丰田的普锐斯（Prius）和新Chevy Volt可以达到每加仑汽油行驶80英里。甚至大型SUV混合动力汽车如福特的Escape车也表现出很不错的每加仑行驶里程数，达到了20英里，比烧石油的版本高出10英里。在过去几年间，所有的主要汽车生产商都在积极推出更多的混合动力车和E85乙醇混合动力车，而氢动力可能会比我们想象得更早投入使用。

纯电动车也在取得快速发展。对于那些认为它只能用于高尔夫球场的人来说，再猜猜看。PayPal的创始人埃伦·马斯克（Elon Musk）成立的Upstart Tesla汽车公司已经推出了一款漂亮的两人电动跑车，其加速比Corvette还快，每充一次电可以行驶165英里。充电时间为3.5个小时，电费为7美元，相当于每加仑4.2美分。当汽油价格为每加仑3美元时，一辆正常的汽车需要达到每加仑行驶65英里才能赶上Tesla公司的成本。Tesla正在计划开发四人车型，我们应该向这家公司致敬，因为他们在正确的创业精神鼓舞下，在短时间内获得了巨大的成就。10万美元的Tesla车非常昂贵，而价格为13000美元的印度产电动车REVA则非常便宜。REVA完全充一次电需要耗费9度电，能够在城市行驶条件下行驶50英里，每英里的成本大约为3美分——相当于汽油成本的1/3。

政府要对政策进行调整以支持电动交通工具的开发与销售，特别是在那些一个人驾驶一辆汽车非常普遍的地方。例如，美国的一项普查表明，2000~2005年，单独驾车的比例略有上升，达到77%。在欧洲和日本，政府通过各种税收优惠（包括免除停车费、拥堵税、销售税和公路税）来鼓励电动车的使用。以色列政府的计划更加雄心勃勃：他们计划到2011年建成世界上第一个电动车网络，最终可能由50万个充电点和200个电池交换站组成。这样做是为了消除以色列对石油的依赖（这些石油来自对其不友好的国家），以及燃油汽车对健康和环境造成的负面影响。这些措施再加上更多类型的可再生电能，可以令美国人的驾驶习惯发生很大改变。

汽车并不一定被看成是造成能源—经济—环境问题的罪魁祸首。对支持更环保的驾驶习惯的新技术、新动机和新政策的推动可以显著减少温室气体的排放，同时为人们提供梦寐以求的机动性和自由。

第 4 章

防卫与安全：防止战火重燃，避免末日之战

一个民族的商业与工业不再依赖其政治边界的扩张；一个国家的政治边界与经济边界现在也不一定相同；军事力量在社会与经济上是无效的，而且与运用军事力量的国家的繁荣没有关系；一个国家通过武力夺取另一个国家的财富或强迫其进行贸易是不可能的——通过征服或通过武力把自己的意愿强加给另一个国家行不通了；简而言之，战争已经不再可能实现这些人们努力寻求的目标，即使取得胜利也是一样。

——诺曼 · 安吉尔（Norman Angell）

可怜的诺曼 · 安吉尔。1913 年，他出版了《大幻想》（*The Grand Illusion*）一书，描绘出了现代资本主义和平理论之一。按照这位诺贝尔和平奖获得者的说法，历史已经发展到了这样一个阶段：国家间的战争不再是为了扩张领土，在工业化和贸易时代，掠夺土地没有太大的意义。

唉，时机就是一切。就在《大幻想》出版一年后，第一次世界大战爆发了——这是有史以来最血腥的领土冲突之一。但是，安吉尔对新时代的预言（国家间的战争将不再流行）完全错了吗？大约一个世纪后，袭击并占领一个国家以控制其财富可行吗？今天，对于小而富有的国家（如新加坡），征服者会做什么？把每一个工人用铁链串起来在电子产品装配线上去完成苹果公司和索尼公司的订单吗？

汤姆 · 弗里德曼（Tom Friedman）肯定同意安吉尔的观点。他的“戴尔冲突预防理论”（Dell Theory of Conflict Prevention）假设：同为一家跨国公司

（如戴尔计算机公司）全球供应链一部分的两个国家不可能相互开战。尽管是半开玩笑，但弗里德曼注意到，在当今全球化的经济中，一个国家进攻另一个与其有密切经济联系的国家，要承受巨大的财务成本。

国家间仍然在相互竞争，而且拥有不同的国家利益，但是，跨国经济竞争的变化同样也改变了安全和力量的观念。从大约1500年到1900年，拥有宝贵土地和重要自然资源的国家同样也拥有强大的军事力量。一个国家可以通过占领较为弱小的国家并掠夺其自然资源而强大。但是后来，全球竞争关系从领土转到了贸易上。第二次世界大战后，一个国家的国力不再取决于它征服的资源，而是取决于其高生产率的劳动力队伍和先进的工厂。例如，德国和日本尽管在第二次世界大战中惨败，但通过培养熟练的劳动力并开发出有竞争力的产品而不是重新军事化，这两个国家变得更加强大。

与军事力量相比，经济力量的重要性不断提高。今天，自然资源仍然极为有用，军事力量仍然占据着重要地位，但真正的宏观量子力量是通过生产产品的工厂和劳动力、培养智囊和人才的办公室以及进行灵活投资的金钱来衡量的。从单一民族国家之间的激烈竞争到当今世界复杂的金融与贸易关系的历史演化已经基本上消除了传统的国际战争，这是我们这个时代的明显特征。

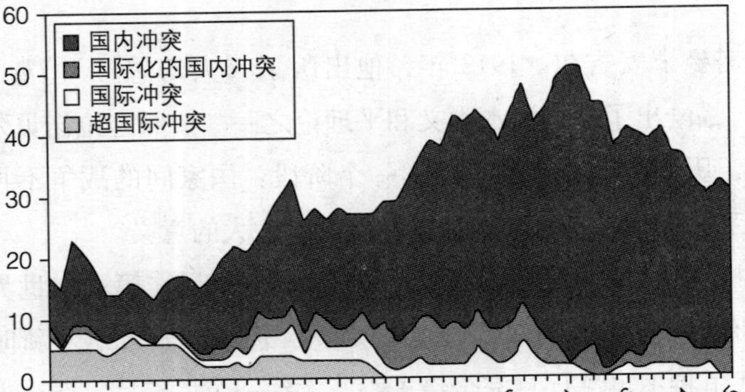

图4.1　按类型划分的国家军事冲突数量（1946～2005年）

资料来源：UCDP/PRIO.

但是，如果跨国贸易能够促进和平，你也许奇怪为什么在这一演变开始之后还爆发了两次世界大战——而且怀疑今天是否还会爆发世界大战。仅靠贸易不足以阻止战争。复杂的相互依赖（在经济、安全、能源和其他政策领域的相互依赖）是必要的。这些相互依赖关系通过国际机构联系在一起。如果没有这些粘结剂，贸易可能会突然中断。历史学家尼尔·佛格森（Niall Ferguson）表示，恰好在第一次世界大战之前，贸易流确实开始减少，保护主义政策猖獗。由于没有任何途径驱散这种不断增长的焦虑，欧洲开始了危险的军备竞赛。增加的军事力量引发了世界范围内的怀疑、不安全感和敌对态度，导致了联盟和集团的形成。如果没有联合国或其他多边论坛来消除这种周期性的担忧，战争很容易突然爆发，而且如果我们不按规矩出牌，以后还会爆发战争。

第一次世界大战向我们证明了，经济网络需要由一些基于规则的国际论坛来增强，这些论坛可以在怀疑和敌对发展到无法控制的地步之前消除它们。尽管从历史标准看我们生活在一个相对和平的时代，但我们也不能太轻松了。还有很多迫在眉睫的威胁——有一些是以前就有的，有一些是新的——它们可能会破坏世界的稳定。这就是为什么我们需要认真关注世界贸易组织和《京都议定书》的实施停步不前以及联合国和世界银行的改革进展缓慢的原因。不幸的是，将军们和他的军队因为倾向于“打最后一战”而声名狼藉——利用过去成功的战略和战术来实现今天的胜利。但今天，“打最后一战”是一个失败的命题：20世纪的微观国内安全姿态无法彻底解决21世纪宏观量子世界的风险。

4.1　老世界，旧方法

与战后时期相比，我们今天面临的安全环境已经有了巨大的不同。从很多方面看，我们比冷战时期要好得多。尽管一些受过高等教育的理论家哀叹我们丧失了两极世界的“确定性”和“可预测性”，但我们不应该怀念那些由两个超级大国因追求敌对的、缺乏远见的安全目标而试图毁灭地球的岁月。我们需要担忧一些新的事情。

自威斯特伐利亚和约（Peace of Westphalia，1648年签订的结束三十年战争的和约——译者注）签署以来，国际安全挑战首次不再来自其他主权国家，而是来自“虚拟国家”或“非国家参与者”如基地组织（al-Qaeda）。这些实体像拥有土地的主权国家一样运转：它们有情报部门和受到训练的军队，有些甚至拥有行政机构。但是，顾名思义，这些非国家参与者没有国界，它们的公民不停地变换，而且你永远也不可能在地图上找到它们。现在，美国及其盟国必须改变其战后的战略，以应对这些新的非国家参与者的威胁。

在20世纪的大部分时间，两个主要的地缘政治学思想学派主宰着国际舞台：自由主义（liberalism）和现实主义（realism）。安吉尔代表着自由主义思想，他认为，经济的相互作用主宰着国际关系，合作最符合所有国家的利益。尽管大多数自由主义理论相当完善，但安吉尔向我们展示了过度简化这一理论的危险。另一方面，现实主义者不相信合作，他们坚持认为，保护国家利益最重要的（如果不是唯一的）方式是军事力量。但是，现实主义理论也有其局限性，它们过度信赖报复产生的威慑力量——即“如果你有可能受到更猛烈的回击，你就不会去打击别人”这种运动场逻辑（schoolyard logic）。不幸的是，威慑力量取决于知道谁是敌人以及敌人在哪里。对于虚拟国家来说，你根本无法了解这些信息。更不用说“以实力寻求和平”有可能导致相反的结果。军备竞赛、军国主义以及失控的国防支出不可能是和谐生活的秘诀。今天，国家间战争的传统风险（此时威慑力量很有效）已经在很大程度上被三个方面的担忧所取代：（1）大规模杀伤性武器（weapons of mass destruction，WMD）以及常规武器的扩散；（2）遍布世界各地的内战；（3）恐怖主义。

由于我们面对的威胁纷繁复杂，因此我们不可能依赖于任何单一的战略——不管是威慑力量还是贸易——来预防冲突。相应地，当今安全威胁需要复杂的、协同进行的、多边的解决方案。借用自由主义和现实主义思想，增加贸易以及有限的多元化威慑战略可以构成更加宽泛的战略组合的一部分，这一战略组合的目标是降低能够激发暴力和战争的不安全因素。

4.2 武器的扩散

在宏观量子世界中，不同国家间的进口和出口比以前容易得多。但不幸的是，其中也包括大量的武器，从手枪到核弹头，应有尽有。合法及非法运输大规模杀伤性武器、常规武器以及轻武器的新模式正在重新定义安全风险和地缘政治格局。

大规模杀伤性武器

尽管前苏联已经解体，许多核武器已经被拆除，但来自大规模杀伤性武器的威胁依然真实地存在着。尽管恐怖主义分子更加依赖于低技术的武器，但大规模杀伤性武器（不管是核武器还是生物武器）会造成最大的伤害。今天的核导弹可以造成上百万人的伤亡。全球核武器包括大约 30000 枚核弹头和足以再生产 240000 枚核弹头的浓缩铀和浓缩钚。经过 20 世纪末的裁军，剩下的原子弹仍然能够杀死地球上所有的人和生物。另外，有限的区域核战争能够破坏全球的气候，持续时间至少为 10 年，死亡人数将超过第二次世界大战死亡人数的总和。

大规模杀伤性武器颠覆了传统的地缘政治理论，因为它使得较为弱小的国家（包括恐怖分子和反政府组织）能够对较大的、在经济和军事上更强大的国家造成伤害。根据美国地球物理学会（American Geophysical Union）的研究，新的核国家（如巴基斯坦、印度或朝鲜）中的任何一个国家都有能力生产威力相当于广岛原子弹 50 多倍的核武器。而对于加入核俱乐部的每一个国家来说，其潜在威胁更加恐怖。

同国家之间的核扩散一样，核材料很有可能落到恐怖分子手里。“9・11 恐怖袭击”之前，恐怖分子不加选择地将大量平民作为袭击目标的机会似乎非常微小，但今天则完全不同了。大量的核武器存储条件恶劣，极容易被盗窃或被非法倒卖。核材料的潜在提供者包括俄罗斯（前苏联的解体使得大量核武器存放在管理十分松懈的地方）、巴基斯坦（其安全部门同基地组织存在着令人担忧的联系），以及朝鲜（据说该国曾经向埃及、叙利亚、利比亚、巴基斯坦和也门出售过导弹）。有些国家（包括乌克兰和加纳）继续维持着研究用反应堆的运行，由俄罗斯提供支持，其拥有的浓缩铀足以制造一枚或多枚核武器。

核武器——包括“脏弹”（传统爆炸物中混合着放射性物质）——难以获得，而且引爆它需要大量的专业知识，但想得到生物和化学大规模杀伤性武器则容易得多，而且更容易造成大规模人员伤亡。“9·11”之后的炭疽（anthrax）恐慌就强调了这种威胁：在一个晴朗的夜晚，100千克炭疽孢子扩散到65平方英里的范围内，就可以造成300万人的死亡。如果某个人闯进了有毒物质和放射性物质的存放地点，那么生物和化学制剂就有可能扩散。而仅在美国，这种地点就有850000处（参见表4.1）。

表4.1 大规模杀伤性武器造成伤害的比较

使用导弹弹头	覆盖的面积（平方公里）	死亡人数（假设每平方公里有300~1000人）
化学武器：300千克沙林神经毒气，密度为每立方米70毫克	0.22	60~200
生物武器：30千克炭疽孢子，密度为每立方米0.1毫克	10	30000~100000
核武器：12.5千吨级（超压达到5磅）	10	23000~80000
核武器：100万吨级氢弹	190	570000~1900000

资料来源：Abraham Wagner，Center for Advanced Studies on Terrorism（CAST）.

常规武器

技术进步也提高了利用常规武器实施跨国打击的能力。自冷战结束以来，试图开发能够潜在地威胁美国及北约成员国的弹道导弹的国家数量显著增加。例如，伊朗最近开发出的Shahab-3导弹的射程达1300多英里，使得以色列和欧洲东南部的部分地区处于其导弹射程之内。印度、巴基斯坦和朝鲜也已经研发出了类似的中程弹道导弹，射程可达1900英里。中国多年来一直拥有数量可观的核武器和远程导弹，其新型洲际导弹DF-31可以打击美国西海岸，而射程更远的DF-31A则可以打击美国48个州中的绝大部分州。中国新型导弹的发射准备时间更短，因而更有可能在先发制人的袭击中生存下来。同样令人担忧的是中国在2007年1月首次进行了反卫星试验。美国及前苏联曾经是拥有这些武器的仅有的两个国家，而这两个国家已经在20世纪80年代末停止进行试验，因为它们有可能对轨道中的卫星造成损害，这些卫星对军事行动非常重要，对于民用通信也很重要。

中国的行为令人担忧，美国的行动也好不了多少，它仍然是最大的常规武器军火商。在战后的大部分时间里，将武器销售与外交政策目标联系在一起一直是美国商业活动的标准。例如，2008年初，布什政府宣布了一项10年期的计划，准备将价值200亿美元的武器转让给美国在阿拉伯海湾的盟国，特别是沙特阿拉伯，这被认为是一种与伊朗抗衡的战略。不幸的是，军事技术很容易被盗窃、仿制和非法出口。为了防止这些情况的发生，美国的武器销售受到控制，并需要许可证，但这些措施很难做到天衣无缝。据美国政府责任署（Government Accountability Office）的调查，大多数武器转让会受到国务院的控制，但不幸的是，美国国务院缺乏必要的员工来有效地处理武器出口的问题。

轻型武器

在大规模杀伤性武器（原子弹和生物武器）、带有战术核弹头的精确制导炸弹（smart bomb）以及价值数十亿美元的战斗机群占主导地位的时代，造成大多数人员伤亡的武器仍然是最平凡的武器。绝大多数全球冲突中使用的武器依然是乏味的、低技术的常规武器：步枪、机枪、手榴弹、地雷、炸药、轻型火箭甚至弯刀。

由于这些武器容易买到、容易使用，且几乎不需要维护，因此它们的数量很大。这个世界现在拥有超过6.5亿件轻型武器，足以将全世界1/10的人口武装起来。在备受战火破坏的摩加迪沙，200万居民中就有100万支突击步枪，而在伊拉克，估计包括男人、妇女和儿童在内的所有人手中都有枪。在苏丹、乌干达、塞拉利昂、斯里兰卡，枪比士兵更容易得到。在这些受到冲突困扰的国家中，征募儿童当兵（通常是通过绑架）的情况十分常见。

超过59%的轻型武器归私人所有，38%在政府武装手中，警察部门只拥有不到其中的3%。在亚洲，80%的轻型武器由在冲突中进行战斗的平民掌握着。尽管轻型武器不会成为头条新闻，但它们无疑是致命的：轻型武器国际网（The International Network on Small Arms）指出，每年死于武装冲突的人平均为500000人——大约每分钟就有一个受害者。

不幸的是，开放的宏观量子市场进一步加剧了轻型武器的问题。尽管由于存在着大量的黑市交易而使我们无法得到准确的数据，但根据位于日内瓦的高级国际研究院（Graduate Institute of International Studies）轻武器调查小组（Small Arms Survey）进行的研究以及观察到的证据，总交易额大约为每年40亿美元。尽管大多数武器生产是经过国家批准的，但这一产业中充斥着走私和倒卖。由于经过了一个复杂网络（包括武器生产商、军火走私者、中间商以及最终用户）的精心安排，因此走私很难被追踪。这些令人讨厌的人一般是通过某些银行管制松懈的国家来转移资金，根本无法发现他们的踪迹。

另外，轻武器市场使得战争对经济和社会的严重影响长久存在。联合国前秘书长科菲·安南（Kofi Annan）认为，轻型武器“加剧了冲突，导致了难民流，破坏了法律原则，孳生了暴力文化”。因轻武器而助长的冲突转移了投资和能源（这些要素本该用于正常生产）、扰乱了教育和医疗保健、破坏了重要的基础设施（如道路、卫生设施以及水和电的供给）。当人们因战争或担心被地雷炸伤而离开自己的家园时，农业和粮食生产就会受到损害。轻型武器引发的暴力会导致平民的混乱，因而显著了改变移民、保健以及贫困的模式。

G7和许多新兴强国如俄罗斯等持续追求一些短视且具有潜在风险的政策，出口的轻型武器数量超过以往任何时候。如图4.2所示，美国至今仍然是世界上最大的供应商。接受美国武器的大多数国家都是其全球反恐斗争的重要盟友。然而，这些武器会造成政治、经济、军事的不稳定性，从而孳生恐怖主义。在没有大国冲突的时代，如果没有这些武器出口（可以通过全球禁运来实现），世界经济就可以减少45万亿美元的损失。促进稳定性所花费的钱只是一个小数目。禁运，再加上指定用于武器回收项目（包括买回）、大赦、兑现食品和商品代金券、学术研究、基础设施项目以及公共健康服务的更多的财政援助，将有助于降低轻型武器的影响。近年来，在伊拉克、哈萨克斯坦、纳米比亚、巴西甚至在美国的某些城市里成功实施的一些项目显著减少了凶杀和暴力事件的发生次数。

4.3 持续的内战

冷战结束后，尽管洲际冲突极少发生，但内战仍然持续不断——现在就有30多个国家被卷入了内战中。这些国家中的大多数曾经是美国和前苏联对

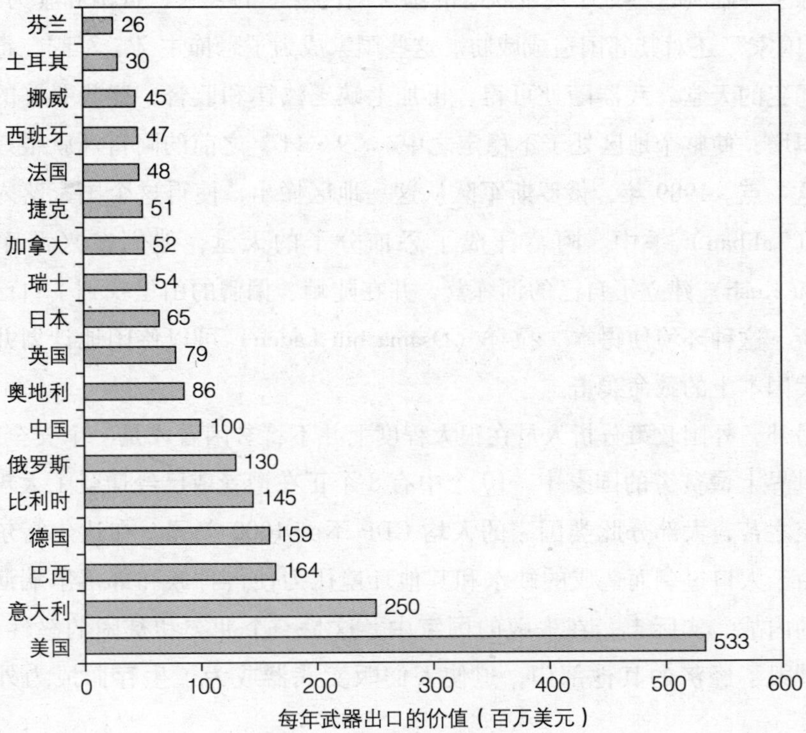

图 4.2　最大的轻型武器出口国

资料来源：*The New York Times*.

立的舞台，而现在则对世界强国没有多少战略意义。结果，国内冲突（正如波斯尼亚、索马里、以色列/巴勒斯坦、刚果、苏丹等地曾经或正在爆发的冲突一样）便开始加剧。

没有了超级大国的干涉，在两极世界中被抑制的种族与国内冲突就开始重新出现。看看巴尔干半岛，南斯拉夫的分裂导致国际维和部队长期驻扎在那里。同样，非洲的战火也不断漫延。以索马里为例，由于该国是波斯湾石油运输路线上的战略要地，冷战期间美国和前苏联都极力扩大自己在这一地区的影响力。索马里严重依赖美国的军事援助，当美国于 1994 年撤出后，这个国家果然遭遇了政治不稳定和粮食短缺，现在它已经成了“失败国家”（failed states）的代表。其最近的海盗问题则进一步突出了这种失败。这个“不成功俱乐部”的名单很长，而且还在持续增加。

除了降临到这些处于混乱状态的国家国民身上的毁灭、贫困和暴力之外，“失败国家”还对其邻国造成威胁。这些国家成为了恐怖主义、军阀、毒品巨头和罪犯的天堂。武器随处可得，再加上缺乏法律和监督，这些罪恶的活动与日俱增，使整个地区处于不稳定之中。“9·11”之前的阿富汗就很好地证明了这一点。1989年，俄罗斯军队从这一地区撤出，使得这个国家落入了塔利班（Taliban）手中。阿富汗成了恐怖分子的天堂，他们在兴都库什山（Hindu Kush）建立了自己的训练营，并在陡峭、偏僻的山里找到了自己的容身之所。这种环境使得本·拉登（Osama bin Laden）可以悠闲地计划并协调针对美国本土的致命袭击。

另外，外国政策分析人员在很大程度上并不将贫困看成是一个安全问题，但在世界上最贫穷的国家中，10个中有8个正在遭受或已经遭受了大规模暴力冲突之苦，大部分此类国家的人均GDP不到1000美元。在达尔富尔和苏丹，由于人口过剩而造成的缺水和其他环境压力使得种族和部落争端演变成全面的内战。实际上，在失败的国家中，这是一个冲突和贫困的恶性循环：战争摧毁了经济的其他部门，迫使人们贩卖武器或为了生存而成为外国雇佣军。

财富的不公平也会刺激冲突的发生。财富向一小部分人集中使得这个集团有能力与政府争夺影响力——如果它还没有控制政府的话。通过少量地施舍恩惠、药物和武器，这些精英们确实加剧了宗派主义，并使得国内叛乱更容易发生。简言之，宏观量子防卫战略家们不能忽视贫困问题及其与内战的关系。

4.4 恐怖主义

恐怖分子已经和我们共存了一段时间。现在的基地组织有很多前辈。但今天的恐怖主义已经与以前大不相同。这些团体的分布更广，武器也更精良，同时他们的攻击目标也更加容易受到伤害。正如菲利普·伯比特（Philip Bobbitt）所说，技术的进步已经改变了恐怖主义的面目：

5个世纪以来一直是一个国家消灭另一个国家。只有一个国家才能筹集收入、集中军队并组织必要的后勤，以威胁另一个国家的生存。由于计算机技术、通信和大规模杀伤性武器的发展，这种情况很快就要发生改变了。我们正在进入这样一个时期：一小撮人不需要公开的国家支持，但是他们利用功能强大的现代计算机、生物病原体、航空运输甚至是小型核武器展开行动，他们有能力利用当代开放社会的巨大弱点。

今天，一次恐怖主义袭击就可以造成全球性影响。人们长距离旅行的速度使得控制病毒——当代生物恐怖主义袭击所用的东西——更加困难。回忆一下 SARS 全球大流行的可怕威胁，想一想它从广州传播到多伦多的速度有多快。与过去相比，今天的恐怖分子拥有更加宽泛的目标。从前，爱尔兰共和军（IRA）只仇恨英国，拉丁美洲或亚洲的分裂主义运动实际上也主要限于国内。另一方面，伊斯兰原教旨主义恐怖分子已经攻击了很多国家，其目标似乎是在新千年摧毁我们试图建立的整个资本主义和平架构。原教旨主义者并不主张推翻政府——显然，他们想要颠覆世界秩序。另外，这些现代恐怖主义者像一个虚拟国家一样运作，时刻准备将其活动基地转移到其他国家。不断提高的机动性再加上广泛的目标，使得恐怖主义的影响比以前更大。如图4.3 所示，尽管很少出现像“9·11”那样的重大事件，但广义的恐怖主义一直处于上升状态。

由于人员和商品的流动性很大，因此交通工具自然就成了恐怖主义的主要目标。火车和飞机上已经实施了更加严格的安全措施，港口同样也应该成为防卫计划的重要组成部分。在美国，港口的安全由海岸警卫队和美国国土安全部海关边境保护局共同负责。主要港口（如洛杉矶和纽约）要处理大量的货物，因此不可能检查通过海关的所有物品。尽管有95%的消费品是通过一个港口进入美国的，但只有5%～8%的货物经过了实际检查。这是允许外国港口管理公司来管理美国港口引起争论的原因之一。纽约港务局（New York Port Authority）最近进行的一次研究强调了361个美国海港的潜在危险，提供了特别的建议，包括指定国家港口和货物安全局的一位主管（直接向国土安全部长汇报）制定一个联邦法律，以推动高科技货物检查技术的应用，并为每一个美国港口建立应对与恢复计划。尽管2002年《海上运输安全法

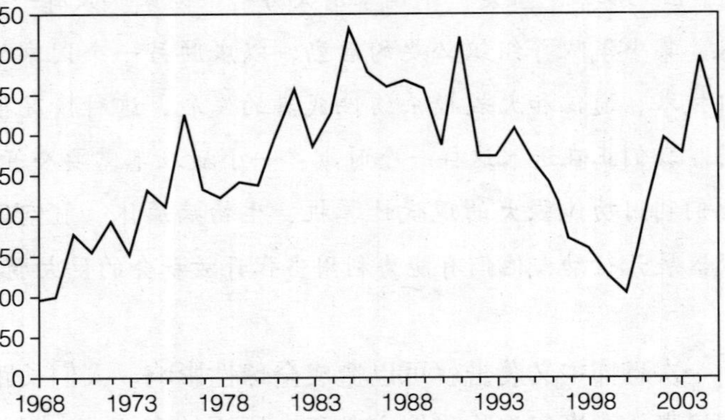

图 4.3　1968～2005 年国际恐怖主义事件的数量

资料来源：MIPT Terrorism Knowledge Base.

案》（*Marine Transportation Security Act*，MTSA）是根据这些建议制定的，但 MTSA 缺乏一种为这些项目融资的机制。美国海岸警卫队估计，执行《海上运输安全法案》的前十年需要 73 亿美元——平均下来每年还不到 10 亿美元（包括伊拉克和阿富汗的军事行动在内，美国 2009 年的军事预算超过了 7000 亿美元，与其相比，这一成本实在太低了）。

对于全球性威胁，需要适当的全球性解决方案。对付当今的恐怖主义，需要本国的情报部门以及不同国家的运输和海关管理部门、法律实施部门的协作。这项工作太过艰巨，靠一个国家的力量无法完成。

4.5　新的世界与多元化战略

毫无疑问，美国仍然是世界上最大的安全力量，但它似乎寸步难行，就好像是被小人国里的人捆绑住的格列佛一样：许多小的宏观量子变量从身体上、心理上和经济上打垮了超级大国。从图 4.4 中我们可以看出其防卫政策有多么失衡。每一年，美国联邦层面在国防上的支出远远大于在教育、健康和社会安全上的支出总和。我们目前采取的注重硬件、注重陆地和空中防卫力量的策略是否能够真的有效应对当前的安全威胁值得怀疑，更不要说在宏观量子世界发动这类战争的成本已经成为了天文数字。美国必须采用一种新的安全模式，使得它能够避免像罗马帝国、大英帝国和前苏联一样面临破产的风险。另外，近年来，公众对这类全球干预的支持不断减弱：最近，Pew 调研中心进行的一项调查表明，认为美国在国际上应该“管好自己的事”的美国人所占比例已经从 2002 年的 30% 快速提高到 2005 年的 42%。

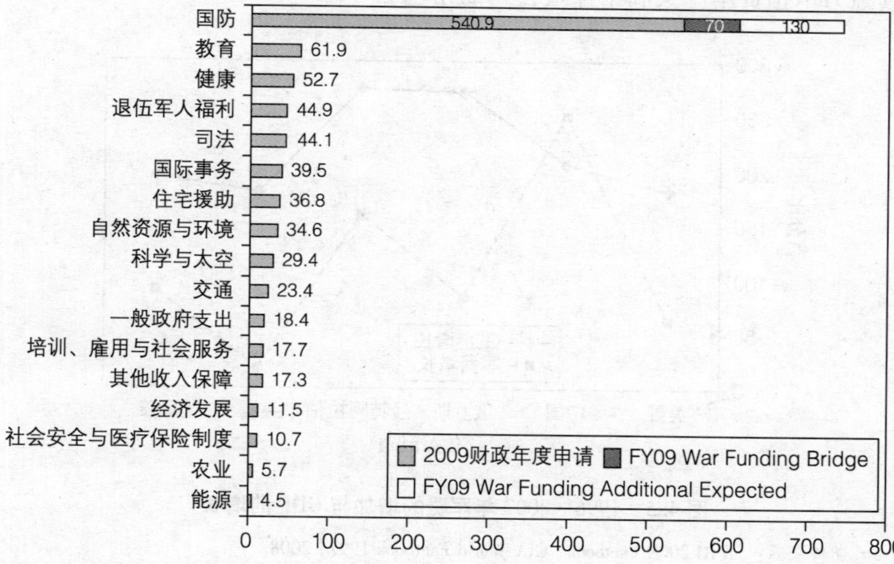

图 4.4　2009 财政年度美国联邦预算申请

资料来源：Office of Management and Budget.

注：本图中 2009 财政年度国防支出包括 5409 亿美元的“基础”预算申请，700 亿美元预留预算（根据 2008 财政年度所需资金的水平估计）用于 2009 财政年度预期额外军费支出。

4.6　重整美国在本土及海外的武装力量

美国传统的军事观点不太适合今天的威胁。将近 60 年来，美国及其北约盟友一直在欧洲为地面进攻做准备，并利用一种“确保同归于尽”（mutual assured destruction，MAD）的策略来阻止核战争。最近在政治上更受大众欢迎的空中防卫战略是利用飞行器和炸弹实施最大限度的破坏，同时保证美国的人员伤亡数量最低，但事实证明，这种战略是在做白日梦。随之而来的问题是：谁为这些努力买单。2009 年，美国的国防预算差不多等于世界其他国家支出的总和，比国防支出排名第二的中国高出 8 倍。如果考虑到其北约盟友，则美国的军费支出占全世界军费支出的近 2/3。尽管自第二次世界大战以来美国的军费占世界军费的很大一部分，但近年来这一支出的增长速度仍然是最快的，如图 4.5 所示。不管是从财政还是从名誉上看，美国军队都没有能力继续独力承担资本主义和平保险公司的角色。

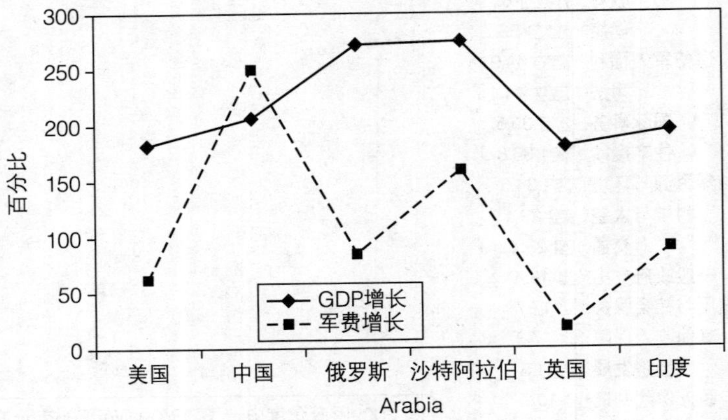

图 4.5　1996 ~ 2007 年军费的增加与 GDP 的增长

资料来源：SIPRI 2008 Factbook，CIA World Factbook 1997，2008.

作为对美国军事力量增强的回应，尽管世界相对和平，但许多国家都在增加国防支出（如图 4.6 所示）。实际上，当前中国的国防预算增长快于其 GDP 的增长，中国的军事力量很快就会和其他西方国家势均力敌。1996 ~ 2006 年间，中国的总体经济以平均 9.2% 的速度增长，而其年度国防预算以平均 11.8% 的速度增长，最后 5 年的增长速度超过了 15%。印度的情况也与此类似，2002 ~ 2006 年，其年度国防预算增加了 40%，达到 240 亿美元。俄罗斯也在不断重新将自己定位成军事大国，其国防支出在仅仅 6 年中就增加了 4 倍，2007 年达到 310 亿美元。分析家估计，在未来的几年中，如果俄罗斯像 2008 年入侵格鲁吉亚那样卷入更多的小规模冲突之中，则这一数字很有可能再增加 30%。另外，俄罗斯已经开始投资于新技术，而不是维护其陈旧的设备。2007 年，俄罗斯政府核准了一项数额高达 2400 亿美元的装备改良计划，到 2015 年完成。实际上，这种不断加剧的全球军事化就像是安吉尔

（Angell）时代的军备竞赛一样。

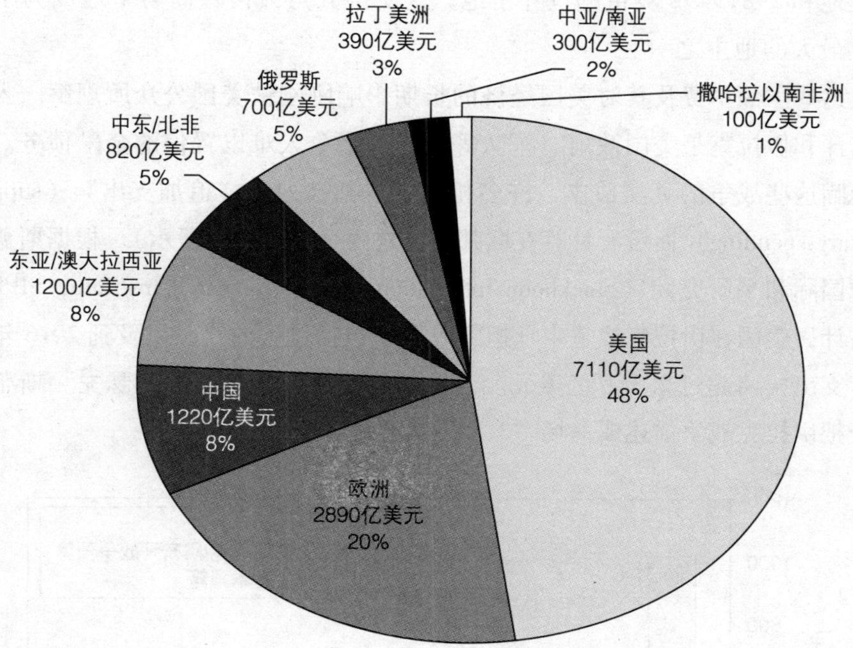

图 4.6　2008 年美国军费支出与世界军费支出（1.437 万亿美元）的对比

资料来源：Center for Arms Control and Non-Proliferation.

2009 年，美国的军事预算总计超过 7000 亿美元——高于 100 个国家的 GDP。这一数字甚至没有包括国防部预算之外的与军事相关的项目，如核武器研究、维护和制造（大约有 93 亿美元包含在能源部的预算中），以及退伍军人事务部（Veterans Affairs）的支出（大约为 3320 亿美元）。根据核需求和通货膨胀对预算进行调整后，最近的预算已经超过了五角大楼在冷战期间的平均支出，而今天军队的人数比 10 年前减少了 1/3。

今天，美国全球防御体系是世界上最大的军事行动实施者之一。根据五角大楼的说法，2005 年，美国军队拥有士兵 1840062 人，另外还有 473306 名国防部文职人员和 203328 名地方人员对军队提供支持。总共有 255065 名美国军事人员驻扎在世界各地。另外，美国军队在 63 个国家拥有 737 个基地（包括“9·11”之后新增加的 7 个国家）。这一体系拥有 845441 座不同的建筑物和军事设施，32327 座兵营、飞机库、医院和其他建筑，另外还租赁了16527座建筑。这些财产一共占据了687347英亩的海外土地和29819492英亩的世界土地，这使得五角大楼轻而易举地成为了世界上最大的地主之一。

这些巨额军费及其对美国经济的长期影响刚刚被美国公众所理解。入侵阿富汗和伊拉克是美国政府、军队等欠下的最令人难以置信的金融债务。为了隐瞒这些战争的真实成本，许多相关成本都被列入"追加支出"（supplementary spending）而没有计算在联邦预算之内（如图7.4所示）。根据斯德哥尔摩国际和平研究院（Stockholm International Peace Research Institute，SIPRI）的估计，美国在伊拉克战争中承担的成本（包括过去的支出以及到2016年的预计支出）将超过2.3万亿美元。诺贝尔奖获得者经济学家约瑟夫·斯蒂格利茨把伊拉克战争描述成一场"3万亿美元的战争"。

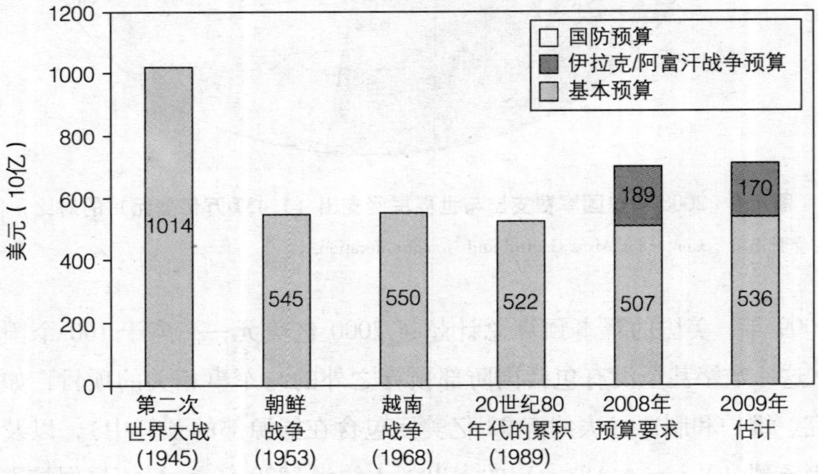

图4.7 美国国防支出史（以2008年不变美元计）

资料来源：Office of Management and Budget.

注：国防（function 050）历史支出来自美国行政管理预算局（OMB）2009财政年度"历史数据表"的表3.2，利用OMB的GDP平减指数表10.1对通货膨胀进行调整。基本预算数字是国防（function 050）数字，包括能源部核武器研究活动以及其他部门的与国防部相关的支出。伊拉克/阿富汗战争预算数字来自CBO，"Analysis of the Growth in Funding for Operation in Iraq and Afghanism," February 11, 2008.

战争的新代价：伊拉克与3万亿美元的错误？

美国入侵伊拉克5年后，诺贝尔奖获得者、世界银行前首席经济学家约瑟夫·斯蒂格利茨与其哈佛大学的教授劳拉·比尔迈斯（Laura Bilmes）合著了一本书，名为《3万亿美元的战争：伊拉克冲突的真实成本》（*The Three Trillion Dollar War*：*The True Cost of the Iraq Conflict*）。与对战争成本的最初估计和第一次海湾战争相对适中的成本（直接支出为610亿美元）相比，这次冲突的最终成本将在3万亿～5万亿美元之间——这只是其估值的下限。令人担忧的是，这一数字只反映出了美国的直接成本，而没有考虑美国军队对伊拉克基础设施及其人民造成的巨大破坏与伤害。仅在伊拉克就有10万平民被杀，500万人因战争而被迫离开家园，成千上万的难民逃到了邻近的叙利亚、约旦和其他地方。

根据官方的数据，美国在伊拉克和阿富汗每个月要花费160亿美元，但这一数字只包括直接费用。最大的成本之一是退伍军人未来的医疗费用和伤残费用。两位作者注意到，在以前的战争中，负伤与阵亡的比率为2∶1或3∶1，但新的医疗技术使得许多原本因受伤严重而可能阵亡的人活了下来。过去，负伤与阵亡的比例是4∶1或5∶1，而在伊拉克，负伤—阵亡比大约为15∶1。新的现实是：美国要为成千上万的伤残退伍军人的后半生支付大量的长期护理成本。

在考虑了武器与军事行动、医疗、为战争债务支付的利息以及未来借款等因素后，两位作者相信美国在伊拉克和阿富汗实际上要花费5万亿～7万亿美元。

在大量的选择中，布什政府做出了一个无法挽回的公共政策选择：每花费1万亿美元，就相当于损失了800万套住房、4300万名大学生的奖学金、美国1500万名公立中小学教师的工资、美国4000多万名未购保险者的最低医疗费用。1万亿美元应该足够修建我们在前面讨论的美国太阳能主干网。

那么，对美国之外的宏观量子世界来说，成本又如何呢？斯蒂格利茨估计，对于工业化国家来说，因战争而造成的石油价格上涨（已经超过了3倍）

使它们要多支付数万亿美元。记住，较高的原油成本已经对美国经济造成了伤害，使得其他大宗商品的价格飙升，造成了几十个国家粮食短缺。杰夫·萨克斯（Jeff Sachs）等观察家估计，每年花在伊拉克战争上的钱——约2000亿美元——可以在很大程度上消除全球性健康问题，如艾滋病、麻疹、肺结核和疟疾。由于浪费了如此多的人力资本、阻碍了如此多的贸易，人们很难计算这种机会成本。

一些美国鹰派人物利用下面的观点来反驳《3万亿美元的战争》一书的指责：斯蒂格利茨和比尔迈斯没有考虑到防止未来可能的袭击以及保持石油获取能力而节约的成本，难道这些成本不应该进行更认真的评估吗？正如我们将看到的，我们有很多成本更低、更有效的防范恐怖主义的战略（如果我们真能防范的话），以及各种替代海湾石油的能源。

斯蒂格利茨认为，为了阻止随“9·11”而来的衰退，入侵伊拉克的计划使美国政府的赤字大增，美联储为经济注入了大量的流动性（还有低利率），这不仅会导致大量的未来债务，同时也会导致美元有可能贬值、更多的贸易赤字，在某种程度上对住宅泡沫、次贷危机和商品价格飙升也起到了推进作用。

更重要的是，在伊拉克的经历强调了应用旧世界的方法解决新世界问题的不足之处：传统的战争不能消除恐怖主义。为了纠正这种情况，奥巴马政府有望对美国的防卫体系进行重大调整，更加强调“软”实力——加强情报部门、外交和备战——而较少强调“硬”实力以及“以实力求和平”的观点。

除了沉重的金融负担外，美国军队还将无法长久地维持当前的军事部署——超过25万人分布在100多个国家里。在这样的强度下，许多分析家（包括前总统克林顿）开始质疑美国的战线是否拉得过长，是否会削弱未来美国应对新威胁的能力。由于已经有50多万名国民警卫队的人员在伊拉克和阿富汗服役（有些人已经是第二次甚至第三次在那里服役），美国不论是在国际上还是在国内都很脆弱。据估计，在卡特里娜飓风来临期间，密西西比40%的国民警卫队员和路易斯安那35%的国民警卫队员正在伊拉克作

战。美国陆军副参谋长、四星上将理查德·科比（Richard A. Cody）说：“当前在伊拉克和阿富汗对部队的需求已经超过了可持续的供给，限制了我们为其他紧急情况调配军队的能力。”在征募新兵越来越困难的情况下，这一问题会日益严重。

现在已经解密的一份 2002 年的军事计划认为，到 2008 年，在和平且运行正常的伊拉克，美国政府只需要派驻 5000 名士兵即可，但实际上有 13.2 万名军人陷入了无休止的宗派内战中。事实上，驻扎在伊拉克和阿富汗的美国军人承受着巨大的压力，为他们开抗抑郁药和安眠药已经成为很平常的事。再加上美国在朝鲜半岛、在非洲合恩角以及中东其他地区的军事承诺，即使是世界上最强大的武装力量也会很快达到其极限。

在不影响美国安全的情况下，美国军队可以轻松实现裁军。军队可以限制购买昂贵的设备。在军事设备方面，美国军队拥有巨大的领先优势，即使是少花 2300 亿美元购买 1000 架新型 F－35 战斗机（这是有史以来最贵的战斗机），也不会有多大影响。另外，由于仍然保持着核优势，美国海军花费 360 亿美元的航空母舰替代计划（Aircraft Carrier Replacement Program）可能不会进一步加强美国的安全。对美国国防预算的重新评估应该使其总支出不超过 GDP 的 3%～4%（这是克林顿政府确定的冷战结束后和平时期的标准），而在布什政府期间达到了 5%～6%。每年减少 2000 亿～3000 亿美元——同时将这类支出部分分配给情报部门、外交部门和其他国内战备部门——可以在很大程度上改善美国的防卫观点，并降低大规模的危险。

4.7　改革美国的情报与外交部门

美国“软”情报部门与“硬”军事部门之间的平衡早已向一侧倾斜。美国情报总支出估计为 665 亿美元，还不到国防部每年支出的 1/10。正如预防性药物更便宜且易于使用一样，雇用优秀的情报人员有助于防止高额军事支出。

另外，情报部门收到的专项资金少得可怜，而且常常被浪费掉。“9·11”委员会注意到，美国情报委员会（Intelligence Community，IC）显示出“在预算规划上的无效率、缺乏通晓多国语言的人才、人力资源不足，以及不愿意在各个部门之间共享信息”。美国有 16 个情报部门，有些受军事当局管辖，有些则为非军事部门所控制，部门之间的沟通非常重要。

“9·11”委员会写道：“情报委员会的确发出了美国或美国在海外的利益可能在 2001 年春季或夏季遭受恐怖主义袭击的一般性信号，并发出了战略性警报。”该委员会同时声称，在“9·11”之前，情报机构就知道恐怖分子可能会利用民用飞机撞击重要的建筑物，并掌握了参加袭击的某些恐怖分子的详细信息。该报告得出结论，强调了情报委员会普遍对应对全球性恐怖主义的挑战缺乏准备。

“9·11”之后，美国的军事原则发生了改变，允许对有可能对美国造成威胁（即使这种威胁并不是非常紧迫）的国家先发制人，实施军事打击。为了防止这种先发制人的行动发生，我们应该提高准确识别并预防这类威胁的能力。但是，由于没有能力应对萨达姆·侯赛因的伊拉克复兴社会党（Ba'ath）政权，美国情报系统的能力受到质疑。2002 年 9 月的《国家情报评估》（*National Intelligence Estimate*，NIE）不承认无法获得准确的情报，而是简单地声称伊拉克存在大规模杀伤性武器，甚至夸大其严重程度。在情报不足且没有进行仔细分析的情况下，美国在没有得到联合国安全理事会同意时就发动了战争，迄今为止已经有 4000 多名美国士兵阵亡，而且未来阵亡人数可能更多，花费了美国纳税人数万亿美元的金钱，并且使美国在全世界越来越不得人心。

情报委员会最近对伊朗问题的处理同样也引发了人们对其能力的怀疑。由于“非常肯定”伊朗政府正在制造大规模杀伤性武器，美国威胁要入侵这个国家以摧毁其核设施，结果却是在 2007 年 11 月发现——同样是“充满信心”——伊朗已经于 2003 年停止了其核项目。尽管国际原子能组织（International Atomic Energy Agency，IAEA）2008 年的文件表明伊朗的核项目可能重新启动，但伊朗的情况充其量只能算是不明确，这说明了最近美国情报部门的状况，以及它是如何为强硬派政治家们提供借口的。

美国情报委员会面临的许多挑战都是其组织造成的。直到“9·11”，都没有一个全面的机构来协调这些情报部门的活动。认识到这一缺陷后，布什政府设立了一个国家情报总监（Director of National Intelligence）的职位，作为情报委员会的领导。但是，进一步集中化、各部门间更好的情报共享机制、法律执行与情报收集部门之间协作的改善，以及消除职能间的重叠，仍然是人们热议的话题。

增加的情报预算应该包括为世界各地警察部门更加密切的协作提供资金，同时也要对资金的流动进行跟踪。跨国组织［如国际刑警组织（International Criminal Police Organization）］的作用应该得到加强。尽管在所有组织中国际刑警组织的人数最多，但其预算只有微不足道的 5900 万美元，而这一预算应该增加 10 倍。消除恐怖主义通常是在地区层面上完成的，如跟踪资金流动和监视潜在嫌疑人。最近在亚洲进行的联合反恐行动由美国、德国和澳大利亚与印度尼西亚和菲律宾当地的武装力量协作，通过大规模逮捕和消灭重要恐怖分子，使得东南亚的恐怖分子网络受到很大打击。

从国家安全的角度看，在敏感性情报的传播和滥用方面我们还有许多工作可做。情报委员会急需使用阿拉伯语、波斯语和中文的人。由于讲本民族语言的人很难达到美国安全部门的要求，因此显而易见的措施就是在某些需要搜集情报的区域降低其要求。今天，绝大多数情报都是从公开来源的信息中获得的，因此降低许可标准不应该加剧安全威胁。与根本不进行翻译相比，由非美国人将阿拉伯语的报纸、电子邮件或电视新闻翻译成英语会更危险吗？

民防团（Civil Defense Corps）——国民警卫队的一种形式，它不太注重军事安全训练，而更注重情报和外交方面的需要——可以成为防卫系统中一个新的组成部分。利用民防团，美国可以培养出迫切需要的专家——通晓数国语言的人、政治分析家、法律专家、计算机编程人员等（他们可以协助改善情报的收集与分析、外交活动以及国内的战备）——以应对宏观量子世界的威胁。通过做到这一点，整体国防观念就会因为有更多的国民参与而得到改进——这一观念受到许多政策制定者［包括美国国务卿赖斯（Condoleezza Rice）］的拥护。利用以色列国防军（Israeli Defense Army）动员其全部居民的方法，民防团可以通过与当地法律实施团体建立协作企业在更大的范围内利用私人部门的能力，从而鼓励双向的信息流动。

这类项目中的某一些已经开始实施：纽约警察局的盾牌计划（NYPD Shield）就是纽约市协调情报与威胁信息、为私营部门培训安全人员、在特殊事件发生时制定具体的安全计划、确立基础设施保护准则、制定警察和私营部门的应急计划而进行的尝试，同时也是为反恐做出的努力。纽约警察局的盾牌计划拥有2500多名本地人员，还在大都会之外拥有660名成员，代表着22个领域的1500多家公司和组织，包括法律实施、金融、医疗保健、通信、媒体、教育和交通领域。私人部门与公共部门的协作改善了情报工作。除了利用本国数以千计的专业人才外，纽约警察局之类的组织还可以利用国际网络，建立一个动态情报网。最重要的是，这些努力提升了战备水平，能够更快地对潜在的恐怖袭击做出响应，这对预防未来的袭击至关重要。

在外交方面，最近美国在世界上的形象受到了很大伤害。前法国驻美国大使莱维特（Jean-David Levitte）回顾了法国新当选总统萨科齐和美国前国务卿赖斯的一次对话，赖斯问道："我能为你做什么？"萨科齐直截了当地说："改善你在世界上的形象。如果世界上最强大、最成功的国家——也就是说它必然成为我们这一方的领导者——是最不受欢迎的国家，这令人费解。这是你最大的问题，也是你的同盟国最大的问题。因此，要尽你所能改善你在人们眼中的形象——这就是你能为我做的事。"

在美国真的需要国际社会的诚意（good faith）时，美国政府仍然在忽视公共外交（public diplomacy）的重要性。这种忽视始于"9·11"之前，1999年，美国国务院取消了其主要的公共外交机构——美国新闻署（U.S. Information Agency，USIA）。随着美国在过去几年中对重要的全球多边倡议采取冷淡的态度，这一趋势不断持续：拒绝签署《京都议定书》、《禁止化学武器公约》、《反弹道导弹条约》；未能加入国际刑事法院（International Criminal Court）；未能在联合国新千年发展目标中发挥多大作用；针对"9·11"单方面采取行动，而不考虑来自外国政府和公众提供的前所未有的支持与援助；在伊拉克发动不得人心的战争使得美国在国外的形象下降到了历史最低点。扭转政治上的单边主义、重新强调公共外交，这应该是在向正确的方向转变。

但是，美国的外交努力仍然存在着资源严重缺乏的问题。国务院2009年的预算，包括支付给联合国的资金以及维和任务所需资金，总共还不到115亿美元——只有情报委员会估计预算的1/6，还不到国防部基础预算的2%（不包括在伊拉克和阿富汗的支出）。据美国外国服务联合会称，"2008财政年度的预算不仅无法满足总统要求的在当年新成立 254 个办事处，甚至无法为现有的业务按当前水平运作提供足够的资金”。与情报委员会一样，美国国务院也急需大量讲阿拉伯语的人。驻外事务处只有 468 名学阿拉伯语的学生，比 2002 年的 173 名多了不少，但缺口仍然很大。

显然，布什政府没有在通过媒体活动、文化、教育、外交以及财政援助来改善其形象方面付出多少努力。例如，布什总统不是在上任之初就去访问以色列和巴勒斯坦，而是到其任期的最后一年才去这些国家进行访问。在这次访问过程中，他断言其中东特使的身份只是临时的，且避免与伊朗交换意见，并声称与恐怖主义者和激进分子进行谈判只会带来“姑息政策的虚假安慰”。正如决策者们经常指出的那样，与敌人进行对话实际上是外交活动的常规活动——而不是姑息。不用说，布什与朝鲜进行六方会谈而不与伊朗进行谈判主要是因为情报缺乏，这使人们怀疑布什在美国外交努力方面是否拥有一个前后一致的规划。美国国务卿赖斯通过下面的话证实了对伊朗的这一战略：“外交不是对话的同义词。”同样，在 2006 年赖斯被问到为什么没有与叙利亚进行对话时，她回答道：“叙利亚人知道该做些什么。”我们希望奥巴马政府能够打破这一趋势并重新振兴外交与情报部门——而不是军事力量——将其作为国防的第一道防线。

4.8　新的安全框架

新的宏观量子现实需要一些与时俱进的、多元化的应对方法，但这并不意味着要放弃我们所有的国际关系理论。对集体安全（collective security）和复杂相互依赖（complex interdependence）的新解释在 21 世纪仍然是有益的。集体安全最初是由伍德罗·威尔逊总统在第一次世界大战后提出的，这一理论认为，某些（或很多）国家一致行动可以更有效地阻止潜在的挑衅者。当其第一个实体——国际联盟（League of Nations）——关闭（部分原因是美国没有加入这一组织）时，集体安全的哲学在北大西洋公约组织中仍然非常有活力。在集体安全下，多个国家承诺采取一致行动以保护全球安全与繁荣。这一团体将集体反击作为一种威慑力量。但如前所述，报复在今天也有其局限性：它对虚拟国家和非国家参与者无效，而这正是复杂相互依赖发挥作用的地方。复杂相互依赖是一种国际关系理论，该理论认为，经济以及其他联系的形式能够增加国家间协作的可能性。如果各国在其他方面的联系非常紧密，就不大可能使用武力。令我们的集体安全团体联系更加紧密的一种方式是增强情报的收集、降低维持和平的强度、制定冲突解决方案，并对试图对抗这一系统的国家采取措施。

集体安全还可以减轻美国的财务负担。如上所述，美国花费在国防上的支出超过其他国家的总和。同时，其他国家（包括中国、印度和俄罗斯）现在已经拥有了经济和军事（包括核武器）力量，使他们能够对全球安全做出重大贡献。

让不断崛起的亚洲强国在集体安全体系中发挥更重要的作用或许可以为美国带来一些新朋友，并阻止敌对集团的形成。北约的竞争者早已浮出水面：印度和中国于2006年5月在印度前国防部长穆克吉（Pranab Mukherjee）访华期间签署了一个防卫合作协议。2007年12月，印度和中国开始了一次意义重大的联合军事演习，这是世界上军队人数最多的两个国家首次进行这类演习。在更早的2001年，中国、俄罗斯、哈萨克斯坦、吉尔吉斯斯坦、塔吉克斯坦、乌兹别克斯坦成立了上海合作组织（Shanghai Cooperation Organization，SCO）。SCO有意成为北约和美国的制衡力量。实际上，美国在2005年拒绝了成为SCO的观察员。另外，SCO已经证明，如果联合起来，它可以利用其意愿来影响美国。作为对2005年阿富汗和伊拉克战争期间SCO压力的回应，美国确立了一个从SCO成员国撤军的时间表，并考虑撤出乌兹别克斯坦的K－2空军基地。SCO反西方的姿态令人担忧。SCO成员国和观察员加在一起其面积占整个地球陆地面积的25%，并且包括了世界上最重要的两个经济体。我们需要一种新的方式来重塑联合国安全理事会和北约，并努力同SCO进行协作。

4.9 “无序”新世界中的联合国

在这个世界上，没有哪个组织能够像联合国一样为人们带来如此多的梦想，同时也造成了如此多的失望。在其历史中，联合国大会常常成为进行无聊辩论的公共舞台，而安理会一直是一个人满为患的权力掮客俱乐部。整个联合国安全体系取决于其 60 年前的创始国的利益——这些国家正在发动相互之间的战争，而不是在设法应对更大范围内的人类安全威胁和新千年的挑战。联合国有可能四分五裂，但对其进行修复无疑是值得的。20 世纪 30 年代当国际联盟崩溃使得第二次世界大战前的紧张气氛因没有一个多边论坛而无法缓解时，我们认识到，缺乏一个有效的全球性集体安全机构有可能终结资本主义和平。尽管有人说要废弃联合国并重新开始，但一个新实体的使命也会重复联合国的目标："拯救我们的后代于战祸中"，"促成较大自由中的社会进步和生活水平的改善"，"联合我们的力量以维持国际和平与安全"，不会比现有的机构好多少。说实话，如果没有联合国，我们将不得不重新发明与其类似的东西。

相反，我们应该集中精力于重整我们已有的组织。即使是在 21 世纪——在这个时代，数以百万计的非国家参与者一刻不停地在从事分散的跨边界活动——主权国家中人民的生活仍然是稳定的，特别是在安全的区域中。尽管今天的威胁主要来自于非国家参与者，但有影响力的国家对这些问题拥有特别的解决方法（即情报部门、军事力量和外交使团）。复兴的联合国能够更好地协调主权国家的反应，以维持稳定性和法治。

但是，联合国的政治本质同时也是其令其头痛的原因之一。各创始国以及其他国家之间深刻的分歧已经使这一组织处于不利地位。布什政府对联合国维持了一种消极反抗（passive-aggressive）的态度，使其预算少到不可思议的地步（美国经常按月交付其少得可怜的年费，有时候按年交付，而且经常迟交），而如果它不同意，它就会无视联合国的政策和规程。美国"要么照办，要么滚蛋"（my way or the highway）的观点并没有得到很多国家的赞赏，包括其 G7 盟友，特别是在其入侵伊拉克之后。欧洲国家经常要求在联合国的安全事务中发挥更大的作用，可能是因为它们在联合国中承担着不相称的重要角色，有些国家将联合国当成是一个维持其区域利益以及在全球事务中施加其过度膨胀的影响力的讲坛。中国基本上得到了其想从联合国得到的东西——一个永久性席位以及在安理会中的否决权，而只支付很少的会费，并经常对公众意见投弃权票。在全球事务中本来没有发言权的小国家则把联合国当成了一个扩音器。美国、俄罗斯和西欧国家对安理会的严格控制已经在很大程度上造成了那些希望在联合国拥有更多话语权并对其进行更多控制的新兴经济强国的不信任和怨恨。

要想实现其最初“促进国际合作，维持和平和安全”的目标，联合国需要进行一次根本性的结构重组，而美国可能是唯一能够推动这一努力的国家。但是，美国是否会推进这些变革，以防止联合国步国际联盟的后尘，仍需要拭目以待。

变革后的联合国必须成为同威胁资本主义和平的分裂性、破坏性力量作斗争的支柱。实事求是地说，要想做到这一点，必须满足下面两个条件：(1) 鼓励更加均衡的参与，衡量标准包括数量更多、更合理地分担预算以及增加安理会常任理事国成员的数量。(2) 加强在维持和平、情报协作以及防止核武器扩散领域的能力。

更加均衡的参与：预算改革

联合国是一个在理论上拥有很高声望的组织，但其资金却严重不足。除了维持和平行动以及少量人道主义项目［如联合国发展计划署（UN Development Program）、世界粮食计划署（World Food Program）以及联合国儿童基金会（UN Children's Fund）］外，联合国每年的运行费用大约为20亿美元。三个国家——美国、德国和日本——支付了这一预算的一半。使联合国恢复活力的第一步就是要使其资金更加充裕。如果能够以更加公平的方式分担这些出资，联合国就可以增加真正的利益相关者的数量。当前，成员国的付费能力是由该国的人口规模和国民总收入并根据其向更贫困的成员国提供的资助进行调整后确定的。然而，当前的安排使得一些强大的国家有可能坐收这一系统之利。安理会常任理事国俄罗斯每年只交纳不到2000万美元的会费，印度也是如此，还不如国土面积狭小的瑞士交纳的数量多（参见表4.2）。

表 4.2　联合国预算的评定与交纳（百万美元）

国　家	2007 年评定
美国	493
日本	333
德国	172
英国	133
法国	126
意大利	102
加拿大	60
西班牙	59
中国	53
墨西哥	45
韩国	43
荷兰	37
澳大利亚	36
瑞士	24
巴西	18

资料来源：United Nations：2007 Status of Contributions to the Regular Budget，International Tribunals，Peacekeeping Operations and Capital Master Plan.

一个提案是逐渐增加向联合国提供的资金总量。为了降低少数国家对联合国的控制，或许应该引入一种新的会费交纳模式，其中 50% 基于人口规模，50% 基于经济产出（以购买力平价为依据）。假设将联合国的预算设定为 100 亿美元，这已经比当前 20 亿美元的水平高了很多，但仍然相当少。在这种新的安排下，美国（占世界人口的 4.3%）按人口规模计算将交纳 2.28 亿美元，再加上按经济规模（占世界产出的 21.8%）计算需要交纳的 10.66 亿美元，是现在会费数量的 2 倍多，但不到联合国总会费的 11%，而现在的比例是将近 22%。这一数额只占美国国防、情报、外交总支出（将近 8000 亿美元）的很小一部分。

另一方面，中国交纳的会费将显著增加。当前，每一个中国公民交纳的会费还不到4美分，只占联合国当前预算的2.6%。在新体系之下，中国将成为向联合国提供资金最多的国家，每年交纳的会费超过15亿美元。尽管这一数额看起来很多，但不要忘了，中国现在持有将近2万亿美元的外汇储备。中国不再是一个穷国，应该为联合国体系提供更多的资金。印度同样需要交纳更多的会费，巴西也是如此。相比之下，一些欧洲成员国交纳的会费将比现在更少。在这一新方式下，人口和经济产出少的小国将不会再承担过多的会费。

我们如何说服这些国家同意增加联合国预算以及新的交费方式？美国必须带头交纳其应交纳的份额，并确定一个新的、更高的标准，同时扩大联合国新参与者的交费基数。对于印度和巴西等后来者，需要用更大的权利、影响力和声望来激励其交纳更多的会费。对于支付金额最多的20个国家（它们将支付会费总额的90%）来说，我们讨论的会费金额——100亿美元——只是其预算的一个可以忽略不计的零头。奥巴马总统可以通过对联合国提供更多的财务支持而采取一种更强烈的多边立场，并为更加活跃的联合国合作建立一个新的舞台。通过重申联合国的重要性，在不久的将来，我们就会看到联合国的预算和活动范围大幅增加。但是，发展中国家需要发挥更大的作用，因为它们交纳了更多的会费。

更均衡的参与：安理会改革

在联合国代表性和财务分担问题中，争论的焦点是安理会，这是一个仍然反映1945年全球权力结构的实体。当时，11个国家加入了安理会，其中有5个享有特权的第二次世界大战的战胜国——美国、英国、法国、前苏联和中国（被称为P5）——这些国家是常任理事国，并拥有否决权。自1966年以来，理事国的数量增加到10个，但安理会仍然是不民主的，具有一种两级体系（常任理事国和非常任理事国。安理会成员国共15个，其中常任理事国为5个，非常任理事国为10个——译者注）。

P5的否决权使得任何一个国家都可以拒绝一个决议，即使其他14个成员国赞成它，这常常会造成联合国的僵局。怀疑者质疑，如果某些成员国拥有否决权，安理会的改革是否可行。一个非常敏感的问题是终止否决权（也许要在一个特定的时间框架内完成），同时将常任理事国数量由5个扩展成9个

（P9）。仅仅这些活动就会在许多层面振兴联合国。与现在相比，19 个成员的安理会仍然很小，不足以反映更宽泛的观点。为了替代当前由 P5 享有的否决权，安理会将实施 3/4 多数决定原则，以保证安理会的决策总是能够反映全世界的一致观点。这意味着安理会的决策至少要得到 15 个成员国的支持。

尽管 P5 最初会反对这一调整，但向这一方向前进有其合理性。首先，当前的否决权使得一个国家拥有了过大的权力。其次，如果担心要投票表决，那么发起者就需要得到其他 4 个成员国的支持以阻止安理会投票。在对常任理事国的地位进行变动后，人们会看到，与新的常任理事国拥有否决权相比，其他世界强国的加入引起的争议要小得多。60 年来，安理会成员的永久性身份没有任何变化，而我们早就应该对此进行改变了。

尽管有许多值得关注的国家，但人们普遍认为，日本、印度、巴西等政治和经济强国拥有成为常任理事国的规模与才干。作为世界第二大和第三大经济体，日本和德国的候选人资格不应该引起很大的争论，但中国不会允许日本成为常任理事国。两国对历史问题的争论仍然没有平息：中国总理温家宝告诉日本，在希望在全球发挥更大作用之前，它必须正视其第二次世界大战中对中国的入侵，温家宝总理说："一个国家只有尊重历史、对历史负责、赢得亚洲和世界人民的信任，才能在国际社会中发挥更大的作用。"实际上，当中国以及俄罗斯和美国于 2005 年 5 月拒绝了安理会改革的最后一次努力后，紧张的中日关系被认为是主要原因之一。但是，几位美国的外交人士（包括赖斯）已经开始推动安理会的改革。

巴西也不应该引起争论。它是拉丁美洲人口最多的国家，也是该地区经济力量最强大的国家，其国防预算在世界上排名第 11 位，常备军数量排名世界第 18 位。安理会对巴西并不陌生，已经对其进行了 18 次推举，是被推举次数最多的国家。在几次联合国维和任务中（安哥位、前比属刚果、塞浦路斯、莫桑比克、东帝汶等），巴西也派出了军队。巴西是对联合国预算贡献最大的 15 个国家之一，而在新的方式下它将跃升至第 6 位。安理会中的大部分国家很可能都会赞成巴西成为常任理事国。口头上反对巴西成为常任理事国的两个拉丁美洲国家——墨西哥和阿根廷——认为，巴西不是一个讲西班牙语的国家，因此不能代表拉丁美洲。然而，巴西在 21 世纪将发挥重要的作用。

印度也应该成为安理会常任理事国，但其候选人资格比巴西复杂得多。印度很大，我们不能忽视其在国际舞台上的作用。印度的人口排名第二（正在向人口最多的国家迈进），是最大的民主国家，经济规模巨大（按购买力平价计算可能在世界上排名第三位），拥有核武器，并拥有世界上第三大常备军，这一切都非常能够说明问题。在联合国维和行动中，印度派出的军队最多，而且它还是安理会的创办国之一。但是，我们需要首先解决来自巴基斯坦和中国等国的潜在反对意见。奇怪的是，现在在 P5 中只有美国反对印度成为常任理事国。布什总统向印度做出了安抚的姿态，包括 2006 年签署的民用核能分享计划，布什政府反对印度成为安理会常任理事国的原因是其以巴基斯坦为中心的南亚政策，巴基斯坦仍然是华盛顿反恐战争的重要同盟者。美国不想打击伊斯兰堡（巴基斯坦首都——译者注），因为巴基斯坦政府明确反对印度成为安理会成员。但是，印度巨大的穆斯林人口——超过 1.6 亿人——可能受到其他穆斯林国家的支持，并有可能最终在长期中帮助美国和 G7 打击全球恐怖主义，缓解西方和伊斯兰世界的紧张关系。

要记住，还会再有 10 个国家加入安理会，没有否决权的常任理事国身份将不像今天那样有威望或有价值。因此，呼吁让一个穆斯林国家或非洲国家成为常任理事国的声音会减弱。实际上，通过增加日本、印度和巴西并逐渐取消否决权，安理会的性质将显著改变，终结西方的传统控制地位。

尽管从 P5 扩展到 P9 再加上分阶段取消否决权在很多方面是合理的，但批评家们认为 P5 不会批准这一提议。那么，让我们看一看实际情况吧。对于美国来说，放弃否决权在很大程度上只是象征性的，不会对它产生实际影响。要形成一个集团，美国只需要在整个安理会中找到另外四个支持者，再加上其早已成为永久性成员的盟友——英国、法国、德国和日本。如果找到另外四个国家是主要任务的话，那就应该遵循一种思想。欧洲不应该强烈反对，因为欧盟已经拥有了行使否决权所需的五个国家中的三个永久性成员，最后，俄罗斯和中国也应该积极地接受这一改革，因为美国一个国家不再能够阻挠更广泛的共识（任何一个国家都不能）。这会引起极大的争论，但从很多方面看，当前的联合国能力不足，不受重视，世界因此而面临的风险不会低于扩充安理会以及取消否决权造成的风险。

改变后的成员国身份（包括四个新的常任理事国——日本、德国、印度和巴西）、安理会否决权的变化以及更多的预算有可能恢复联合国的活力、民主性和合法性。提议的新方式将使联合国的活动得到更多的合理保证。这些改革加在一起可以降低全球的紧张与不满，强调世界权力的演变，并为联合国在宏观量子管理中发挥更大的作用铺平道路。

联合国的维和行动

从 1956 年苏伊士危机（Suez Crisis）算起，联合国的维和传统已经超过了 50 年，总行动次数超过了 60 次。这一观念具有持久、务实的目标：在联合国的命令下，在受到战争破坏、需要由中立方来为可持续和平创造条件的地区，部署来自成员国的装备轻型武器的军事人员。联合国维和人员——包括士兵和军官、民警以及来自许多国家的个人——提供了战后条件下极有价值的服务，并协助交战双方执行正式的和平协议。这种帮助以多种形式提供，加强了法制，并为经济复兴和社会发展带来了某种程度的稳定性。

尽管从理论上说维和是一种维持资本主义和平的极佳战略，但人们经常批评联合国特殊的、官僚主义的工作方式会导致在全球性危机爆发时部署的延误。例如，在卢旺达种族灭绝期间，联合国无法获得对这个国家进行援助的国际支持，导致 80 万人遭到屠杀。纠正这种延误的建议之一是建立一支快速反应部队：一支接收来自安理会成员国的军队和支持的常备军，随时准备快速部署。这应该成为联合国的一个永久性特征，以增强该组织在应对 21 世纪内战频繁这一新现实时的能力。

当前，维和过程是要求成员国派出现有的军队以参加指定的任务，但是，多国维和部队的协调通常很糟糕。各个国家的军队经常驻扎在单独的基地，并单独行动。近年来，联合国一直在通过人工挑选已经具有维和经验的特殊作战部队以试图克服这些协调问题。相比之下，一个与北约类似的专门的指挥系统，再加上集中训练，并用一种通用的语言进行沟通，将有助于加快响应速度。而且，有些人提出了一些有意思的、灵活的方法，使得比较富裕的国家能够在资金和武器而不是士兵方面做出更大的贡献，使得派出较多军队的国家能够得到补偿，如果维和行动越来越频繁，那么这些建议将可能非常有用。

维和行动还应该扩展到非军事冲突条件下，如自然灾害（2004 年的亚洲海啸或2005年的卡特里娜飓风）和流行性疾病大规模爆发。维持一支常备快速反应部队需要更多的长期资金，才能建立指挥系统、进行培训、购买装备并进行部署。正如前面所讨论的，会费结构需要进行大幅改变，以便为这种命令与培训框架筹集资金，而个别的维和任务将继续独立于一般预算之外。

4.10 北约的改革

第二次世界大战之后，前苏联的威胁十分现实：其武装力量远远超过欧洲其他地区，而且在1949年，前苏联进行了其第一次核武器试验。作为回应，北约也制定了条约，万一前苏联发起攻击，美国、加拿大和欧洲将联合起来。北约的纲领表明，如果任何一个成员国遭受攻击，则所有国家将联合发动反击。

随着冷战的结束以及前苏联的解体，有些人要求解散北约，声称其存在的理由已经不复存在。作为冷战后重组的一部分，北约的军事设施有所减少，而新成立了欧洲快速反应部队联合指挥部（Headquarters Allied Command Europe Rapid Reaction Corps）。前东方集团（Eastern bloc）中的国家，包括捷克共和国、匈牙利、波兰、保加利亚、爱沙尼亚、立陶宛、罗马尼亚、斯洛伐克和斯洛文尼亚，相继加入了北约。在后冷战时代，北约对前南斯拉夫的人道主义危机进行了干预，向阿富汗派出了军队，并且（自“9·11”以来）加强了反恐协作。

虽然没有过多地强调，但很明显，北约是一个成功的组织，可能是有史以来最强大的传统军事力量。因此，除了其传统的保护领土的使命外，北约接受新的使命看起来是合理的。这些新的目标包括危机管理（有效干预较小规模冲突的能力）以及对抗大规模杀伤性武器。

凭借其巨大的成功，北约在协助联合国建立类似的指挥系统和模式以加强维和力量方面非常有用。这有利于北约的扩张，因为联合国是真正的全球性力量，而北约仍然是一个区域性组织，需要摆脱其反对前苏联（甚至是反俄罗斯）的形象。2004年俄罗斯议会的决议警告说，如果北约继续东扩，俄罗斯将收回其在某些重要战略区域限制军队数量的承诺。俄罗斯总统梅德韦杰夫在2008年重申了这一观点，并补充说：“大西洋主义者（Atlantism）已经令自己筋疲力尽了。现在我们必须谈论关于整个欧洲—大西洋地区的整合——从温哥华到符拉迪沃斯托克（Vladivostok）。”有人认为，欧盟通过扩张将这些国家包括在内更加恰当。由于欧盟强调经济联系而不是安全，因此它不大可能引起俄罗斯的敌对反应。

另外，北约必须重新评估其长期核计划。从一开始，核武器就构成了北约集体防御政策的一部分，但其政策已经引起了越来越多的争论。尽管《禁止核武器扩散条约》正式认可的拥有核武器的北约国家只有3个，但作为共享协议的一部分，其他几个国家——包括比利时、德国、意大利、荷兰和土耳其——在其领土上都拥有核武器。

每一个北约国家都签署了《禁止核武器扩散条约》，这一条约在1970年开始生效，其目标是销毁世界上所有的核武器。在这一条约下，到1967年为止不拥有核武器的国家承诺不获得核武器，而拥有核武器的国家则同意逐渐减少其核武器的数量。北约的武器分享协议似乎违背了《禁止核武器扩散条约》的原则。实际上，在欧洲保留核武器的必要性受到了东道国的质疑，如2005年德国前总理施罗德（Gerhard Schröder）要求美国撤走其核武器。

冷战之后，北约减少了其核力量，并不再将其武器对准任何一个单一的国家。但是，北约各国的国防部长仍然坚持认为核武器对于组织的目标来说至关重要。在回应2005年4月比利时和德国要求从其国家的领土上撤走核武器的一份公报中，北约的部长们声称：“北约核力量的根本政治目标是：保护和平，防止胁迫。”

在2007年的一篇社论中，著名政治家乔治·舒尔茨（George P. Schultz）、威廉·佩里（William J. Perry）、亨利·基辛格（Henry Kissinger）和萨姆·努恩（Sam Nunn）赞成加快裁军的步伐，他们写道：“在当今由恐怖主义引发的世界秩序之战中，核武器是终极大规模破坏手段。从概念上讲，拥有核武器的非国家恐怖组织不在威慑战略的影响范围之内，代表了一种新的安全挑战。”英国首相戈登·布朗（Gordon Brown）和国防大臣德斯·布朗（Des Browne）也提出了类似的观点，他们提出要召开一次由来自所有五个经认可的核武器拥有国的技术专家参加的会议，以开发消除核武器的技术。舒尔茨小组重申了对《禁止核武器扩散条约》原则的承诺，即继续在所有拥有国中减少核武器。他们还建议批准《全面禁止核试验条约》（*Comprehensive Test Ban Treaty*），并开展多边努力以控制铀浓缩过程，这样既保证了用于核反应堆的铀，同时也禁止任何一个国家从事铀浓缩活动。

向消除核武器迈进应该受到赞许，但多边铀浓缩过程的可行性有限，甚至完全不可行。集中化的浓缩过程有可能减少单个国家生产核原料以用于武器的机会，但决定由哪个国家得到铀浓缩合约已经引起了许多政治上的争论。正如前面所讨论的，对于缺乏能源的国家，我们很难反对其发展核能。但相对于核能来说，还有许多清洁的可选能源。我们可以通过鼓励使用可再生能源而不是发展核设施，从而避开关于多边铀浓缩的争论。

更重要的是，北约应该在改变以核武器为基础的防御体系方面充当先锋。但是，我们很遗憾地看到北约的五位前要人——包括美国军队前参谋长联席会议主席和北约在欧洲的前最高指挥官约翰·沙利卡什维利（John Shalikashvili）将军、德国的克劳斯·诺曼（Klaus Naumann）将军、荷兰前参谋长亨克·范·登·布里曼（Henk van den Breemen）将军、雅克·朗赛德（Jacques Lanxade）上将，以及英国的彼得·英奇爵士（Lord Peter Inge）——于2008年为北约发表了一个强硬的宣言，强调了核先发制人的能力，甚至还有一份最后决战的计划。

沙利卡什维利等人至少拥有足够的洞察力去呼吁北约改革其不公平的融资安排和军队负担。考虑到美国出资和派出军队的比例很高，因此相应地它在制定北约行动计划方面的发言权也就大一些。未来的安全挑战要求具有共同利益的国家采取公平、有效且协调一致的行动。北约在使自己适应这个已经发生改变且还在不断改变的世界方面已经取得了的进步，但其成员应该认识到，不论是联盟还是它们自己的军事设施都不能完全适应这些需求。保持必要的军事能力成本很高，而北约内部进一步的机构变革也不会没有成本。但是，考虑到我们现在面临的无数安全挑战，这些努力是值得的。

考虑到新的重点，人们共同的要求是北约成员国按照更快速部署的要求进行组织，就像联合国维和部队的做法一样。要想做出能够更快速出征的姿态，就需要增强北约的运输能力（主要空中运输能力，但也包括海上运输能力）并使其现代化，获得机动性更高的物流设施，更新某些国家的基础设施，使军队本身实现现代化，以使更小型、更机动的单位能够更有效地执行各种任务。此外，还要利用最新的监控、信息处理、通信和精确制导武器技术，以便以最小的附带损害快速找到并摧毁对手的军事设施。北约必须开发出更强大的能力以阻止并挫败化学武器、生物武器和核武器。许多军事分析家和专家（如兰德公司）相信，对于北约最新的姿态来说，这些“更温和的”计划比昂贵的新式硬件和武器重要得多。

4.11　未来之路

当今的安全风险不可能通过无休止的军费支出、过长的战线以及单边态度来得到控制。美国的政治家们似乎已经忘记了负责任地平衡承诺与资源这一技能，同时在 21 世纪准确地发现和度量风险。全球安全框架的改善需要更密切的多边合作，而这最终将巩固和增强资本主义和平。

美国领导的这些努力应该重新集中于防患于未然的安全政策——而不是救火。毕竟发现冒烟比挽救一所着火的房子要更容易（也更便宜）。宏观量子防御方式的主要工具是多边机构、外交与情报部门，同时还要缓解国家间竞争造成的紧张、监控恐怖主义活动，并防止武器的扩散。在激烈的冲突爆发时，北约的军队和联合国维和部队应该果断而快速地采取行动。美国将继续维持一支传统的军队，但这支军队的规模应该更小、更灵活、采用更先进的技术，并配备更加训练有素的人员，以不像现在那样强调武器装备。

美国和 G7 不应该继续尝试通过武力单边控制威胁，这样做治标不治本。我们必须开始寻找化解这些威胁的新方法——使世界摆脱对化石燃料的依赖并促进更有效地使用能源可能是解决中东问题、降低在那一地区进行军事干预的必要性的简单方法。在能源方面的共同努力同时还将缓解全球变暖问题以及随之而来的对安全和社会的威胁。同样，全面消除贫困也有助于减少内战、恐怖主义和核扩散。适度的全球改革，如禁止轻武器的生产以及更严格的武器出口限制，将会抑制全球军事化并防止令人担忧的国家间冲突的发生。

这些建议的目的是为了影响我们的相互依赖关系，并鼓励公平地分配防御责任，以便创造出一个真正的集体安全社会。它们试图全面地而不是片面地看待安全问题。21 世纪的现实使得这个世界有重复诺曼·安吉尔时代的危险。如果没有这样的现代化和承诺，我们可能要忍受比20世纪更糟糕的结果。

电磁战争与星球大战的回归？

自1958年开始，美国国家航空航天局（NASA）为美国带来了巨大的荣耀（如1969年人类第一次登上月球），有时候也带来了羞辱［如2007年宇航员莉莎·玛丽·诺瓦克（Lisa Marie Nowak）因试图绑架而被捕］。但总体来说，NASA在今天的形象是正面的——一大群在外太空收集月球岩石的物理学怪客。

成立NASA的部分原因是为了在太空中进行军事研究，而我们很快就忘了这一点。冷战期间，随着美国人和前苏联人争先恐后地发射卫星并建立复杂的反导弹防御系统，太空武器——曾经在科学幻想小说中提到的东西——成为了一种迫在眉睫的威胁。前苏联解体后，太空军事研究显著放慢，但并没有彻底消失：1996年，美国航天司令部［U.S. Space Command，现为美国战略司令部（U.S. Strategic Command）的一部分］总司令约瑟夫·阿什（Joseph W. Ashy）曾经说过："我们将从太空发动攻击，并进入太空作战。这就是为什么美国研制定向能武器（directed energy）和直接碰撞杀伤装置（hit-to-kill mechanism）的原因。终有一天我们会从太空中对地球上的目标——船只、飞机和地面目标——发动攻击。"

实际上，看起来太空军备竞赛有可能会再次出现，尽管我们不清楚在和谁竞赛。2002年12月，乔治·布什总统签署了《国家安全总统令》（*National Security Presidential Directive*），恢复了已经中断10多年的导弹防御研究。中国似乎热衷于发展自己的太空技术，2007年，中国成功地进行了首次反卫星试验。日本、印度和几个欧洲国家也不断进行有可能应用于军事的太空研究。

除了导弹和导弹防御外，太空武器还包括研制侦察卫星和卫星导航系统（GPS不仅仅用于汽车，它还是一种极其有用的军事工具）。太空还为核试验提供了场所。高空（50多公里的高空）核爆炸主要用于研究目的。

这些爆炸使得美国想到了电磁武器，这是另一种军事创新，与《太空堡垒卡拉狄加》（*Battlestar Galactica*，美国科幻电视连续剧——译者注）中的某种武器非常相似。1962 年，美国在 20 英里的高空引爆了一颗核弹。爆炸产生的伽马射线触发了一个电磁脉冲，扰乱了 700 多英里外的电台。脉冲持续了不到 1 秒钟，但它证明电磁脉冲不仅是可能的，而且还有可能非常有用。

今天，一种被称为虚阴极振荡器（virtual cathode oscillator，简称 vircator）的装置可以模仿核爆炸的效果，生成高能微波（HPM）来产生类似的影响。电磁武器［有时候被称为电子炸弹（e-bomb）］可以用来摧毁电子系统，也可以使人员暂时丧失行动能力。尽管这些武器仍然处于实验阶段，但据说美国海军在第一次海湾战争之初就使用了电磁脉冲弹头以干扰并摧毁伊拉克的电子系统。由于恐怖分子有可能使用不成熟的电子炸弹，而且其他国家也有可能开发出类似的技术，安全团体对此十分担忧。在某些方面，这重复了 1906 年在英国无畏号战舰（Dreadnought）上进行的海军军备竞赛。

宏观量子模型的前瞻性观点要求我们预见到新的威胁并采纳新的技术——不管它们是来自天空，还是来自太空中的脉冲。按照现在的情况，美国军事预算严重地向喷气式战斗机和航空母舰倾斜——这些技术都是昨天的技术。为了防止成为现代的马其诺防线，武器装备预算应该转而青睐这些技术密集型的应用。

第 5 章

移民：任何地方都有人的足迹

移民是最真诚的奉承方式。

自从我们的祖先在 200 万年前离开非洲热带草原后，迁移和旅行就成为人类本性的一部分。我们与移动密不可分，这是达尔文式的本能、一种求知的倾向、一种为寻找新机遇和可能性而怀疑和漫游的本领。从狩猎者和收集者自非洲艰苦跋涉到欧亚大陆，然后穿过白令海峡到达美洲，再到探险家们在地理大发现和开拓殖民地时代漂洋过海并不断征服世界，从 18 世纪和 19 世纪的奴隶贸易，到欧洲人去新世界朝圣，长期以来，迁移造成了我们在 21 世纪的宏观量子世界中面临的问题与情感：兴奋、恐惧、喜悦、紧张，甚至是后来者与当地人的冲突。

在整个历史中，人类的迁移常常是人口压力造成的：饥荒、气候变化、政治不稳定以及强大的经济力量。这些因素在新千年中仍然推动着人类的迁移（如图 5.1 所示），而前所未有的人口结构变化以及发展中国家的经济成功造成了人类迁移方式的改变。首先，G7 国家的人口老龄化正在造成健壮劳动力的缺乏以及老年人口过剩。其次，经济上成功的国家总是吸引着移民，一些移民的提供国现在正在变成移民的目的地。这两种趋势都支持制定一种前后一致的政策，即将移民看成是一种机会，而不是一种社会公害。

说起来容易做起来难。跨国移民是一个充满矛盾和误解的话题。它在移民的提供国和接收国造成的深远的社会经济与文化影响引来了双方的激烈争论。尽管 G7 国家人口中大约只有 10% 是移民，但有些人仍然认为移民是一种

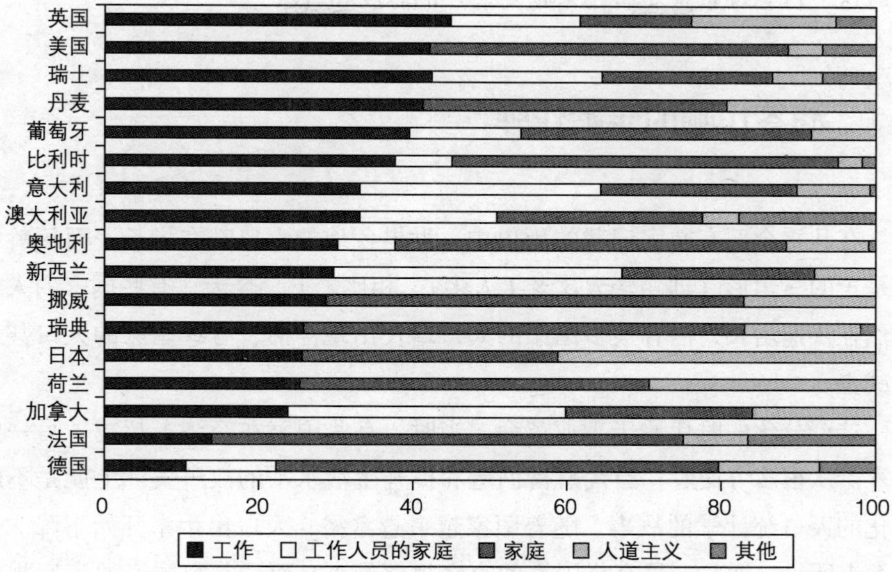

图 5.1　2005 年按类别划分的国际移民

资料来源：OECD International Migration Outlook 2007.

注：标准化统计数据的汇编信息请参见 www. oecd. org/els/migration/imo2007. startLink ht-tp：//dx. dci. org/10. 1787/015262881585.

零和博弈。在美国，这一群体较小——只占投票者的约 20% ~25%，其中主要是男性、白人以及没有受过大学教育的人——但他们在媒体上和在华盛顿的发言权却与其比例不相称。然而，这些移民的反对者错误地认为移民对经济有害。就像贸易一样，所有参与国都坚持自己的利益。不幸的是，如果不能准确地理解推动移民的人口统计学规则及其实际的国际影响，这些拥有发言权的少数人的声音就会压倒公众的意见，使其陈词滥调长久存在，并创造出一种歧视的文化。移民被看成是对工作的争夺，移民科学家和学者们的研究工作被看成是对国家安全的威胁。

尽管存在这些担忧，但移民仍然是当今全球性人员、商品、习俗、实践、创意——这是我们正在描述的“大象”的基本要素——网络中的核心环节。我们必须接受人员的自由流动，就像商品和资本的自由流动一样，这是宏观量子世界中的一个必要特征。我们需要将移民政策看成是政府培养劳动力的一种工具，而这些劳动力是对全球劳动力趋势的一个补充。这就需要我们改变对这一古老现象（尽管越来越复杂）的态度和看法。

5.1 滴答作响的年龄炸弹

在几乎全部有文字记载的历史中，世界各地的人口都在增长，而年龄结构是正的三角形（即年轻人比老年人多）。相比之下，今天，有些国家的人口仍然在快速增长，但有很多国家的人口增长出现停滞，有些国家的人口甚至在减少。

这个分化的时代始于工业革命，当时，有些国家在经济上超越了另一些国家。从很多方面看，当代财富创造和提升生活水平的故事实际上就是不断变化的人口统计学的故事。随着国家越来越富裕，人口出生率开始下降。如表5.1所示，通常，最富裕国家的家庭规模最小，而最贫穷国家的家庭规模则相对较大。

表5.1 财富的增加与家庭规模的缩小

最小的家庭规模			最大的家庭规模		
国家	人均GDP	家庭规模	国家	人均GDP	家庭规模
卢森堡	80500	2.9	刚果	300	6
挪威	53000	2.3	布隆迪	400	5.8
美国	45800	2.7	几内亚—比绍	500	5.3
瑞士	41100	2.5	尼日尔	700	5.9
冰岛	38800	2.3	塞拉利昂	700	5.7
丹麦	37400	2.3	马拉维	800	5.9
瑞典	36500	2.2	莫桑比克	800	5.6
比利时	35300	2.4	卢旺达	900	5.8
德国	34200	2.3	坦桑尼亚	1300	5.4
日本	33600	3	苏丹	2200	6

资料来源：U.S. Census Bureau, CIA World Factbook 2007.

这一转变很可能是由于工业化带来的大家庭的社会和经济逻辑的改变以

及女性角色的改变（除了被当成是母亲和妻子之外，她们现在也被当成是潜在的劳动力）造成的。城市化和工业化更偏好小家庭，与农村多一个人相当于多一双手在田间劳动不同，城市的孩子会成为空间、时间和资源的另一个消费者。而且由于工业经济为女性提供了更多的加入劳动力大军以自食其力的机会，因此留给她们养育孩子的时间就更少了。反过来，不断下降的生育率导致人均财富的增加，使得用于通过教育对个人进行培养——人力资本——的资源更多了。受过更好教育的工人人均生产率更高，从而加快了本书第 2 章中讨论的贸易和经济发展过程（农民变成了工厂的工人，而工厂的工人变成了白领工人，依此类推）。

在不同的世代间，这些人口统计学趋势被放大了。如果一对夫妇只有一个孩子，而这个孩子与另一位独生子结婚，并且他们也只生一个孩子，那么人口就会迅速减少。两对祖父母（4 个人）生育两个孩子，而这两个孩子也只生育一个孩子：在两代人中，人口数量就从 4 个减少到 2 个再减少到 1 个。另一方面，如果一对夫妇生育 3 个孩子，而且每个孩子都生育 3 个孩子，那么人口数量就会按指数形式增长。如图 5.2 所示，据预测，发展中国家的人口将按后一种模式增长。

图 5.2　发达国家与欠发达国家预计人口增长

资料来源：IMF.

富裕国家的人口增长停滞而贫穷国家的人口继续增长，这对世界意味着什么？首先，发展中国家有机会在 GDP 总量方面赶上 G7 国家。用下面这个简单的公式计算一下一个经济体的规模：人口 × 人均产出 = GDP。人口越多，每个人的产出越多，那么经济规模就越大。我们早就注意到，人口较少的富裕国家可以更多地投资于人力资本以提高人均产出，这会导致 GDP 的适度增长。但如果人口数量巨大的发展中国家（如印度）在效率（人均产出）上能够有微小的提高，那么乘上 11 亿人口，结果就会十分巨大。这就是许多新兴大国——包括巴西、中国和印度等国家——同时也是世界上最大的经济体的原因。

人口转变的另一个方面是美国和 G7 国家正在老龄化。发达国家较低的生育率以及更长的预期寿命使得发展中国家较年轻的人口相对较多。到 2025 年，每 5 个欧洲人中就会有 1 个超过 65 岁，而日本将有超过 1/3 的人口超过 65 岁，从而成为发达国家中最老的国家。在极端情况下，如在意大利、德国和日本，死亡率超过了出生率，这些国家的人口实际上在减少，图 5.3 显示了日本的情况。

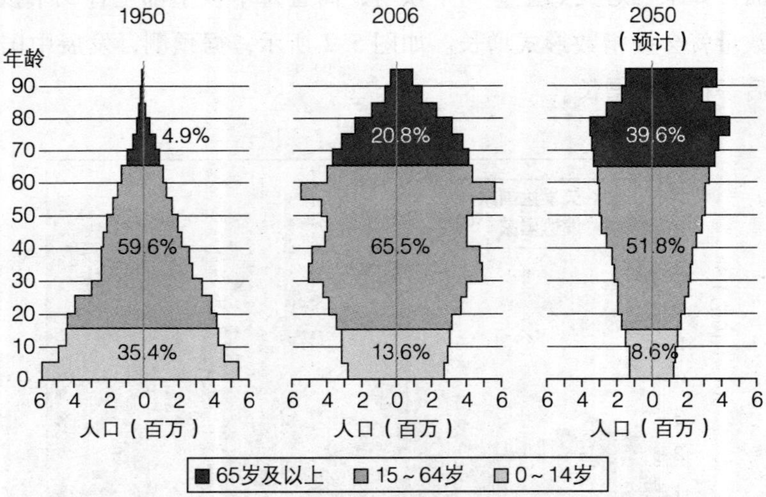

图 5.3　日本的人口转变

资料来源：Statistics Bureau MIC.

由于人口较少且老年人增加，G7 国家的劳动力正在迅速减少。分析人员估计，为了抵消劳动力的减少，日本每年需要大约 500000 名净移民，德国需要 150000 名净移民，意大利需要 100000 名净移民。显然，老龄化的工业化国家需要重新考虑其移民政策。目前，这些国家是全球经济中最大的参与者，但如果不采取措施，那么它们将会经历经济增长的停滞（或负增长），以及财富的大幅减少。麦肯锡认为，如果历史上的人口趋势无法维持，那么与能够维持这种趋势相比，到2027年，世界主要经济体的家庭金融财富将减少31万亿美元。

另外，人口老龄化还对养老金和医疗保健体系产生了压力，因为工作挣钱的人必须供养越来越多的退休者。在美国，1941年的工人与退休人员的比例——抚养比率（dependency ratio）——为4.5:1。到1970年，这一比率降低到3:1，到2009年，这一比率估计为2.7:1，除非政策发生改变，否则到2050年，这一比率将达到1.6:1。在德国，目前这一比率为2.3:1，到2030年，这一比率预计将为1.3:1。日本这一比率下降的速度更快：1990年，每5.8名工人抚养1名退休者，到2000年，这一比率下降到3.9:1，而到2025年，这一比率将直逼2.1:1。

从2002年起，随着经常账户赤字的增加（这反映了从外国借款的增加），美国就开始经历私人储蓄的减少和财政赤字的增加。美国商品和服务的进口持续大幅超过出口，使得美国的家庭和企业不得不从国际资本市场上借款以弥补这一差额。同时，在2007年，美国联邦赤字（由于在国外采取的军事行动而增加）达到了其GDP的3%。由于私人家庭不进行储蓄，政府也不进行储蓄，结果问题就变成了：谁将为不断增加的美国退休成本买单？2007年的《社会安全理事会报告》（*Social Security Trustees Report*）早就提醒人们注意：如果不进行改革，美国的这一福利计划在10年内就会面临巨额年度赤字。

不幸的是，最近发展中国家从净债务人向净债权人的转变减轻了发达国家人口老龄化的压力。新兴国家的过量储蓄是以外汇储备的形式持有的，通常投资于美国的国债。但是，这种救助不可能永远持续。在未来，出于两个原因，跨国储蓄流可能无法填补这类赤字：首先，当前世界上的储蓄大国在全球金融馅饼中只占很小的份额。以中国为例，其金融资产一直以极快的速度增长（在过去10年中，逐年增长14.5%），但在全球金融资产中所占的份额只有4%。其次，许多新兴市场也正在出现老龄化。2006~2030年，欠发达国家中的老年人数量预计将增加140%，而发达国家将只增加51%。到2020年，预计中国将有2.65亿65岁以上的老年人，造成这一结果的部分原因是从1979年开始实施的独生子女政策。到2050年，俄罗斯处于工作年龄的人口预计将减少34%，而该国的人口已经开始每年减少70万。这些国家将不得不利用其盈余来应对各自的养老金问题，没有能力永远支持美国的过度支出。

移民可以部分抵消人口不断减少的问题，并为经济注入新的活力。它还有助于满足对医疗保健人员、辅助生活设施工作人员以及其他G7国家老年人口所需的专业人员的需求。如果不改变当前限制性的移民政策，由于预期寿命的延长，G7国家很快就会面临令人头疼的退休金改革问题，包括推迟正式退休的年龄，或者减少转移支付。

5.2 新的财富，新的目的地国家

从前的贫困国家的繁荣正在改变移民的模式。政治更加稳定、经济机会大幅增加，以及对外国公民的社会流动性的承诺，正在鼓励着移居海外的人返回自己的国家。实际上，许多几十年前离开自己的国家去寻找更加光明的经济前景的人正在返回自己的家园。另外，生于美国和其他国家的这些移民的子女正在决定移民到其父母的祖国。以印度为例。今天，至少有2000万印度人分散在世界各地，他们中的大多数移民到了美国、英国和阿拉伯联合酋长国。但是，在过去的10年中，一个新的目的地出现在这一列表的首位：印度。非常住印度人（Nonresident Indians，NRI）已经转变成“回归的非常住印度人”（returned nonresident Indians，RNRI）。据估计，仅在技术中心班加罗尔，过去10年中就有30000~40000名“回归的非常住印度人”回到了家乡，这反映出了移民模式的根本改变。

20世纪60年代和70年代，一群印度人整理好自己的行装，让他们离开自己国家的原因是低工资、缺乏技术性工作、失望等因素的组合。这些具有高技术背景的非常住印度人通常毕业于顶尖技术类大学，他们都有一个共同的目的地（特别是在20世纪90年代）：硅谷。印度人可能是硅谷中最抢手的雇员群体，许多人在那里成为了百万富翁。据估计，来自印度的硅谷成功企业家比印度的任何城市都多，但这种情况正在发生改变。非常住印度人从国外获得的专业知识和工作经验现在可以在自己的国家发挥作用了。自 20 世纪 90 年代以来，印度的外国直接投资大幅增加，部分原因是该国的经济更加开放且管制被解除了。今天，技术进步发生在印度，而技术消费发生在美国。同时，外国公司也在向印度扩张，而印度公司则正在向国外扩张，这为国家经济提供了双重动力。印度的公司已经跨越了复制美国药品、欧洲汽车的阶段。相反，它们现在正在某些领域成为世界领先的创新者，这些领域包括生物制药和汽车工程。在印度，这被很多人称为“悄无声息地将科技带回国”（silent scientific repatriation）。

同样，这一回归的趋势也出现在其他国家。随着外国直接投资和外包不断推动经济增长，一些移居海外的人又被他们的雇主派遣回国，以便在亚洲、拉丁美洲、非洲和中东建立外包业务。许多被派遣回国的移民发现，获得提升的最佳方式就是回到自己的母国。这些归国者在其母国具有很高的声望，通常能够得到很高的工资，从事最令人羡慕的工作。他们成为国内外公司争夺的对象，他们能够将美国和 G7 国家的消费者和劳动力联系起来，并且通常能够在不同文化之间架起沟通的桥梁，以加速经济的整合。

除了回国之外，现在，新兴市场国家也要面临大量移民流入的情况。就像贸易一样，与富裕国家没有任何关系的一个稳定的“南南”移民流形成了。尽管美国仍然是排名第一的移民目的地国家，但其领导地位正在减弱。2005 年，在移民数量（以及百分比）最高的 20 个国家中，移民居住在其国内的国家包括乌克兰、沙特阿拉伯、印度、巴基斯坦、阿拉伯联合酋长国、以色列、哈萨克斯坦、科特迪瓦和约旦（参见表 5.2）。例如，阿尔及利亚的移民占其国民的 44%，正在移民土耳其的人数超过 600000 人。现在，中国和印度既是最大的移民来源国，也是最大的移民目的地国。

表 5.2　2000～2005 年净移民，最大流入量和流出量（千人）

流　出			流　入		
排　名	国　家		排　名	国　家	
1	墨西哥	400	1	美国	1160
2	中国	390	2	阿富汗	428
3	巴基斯坦	362	3	西班牙	405

（续表）

流出			流入		
排名	国家		排名	国家	
4	印度	280	4	德国	220
5	伊朗	276	5	阿拉伯联合酋长国	192
6	印度尼西亚	200	6	英国	137
7	菲律宾	180	7	意大利	120
8	哈萨克斯坦	120	8	澳大利亚	100
9	苏丹	104	9	塞拉利昂	88
10	埃及	90	10	法国	60

资料来源：UN Data.

今天，移民的目的地国和来源国一样分散。随着移民来源国和目的地国之间的界线日益模糊，我们必须承认移民变得越来越复杂，但在国家层面上的互利合作也变得更加可行。

5.3 趋势及其对美国和G7国家的影响

一些老的模式仍然存在。在发展中国家，家庭或与工作相关的永久移民仍然在不断增加。在美国，70%的移民是为了与家人团聚，而在西欧，大多数移民是为了寻找更好的就业机会。与过去不同的是，寻求国际庇护的人一直在减少。传统上，这一人群的数量较大，这反映了人们因国内政治动荡而被迫搬迁。今天，这些难民大多来自非洲和亚洲，但在其他地区，难民的人数在不断减少。

随着海外经济机会的增加，美国和G7国家的合格移民的供给自然会不断下降。但是，由于今天的美国人和欧洲人受到更好的教育、老龄化更严重，而且比以前任何时候都更加富裕，因此对有技能和无技能工人的需求都将会继续增加。面对日益紧张的劳动力市场和低国民储蓄率，美国（以及欧洲和日本）现在必须制定战略，以实现国内生产什么、进口什么、接受哪些移民以及为退休人员提供哪些福利等方面的平衡。

作为自由贸易国家，某些劳动密集型产业肯定会转移到海外。18 世纪的经济学家大卫·李嘉图（David Ricardo）会将这一日益专业化的过程及贸易称为"把握竞争优势"（capturing comparative advantage），而今天，我们用一个在政治上不受欢迎的名字——外包（outsourcing）——来称呼它。尽管不受欢迎，但对于 G7 国家放弃某些行业而专注一些需要更多技术能力、需要较少劳动力的行业来说，这是有意义的，

正如批评家们指出的那样，外包的确消除了某些工资低的工作，但通过将资源重新分配到最有效率的经济部门中，我们可以创造出收入更高的工作岗位，增加每个人分得的经济馅饼。这就是劳工统计局（Bureau of Labor Statistics，BLS）所谓的"净工作创造"（net job creation）。劳工统计局发现，大约从 1990 年起，随着外包的出现，劳动生产率迅速提高，达到了空前的每年 15%。同时，与美国失去的工作数量相比，有 2300 多万个新的工作被创造出来。将来，即使劳动密集型的制造业继续转移到国外，美国的总就业岗位也将增加 10%，从 2006 年的 1.506 亿个增加到 2016 年的 1.662 亿个。净增加的 1560 万个工作岗位绝大部分将来自服务业——如医疗保健、教育和休闲产业——这些行业是无法外包的，也无法由机器完成。这应该能够减轻人们对工作丧失的非理性担忧：尽管呼叫中心可以转移到印度的加尔各答，但你的理发师、牙医和幼儿园教师肯定不能。

即使是在外包的情况下，富裕国家仍然需要通过引入新的工人来弥补其老龄化的人口。处于工作年龄的人口数量不断减少将推高这些新兴高技能服务部门的工资，熟练的国内工人将争夺这些工作岗位，因而将留下一个低技能工作的缺口。老年人数量的增加意味着依靠体力的工作岗位将出现空缺。另外，进入老龄化阶段的美国和其他国家可能需要提高退休的年龄，以更好地平衡工人—退休人员的比率，或者削减长期福利。美国人的寿命比以前更长了，但自 1983 年以来，退休年龄（目前是 62 岁）就没有改变过。1983 年，一般的美国人可以活到 74.7 岁，但在今天，出生时的预期寿命为 78.1 年。自 2008 年 4 月起，一名退休工人平均每月可以得到 1083 美元的福利。如果美国不相应削减福利或提高退休年龄，那么平均每个人因预期寿命延长而多出的 41 个月需要 44000 美元的额外福利。用这个数字乘以不断增加的退休年龄

人口，则退休金体系将会面临巨大的压力。面对三个不受欢迎的选择——外包、增加移民，或者削减政府的福利——战略移民可能是这三个被人们认识到的威胁中最轻微的一个（尽管将三者结合起来可能在经济上是最优的）。

要记住，绝大多数移民并不会与大多数本国工人进行竞争。相反，他们是美国市场的补充，使得需求曲线向外移动，并造就了一个对每个人来说都更有效率的经济。拥有外来工人规划的国家通常会吸引没有技能的移民进入家政/酒店部门、季节性农业生产和家庭服务（如儿童看护）领域。在美国，传统上本国低技能工作岗位的候选人——高中辍学者——很快就会感到失望。20世纪60年代初，半数美国成年人没有读完高中，而今天，高中辍学者不到成年人口的7%。实际上，这些劳动者有助于提高美国人的工资。美国国家科学院（National Academy of Sciences）估计，由于移民，美国本地工人的收入每年会增加100亿美元，因为移民占据了低收入的工作岗位，这就使得对收入更高的管理人员和经理的需求增加了。

在其他情况下，仅通过雇用本地人员无法满足老年人对服务需求（特别是在医疗领域）的增加。结果，移民到这些国家的医生和护士人数不断增长。今天，美国也开始面临类似的情况，因为获得工程和技术学位的美国人越来越少。1980~2000年，美国聘用的拥有博士学位的在外国出生的科学家和工程师从24%提高到37%，有45%的物理学家是外国人，而对于工程师来说，这一比例超过50%。1990~2004年，美国超过1/3的诺贝尔奖得主是在外国出生的科学家。实际上，如果美国限制高技能移民的进入，那么其技术领导地位就会受到威胁。

尽管移民的确消耗了政府的福利和服务，但他们为社会增加的财富多于他们拿走的财富。数据显示，许多人在其黄金工作年龄来到美国，平均年龄为28岁，他们的失业率比美国当地工人的失业率更低。通常，移民们获得的工作要么是美国人不愿做的，要么是美国人没有能力做的——或者是创造出自己的工作。例如，看一看近年来移民们创建的草坪修整公司、饭店和美甲店。据估计，移民（包括合法的和非法的）每年为美国经济做出的贡献达到7000亿美元。不管怎样，移民们都需要像任何美国人一样租房屋、购买食物和汽车并纳税。

正如我们所看到的，更加自由的人员流动对富裕国家显然是有利的，为这些出生率不断下降的国家提供了新鲜的劳动力，但同时，这对提供这些劳动力的国家的人口也是有利的。移民是一种“劳动力出口”。出口国常常因来自国外的汇款而受益，根据世界银行的统计，2007 年，这些汇款超过了3000亿美元（如图 5.4 所示）。另外，劳动力的全球化——商品、服务和资本也是如此——有助于纠正当地的不平衡，因为过量的产能可以被海外的需求所吸收。随着劳动者迁移到国外，劳动力丰富的国家的国内失业率下降了，这就创造出了一个全球双赢的局面。

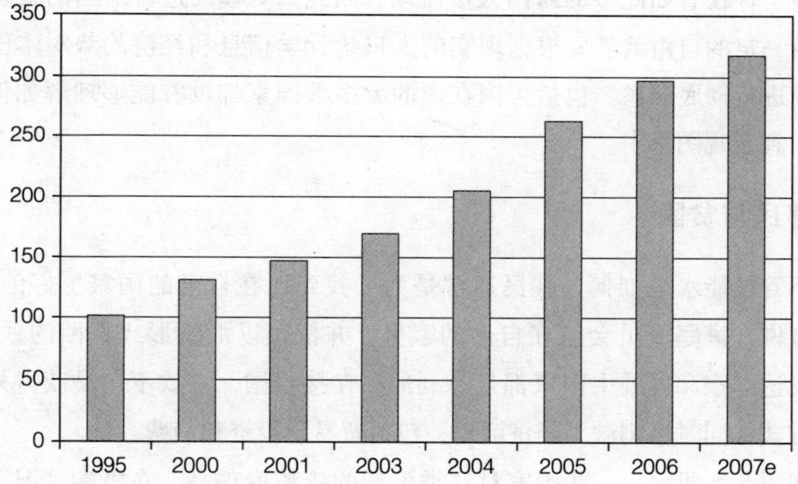

图 5.4　1995 ~ 2007 年每年全球的汇款流（10 亿美元）

真正的汇款数量（包括通过正规渠道和非正规渠道汇出的未记录的汇款）肯定更多。

资料来源：The World Bank.

尽管在（比如说）美国和墨西哥之间存在着一些银行间的汇款服务，但那些生活在国外的较小的社群却很少选择它们。西联汇款（Western Union）及其分支机构是进行此类汇款时最常采用的金融服务公司。一方面，西联汇款拥有 150 年的历史，具有较高的品牌认知度（特别是在当地人不信任国内银行时），这就保证了资金跨国转移的安全性。但另一方面，西联汇款仍然是一家企业，而通过它汇款是要收费的。因此，尽管生活在小社群的公民感到银行的服务不周到，他们也很愿意通过西联汇款这样一个方便的渠道进行汇款，但高昂的汇款费用却令他们望而却步。例如，以当日到达的方式从美国汇款 100 美元到墨西哥，汇款人可能要支付汇款金额的

15%！许多在美国的移民代言人将降低汇款费用加到了其对移民立法事项的关注清单中。西联汇款通过成为社群和墨西哥政府的合作伙伴对这一问题做出了回应。

5.4 移民：内在关联与挑战

由于存在着如此多的跨国人员流动，因此，对移民进行适当的管理但同时保持一定的自由就需要根据现实的人口统计学信息和经济趋势对本国和多边政策进行彻底调整。包括美国在内的大多数国家都没有能够理解如何将移民融入到宏观图景中。

移民与贫困

不管技能水平如何，移民通常是为了找到比在自己的国家更好的机会。一般来说，家庭成员会留在自己的家里，并依赖以汇款形式寄回的钱为生。这对发达国家和发展中国家都是有利的。在接收国，汇款不仅是获得外汇的最佳方式，同时也刺激了经济活动，包括贸易、投资和消费。

如图 5.5 所示，一些国家对这类汇款的依赖度很高。在极端情况下，这类资本流差不多构成了国家 GDP 的一半。移民正在帮助一些国家缓解贫困的压力，并使一些本来没有机会与全球经济发生联系的贫穷国家参与到全球经济中。

非自愿移民

尽管上面讨论的大部分移民都是自愿的，但在全球历史上也存在着一些被迫移民的黑色篇章，如在野蛮的 200 年中，700 多万撒哈拉以南非洲人遭到抓捕，并被当成奴隶贩卖到新世界。但是，被迫移民并非古代的历史：2007 年就有大约 80 万人被迫离开了自己的国家。人口贩卖（通常被称为“当代奴隶制度”）是世界上第二大犯罪产业，并且可以通过多种方式进行。

贩卖人口通常涉及某种形式的非自愿劳役，包括奴役性劳动、被迫卖淫、童工/娃娃兵/儿童色情观光，甚至摘取器官供出售。人口贩子一般会迷惑那

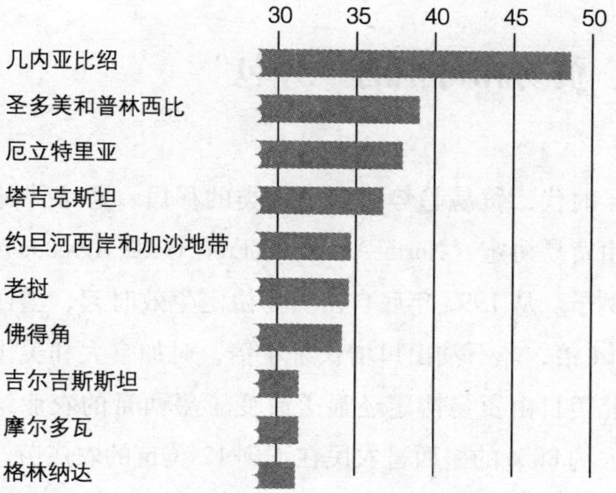

图 5.5　2006 年发展中国家汇回国内的款项（10 亿美元）

资料来源：International Fund for Agricultural Development.

些经济状况极端困难的人，欺骗他们说会有更好的未来。女性可以得到旅馆的工作，年轻的男孩被诱拐到血汗工厂工作，男女不平等的国家的女孩被告知将能够接受教育。跨国人口贩卖最常见的形式就是卖淫，甚至还会影响到国际体育。国际足联在欧洲的分支机构——欧洲足联就非常关注与不合格的代理人和球员招募相关的案例。每年都有成百上千名非洲和南美的孩子被“招募”，声称他们可以在欧洲足球俱乐部踢球。但是，到达后，大部分孩子就会认识到这是一个骗局。如果他们足够幸运，就能够通过选拔，但很多被淘汰的孩子只能流落街头。在涉及假冒招募者的案件中，儿童常常被迫进入性产业。贩卖人口还会衍生出健康问题，造成了大量新的艾滋病受害者。例如，在尼泊尔，38% 被营救的受害者都感染了这种病毒。

国际社会正在依靠最近成立的联合国反人口贩卖全球计划（UN Global Initiative to Fight Human Trafficking）努力解决这一问题，但到目前为止，结果并不令人满意。非自愿移民问题与非法移民交织在一起，因此在国际社会成功设计出更明确的移民政策之前，控制这种非法活动的可能性不大。此外，全球以及各个国家对这一问题的认识（或者说是缺乏认识）也会阻碍这一问题的解决。

5.5 移民、贸易和可怕的“外包”

在宏观量子时代，贸易趋势改变了人类的移民，通常伴随着无法预料的结果。北美自由贸易协定（North American Free Trade Agreement，NAFTA）就是一个很好的例子。从1993年底自由贸易协定生效时起，墨西哥的外国直接投资就增长了14倍，非石油出口增长了4倍，对加拿大和美国的农产品出口增长了3倍。北美自由贸易协定还显著改变了墨西哥的农业结构。在这一协定生效之前，大约80%的墨西哥农民在不到12英亩的农庄劳动，但是，由于墨西哥农业企业集团通过资本投资和机械化能够获得规模经济，因此它们的进入将小规模经营的农民挤出了这一领域。

北美自由贸易协定使得来自墨西哥的美国农业劳动力数量增加。随着美国向NAFTA邻国农业出口的增加，美国对低技能农业劳动力的需求自然也相应增加。于是，因高度机械化的企业集团的进入而失业的墨西哥农场工人跨越国界来满足这一需求。同时，如第2章所述，美国在20世纪90年代中期出现了建筑业的繁荣，对建筑工人的需求——以及加州和墨西哥北部各州的平均工资比率为13:1这一事实——为墨西哥人向北方迁移提供了动力。

部分由于美国的综合农业补贴改革遭到失败，这一趋势得到了加强。在前面的讨论中，我们提到了双边（在本例中是三边）贸易协定并不是WTO那样的包罗一切的贸易组织。看一看最近玉米市场发生的情况。墨西哥于2008年1月1日取消了玉米进口关税，但美国政府并没有停止对美国玉米种植者的补贴。因此，尽管与北美自由贸易协定生效之前相比，墨西哥的玉米出口量更大，但大农场的出现仍然使约100万墨西哥人丧失了与玉米生产相关的工作。这就造成了潜在的移民，而其中有很多人是非法移民。双边自由贸易协定再加上美国农业补贴改革的失败，是造成某些美国人不愿看到的低技能移民大量出现的主要原因。

由来已久的关于移民是否抢了当地人工作的争论正在被关于外包的争论所取代。如果企业无法在其母国找到成本效率高的劳动力，它们就会到其他地方去寻找。净结果是：民族主义政治家和工会指责墨西哥、中国和印度等国抢了 G7 国家的工作，因为跨国公司迁移到了成本更低的地区，并在那里完成数据处理、软件编写甚至工业设计等白领工作。在美国，这是一个热点问题，几个州和工会正在考虑禁止或限制离岸外包的方法。美国政府已经制定了一些支出法案，在很多合约中规定私人公司不能在美国之外进行分包。

尽管对丧失工作岗位进行抵制是可以理解的，但是，看不到离岸外包和移民之间的关系——并诉诸贸易保护主义——将事与愿违。许多人认为，美国为了购买外国的服务而损失了很多金钱。但是，离岸外包是互利的。自 20 世纪 90 年代中期以来通信和计算技术的飞跃使得跨国公司能够在全球范围内降低劳动力成本。这太有吸引力了：美国的软件开发人员每小时挣 65 美元，而印度的相同人员只挣 6.5 美元；辛辛那提的数据录入人员每小时挣 20 美元，而加尔各答的相同人员只挣 2 美元。由于服务部门的离岸外包都是劳动密集型的（不像汽车部门那样需要大规模资本投资以建立海外工厂），因此这些差距可以迅速转化为令人难以置信的利润。从经济角度看，这是一种有意义的商业行为。

令人惊讶的是，与输出劳动力的新兴市场国家相比，实行外包的 G7 国家实际上获得了更多的好处。这种在全球范围内提高劳动效率的能力实际上为世界经济创造了巨大的价值，研究表明，这为实行外包的国家和公司带来的利益更大。例如，2004 年的一项研究发现，在其公司进行离岸外包创造的新价值中，美国得到了 78%，而完成这些服务的工资较低的国家仅得到了 22%。对于位于印度的美国企业来说，每在海外花费 1 美元，估计可以创造出 1.46 美元的新经济价值。这对两个国家来说都是有利的。考虑到新企业为印度工人、企业和政府带来的新优势，麦肯锡公司估计，在美国海外支出的每一美元获得的净收益中，印度至少获得 33 美分，美国则至少获得 1.13 美元。

离岸外包为美国公司创造了价值和利润，同时也为增加值更多的活动腾出了资源（包括人力和资本）。外包的企业通过更低的价格将节约的成本回馈给消费者，并通过更高的利润来回馈投资者。美国公司还从印度公司中获得了销售订单，促进了美国的出口。同时，美国经济对因外包而失去工作的工人进行了重新部署，同样也促进了经济的增长。随着 G7 国家老龄人口和退休人员的不断增加，维持高生活水平需要将加强技术创新、提高生产率和引入新劳动力结合起来——这意味着需要更多的移民和离岸外包。尽管这些措施在政治上并不受欢迎，但离岸外包有可能更快地被人们接受，因为有关移民的立法似乎在议会中陷入了僵局。

不同的群体受这一问题影响的程度是不同的：劳动密集型制造业和某些白领工作正在外流，在这些部门工作的人必须接受这一事实。但是，与农业和重工业一样，20 世纪的劳动力市场没有什么改变，这就造成了大量的失业。这只不过是当代发展宏观图景的一部分。某些部门工作的丧失是一个永无止境的经济重组的组成部分，对于这些重组，G7 国家——特别是美国——是最熟悉的（回忆一下我们在第 2 章中的讨论）。技术变革、经济衰退、消费需求的波动、企业重组和公共政策都会造成劳动力的转移。在未来 10 年中，美国可能因离岸外包而丧失 200 万个服务工作岗位。但是，对于一个雇用了 1500 多万人的经济来说，这并不是大问题。20 世纪 90 年代中期以来，美国在教育、医疗保健、技术服务等领域大约创造出了 3500 万个新工作岗位。失业的美国工人几乎都在 6 个月内就找到了新工作。

有没有办法来缓解外包造成的痛苦？政府能否干预，是否应该干预？是的，但只能以战略的、合理的方式进行。技能培训项目以及健康保险携带项目［如《联邦统一综合预算协调法》（COBRA）］就是很好的例子。但更重要的是，富裕国家必须在心理上适应这一形势，不能因人民生活在短期内受到的干扰而承受抗拒这一现实造成的更严重的后果。如果美国和欧洲的公司不能将工作转移到国外，它们将面临来自全球的竞争，这些竞争不仅来自其他富裕国家，更来自新兴市场的世界级竞争对手。无法接受这一现实、不进行改变和创新最终将削弱经济实力，并令更多的人失去工作。美国经济的开放性（特别是劳动力市场的开放性）是最大的优势，但当今的风险在于，糟糕的移民政策将使国家在未来缺乏灵活性，且缺乏竞争力。

贸易与移民

到国外生活曾经是爱冒险的信托基金宠儿、外交官、不适应国内环境的人和空想社会改良家们特有的追求。但在过去 20 年中，从曼谷到布宜诺斯艾利斯，移居国外者这一群体的情况发生了根本的改变。尽管行为古怪的人和英语老师这些群体仍然存在，但大部分不再仅仅是退休人员，经理、专业人员、技能高超的工程师和科学家也加入了这一行列。

20世纪90年代，在新兴工业化国家寻求低成本劳动力优势的制造企业面临着缺乏当地管理人才的困境。在这些国家中，有些国家的教育机构没有教授必要的技能，而另一些国家固有的企业文化使得外国企业很难将自己的企业文化灌输给当地员工。例如，中国在20世纪60年代末和70年代初停止了所有的高等教育。当时年龄在十几岁、二十几岁的那一代人很可能没有接受过高等教育（到20世纪90年代，他们都达到了担任中层管理者的年龄），更不要说MBA学位了（MBA主要是美国学位，而欧洲正在奋起直追）。

将本国员工派遣到国外工作被当成是将一流的管理技能、专业知识和企业文化带到这些国外企业的一种方式。为了吸引西方人去这些混乱的地区，美国和欧洲都承诺向这些移居海外的人提供“搬迁补贴”（mobility premiums）和“艰苦补助”（hardship pay）。这些慷慨的福利不仅包括工资加倍，而且还为旅行、学费和日常的享乐（如聘请厨师、女仆和司机）提供高额补贴。

今天，这一切开始改变。商业移民的队伍持续扩大。根据GMAC全球迁移服务处（GMAC Global Relocation Services）的数据，与2005年相比，在2006年，有69%的跨国公司派遣到国外的人增加了。但是，这些派遣通常都是自愿的，而不是强迫的。根据员工重新安置委员会（Employee Relocation Council，ERC）的统计，公司仍然利用国际派遣进行培训和人才开发、文化传递，并培养其高级管理人员。但是，很多派遣的时间变短了——目的是公开露面，而不是为了填补人才缺口。实际情况是：许多新兴市场都拥有本地人才——没有丰厚的福利他们也愿意工作——不仅可以满足制造企业的需求，同时还可以满足先进的服务企业和金融公司的需求。

当地的管理人员很可能会带来当地宝贵的实践及市场知识。对海外工作岗位的激烈竞争并不意味着移民流会慢慢停滞。随着迪拜、莫斯科和北京成为人们都渴望居住的地点，美国人和欧洲人到那里定居不再要求额外的补贴。现在，这些工作岗位不再被看成是艰苦的职位，而被看成是在一个能在世界级城市生活、了解一个重要市场、使职业生涯更进一步的宝贵机会。新兴市场正在日益成为跨国公司商业战略的核心，因此在各国之间派遣管理人员也被看成是持续引入一种平衡的全球观点的宝贵工具。在宏观量子世界中，美国不再是唯一的机遇之地。

5.6 移民与安全

“9·11”恐怖袭击及2005年伦敦地铁炸弹事件使得移民似乎成为了西方世界头号恐怖分子之一。为了与这种多疑症相匹配，人们已经建立了多个立法，如《美国爱国者法案》（*U. S. Patriot Act*）要求所有进入美国的外国人留下照片和指纹。现在，移民法也被当成是一种反恐怖主义的工具。想想看，以前负责移民政策的移民和规化局（Immigration and Naturalization Services）在2003年被归入国土安全部（Department of Homeland Security），再看一看被延长的签证等待时间，在“9·11”之后，安全——而不是劳动力市场——似乎成为了美国移民政策的首要决定因素。但是，这些行动是否真的加强了安全还有待观察。

尽管有些夸大，但人们感觉到，“9·11”之后的立法最大的影响是对学术界的影响，包括推迟或拒绝向某些国家的学生和学者发放签证。麻省理工学院的一位管理者称：“越来越多的证据表明，尽管从总体上说我们的国际学生在学校里感到很愉快，但他们对生活在美国有一种矛盾的情感……他们对美国的政治、文化环境感到不舒服。”以前，来美国学习的学生都是本国最优秀的学生。他们都非常聪明，并且不在意他们面临的环境。但是，美国政府的立法和仇外情绪似乎发出了一个令人悲哀但明确的信息：回家去。

从国际学生到达的那一刻起，他的所有活动就都会受到留学生及交流访问学者信息系统（Student Exchange Visitor Information System，SEVIS）的追踪，这是一个数据库系统，是《美国爱国者法案》的一部分。这一计划十分广泛，监控着一名学生取得的学分数、学生的专业，以及关于其行踪的详细信息。但是，这一系统不仅常常记录不准确的信息，而且这些信息经常是过期的。实际上，导致学生被扣留在机场或其他入境地点的错误信息（这常常是系统的错误造成的）与学生的缺点一样多，甚至更多。举证的责任最终落到学生身上，在证明自己清白之前，海关和边境保护局会自动假设学生是有罪的。

考虑到外国学生对美国经济的重要性，这一趋势令人感到不安。国际学生平均每年为美国贡献 145 亿美元（如图 5.6 所示）。教育相当于各种各样的出口。今天的国际学生常常成为明天美国的研究人员和科学家。当今，不仅到美国学习科学专业非常困难，而且毕业后留在美国更加困难。在某些科学学科（包括计算机科学、数学、物理科学、工程学）中，海外学生获得博士学位的人数超过了美国人。这不是一件坏事：美国面临的挑战在于通过留住外裔人才来利用它培养出来的人力资本，以保证其科学处于领先地位。

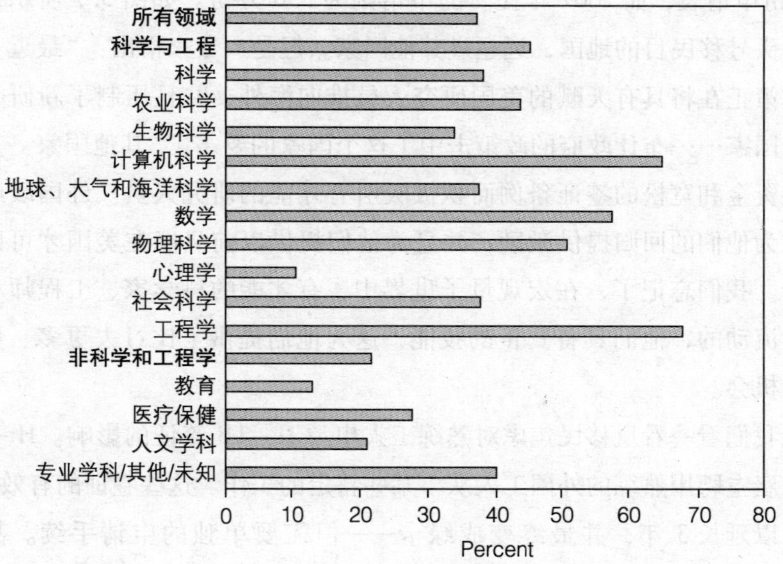

图 5.6　2006 年按类别划分的非美国公民获得学位的份额

资料来源：National Science Foundation Division of Science Resources Statistics, Survey of Earned Doctorates.

注：非美国公民包括持有永久或临时签证的个人。百分比是根据在回答中报告国籍的被调查者在各个领域中所占份额计算得到的。这一报告没有提到这些百分比的一般水准。

“9·11”之后对学生签证更加严格的管理使得外国学生在美国学习生命科学十分困难，因为美国担心受到生物恐怖主义威胁。计划学习生物化学、遗传学、分子生物学、细胞生物学、DNA 重组技术或病毒学——以及所有涉及生物学导论的学科——的学生常常会遇到签证延误或被拒签的情况。

尽管美国正在使外国学生和毕业生的生活变得越来越困难，但他们在美国之外的就业选择却在不断增加。这可能会造成人才流失，对美国（以及其他采取类似限制性政策的发达国家）造成严重的不利影响。2001~2002 年间，美国对科学和技术领域移民发放的签证减少了55%，这主要是因为“9·11”之后严格的政策造成的，而不是移民不愿意来到美国。

美国仍然是一个吸引人们前来生活的地方。申请签证的人数不断增加。2008 年，为了得到通过美国多元签证抽签（U. S. Diversity Visa Lottery，这种签证不需要大学学历或特殊技能）而产生的 50000 份签证，人们一共提交了 640 万份申请表，而 2007 年提交的申请则为 550 万份。如图 5. 7 所示，美国仍然是头号移民目的地国，远超过其他国家。但是，专家指出：“最近美国政府的政策正在将具有天赋的美国研究人员推向海外，并且压制了新研究人员来这个国家……布什政府的政策击中了这个国家的要害。”其他国家一直在通过提供资金和宽松的签证条例而积极吸引有才能的研究人员。外国政府和公司正在为他们的回归提供激励，并且为他们提供以前只能在美国才可以得到的机会。我们忘记了，在宏观量子世界中，有才能的科学家、工程师和医生是高度流动的，他们具备真正的技能，这为他们提供了比过去更多、更广阔的就业机会。

让我们看一看反移民焦虑对熟练工人申请 H－1B 签证的影响。H－1B 签证允许雇主聘用熟练的外国工人从事某些特定的工作。这些签证的有效期为 3 年，可以延长 3 年，并最终变成绿卡——但需要单独的申请手续。甚至在 2008 年美国经济低迷时期，这些签证的数量也是不足的。H－1B 签证受到国会的限制，最近 5 年，其数量限定在 65000 份。在硅谷繁荣时期，国会临时将 H－1B 签证的上限提高到 195000 份，但到 2004 年就截止了。2007 年，签证申请开放当日，申请人数就达到了上限。正如 2008 年微软公司董事长比尔·盖茨在众议院委员会上的发言所述：“现实情况是，由于在超过 15 年的时间里签证政策没有改变，导致向具有高技能的科学家和工程师发放的签证严重不足。今天，我们生活在一个不同的时代，告诉那些受过良好培训、具有高技能的人——他们大多数受过我们的顶尖大学的教育——他们不受欢迎是没有意义的。在微软，我每天都能看到这些政策造成的负面影响。”这样做的并不止美国政府：全球对最佳人才的争夺也正在影响其他国家。实际上，每一个工业化国家都面临着严重的劳动力短缺，特别是在知识部门。

除了恐怖主义之外，还有一种由来已久的说法：与当地居民相比，移民

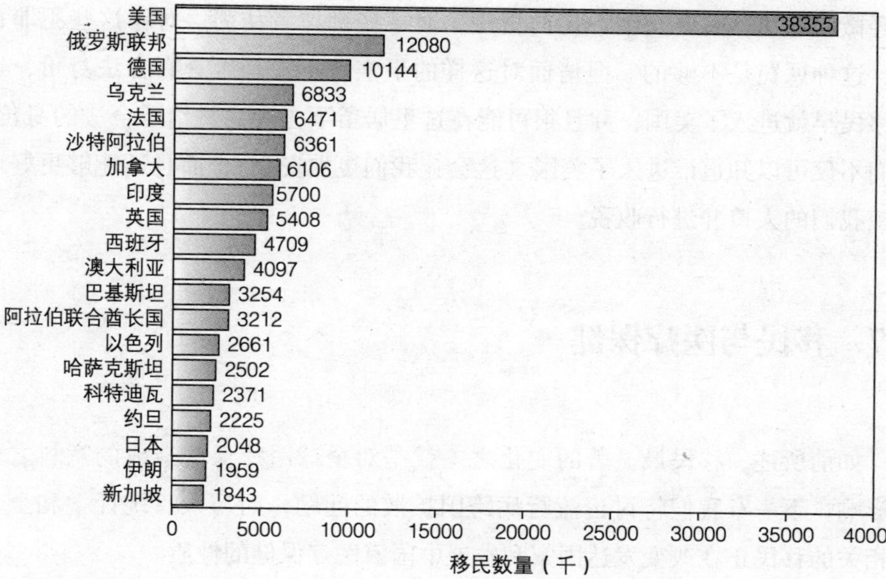

图5.7　2005年拥有最大国际移民数量的国家

资料来源：UN Department of Economic and Social Affairs.

更容易犯罪。但是，就合法移民而言，这种陈词滥调似乎会产生误导。在美国，最近20年进行的研究表明，移民犯罪并不比当地公民的犯罪更多。移民犯罪率常常被高估，因为所有移民的违法行为都被看成是违反了联邦法律。非法移民的犯罪率统计在某种程度上有些矛盾。例如，在美国，移民最多的城市的犯罪率实际上比较低，即便是在过去20年来非法移民不断增加的情况下，暴力犯罪仍然在持续下降。另一项研究表明，非法移民通常与有组织的犯罪有关，而其中性犯罪率较高。这表明，为合法移民制定的移民政策在筛选可疑人物方面是有效的。但是，这还意味着需要更好地解决非法移民问题。

尽管美国需要改革其签证政策以合法地吸引它需要的劳动力，但同时也需要加强边境和港口安全。非法移民使得追踪人员流动更加困难，这意味着美国无法将好人和坏人区分开来。美国不能逆市场潮流而动，而是需要正视其劳动力的短缺，并通过合法移民来解决这一问题。如果美国的农业工作都由合法移民从事，那么就不会对非法移民产生激励。可以考虑的一个政策是对早已进入美国的约1200万名非法移民进行特赦。甚至连布什总统都认可这一点，建议向愿意交纳罚款的非法移民发放Z签证以进行特赦。这些人会受到轻微的惩罚，需要交纳一定的费用，而某些批评者认为，对于这些犯罪行为，这种惩罚是不够的。但请面对这样的事实：不管是否具有合法身价，这些移民早就进入了美国，并且很可能在这里居留下去。通过给予合法的身价，我们不仅可以知道谁进入了美国（这会让我们更加安全），而且还能够更好地监控我们的人口并进行收税。

5.7 移民与医疗保健

如前所述，移民最显著的变化之一就是对全球医疗保健造成的意料之外的影响。下一章我们将讨论流行病跨国扩散的问题，而与人口统计学和全球化相关的移民正在改变发达国家和发展中国家医疗保健的性质。

随着医疗保健支出的不断增加，医务工作者在全球范围内的流动性越来越强。来自几乎所有新兴市场——非洲、东南亚、东欧、中美洲和拉丁美洲——的医生和护士正在所有具有老龄化人口的国家工作。例如，2005年，英国的执业医师中有1/3来自海外。根据WHO的观点，医疗保健部门的移民原因各异。一方面，本国的问题造成了具有高技能的人离开自己的国家去照顾欧洲的老龄人口。看不到晋升的前景、糟糕的管理、无法完成的工作量、生活条件差、暴力严重以及犯罪是造成医疗保健专业人员选择离开的部分原因。这些动机由于在国外可以获得的机会而得到加强。移民的医生和护士可以得到更高的报酬、提升其任职资格、在更加安全的环境中工作，并为自己的家庭提供一个更好的环境。

尽管医疗保健专业人员的移民对于他们定居的那些国家（以及他们自己的生活）是有利的，但对他们离开的那些地区却是有害的。非洲的人口占全球人口的11%，而患病者的人数占全球总病人数的24%，但其医生数量只占全球医生人数的3%。根据WHO的数据，在非洲培养的医生和护士中，大约25%的医生以及5%的护士在富裕的OECD国家中工作。这对于那些失去医疗保健工作者的非洲国家具有可怕的影响。随着医疗保健专业人员移民他国，南非成为了撒哈拉以南非洲国家中唯一达到WHO相关规定的国家。

随着全球经济的加速发展，医疗保健也正在迅速地被拉入市场体系中。

医生和护士可以跨越国界以满足国际需求，病人也可以这样做。医疗旅游（medical tourism）——病人到国外接受更好或更便宜的治疗和手术——变得越来越普遍。但是，越来越多的美国老人选择了永久性迁移。新的医疗技术和治疗手段使得老龄化的美国人能够过上更健康、更有效的生活，但这是要付出代价的：美联储主席本·伯南克（Ben Bernanke）最近说，“几十年来，美国人均医疗保健支出的增加速度一直超过人均收入的提高速度”，而现在美国人的医疗保健支出已经超过了住房和食品支出。政府的估计显示，到2020年，医疗支出将超过美国国内总产值的22%，主要原因是美国的老龄化。实际上，不断加剧的美国老龄化产生的成本越来越高。根据大都会人寿保险公司（MetLife）的报告，现在住在一家美国私人疗养院的每月成本超过了5000美元。对于很多人来说，这笔费用是难以承受的。结果，许多美国退休人员找到了一个解决方案：到国外去。越来越多的人越过南方的国界而移民到拉丁美洲国家。

例如，在墨西哥，一名患者可以住在一套一室的公寓里，每天三顿饭，有洗衣房和清洁服务，由讲英语的雇员提供24小时服务，每个月的费用仅为1300美元——只相当于美国某些地区私人疗养院费用的1/4。尽管许多美国保险公司以及美国政府提供的医疗保险以及医疗补助计划不涵盖外国医疗账单，但某些国外政府会承担居住在其国家的外国人的医疗费用。例如，墨西哥社会保障部（Mexican Social Security Institute，IMSS）允许外国人从其服务中受益。需要使用常规剂量胰岛素和其他药物的患有糖尿病的美国人每年只需要支付140美元就可以报销所有的医疗费用。有意思的是，美国驻墨西哥大使从来没有收到过对墨西哥私人疗养院的抱怨。另外，随着这一产业的扩展，墨西哥政府开始联合美国的大学医院和医疗保健公司共同对生活在私人疗养院的美国人所得到的医疗保健进行标准化。

让美国人舒适地生活在墨西哥或巴拿马等地方的原因并不限于服务的价格。许多美国退休人员居住在离其他移民者不远的地方，如查帕拉湖（Lake Chapala），这是一个美式退休社区，距瓜达拉哈拉（Guadalajara）只有50分钟的路程，距得克萨斯（其气候条件被《国家地理》评选为全球第二）600英里。这些社区十分宜人，设有饭店、卫星电视、报纸、图书馆、社区俱乐部和电影院——所有这一切都是英文的。社区内的饭店多达几十家，还有50多个讲英语的社会机构。

与美国严格的签证法规（“9·11”之后变得更加僵化）相比，外国政府已经建立了促进这类移民的立法。外国政府的这些激励并不是对外国移民做出仁慈的姿态，而是出于精明的商业考虑。他们正在吸引潜在的外国直接投资。美国（以及欧洲）的退休人员——与跨国公司一样——对于当地企业是有益的。他们创造出了对服务（如医疗设施、疗养院的建设以及进一步的医学治疗）以及日常必需品的需求。根据一项对生活在墨西哥和巴拿马的美国人的调查，退休人员在新家和当地花了相当多的钱——在移民的最初18个月里，支出通常超过25万美元。

在世界其他地方，这一现象也在发生，外国政府十分重视这样一个事实：美国退休人员对其国家有利。美国婴儿潮时期出生的退休人员依靠退休金无法承担在佛罗里达或亚利桑那生活的费用，因此他们想到了去国外享受更高水平的生活。

5.8　移民政策

为了认真应对移民的挑战，美国必须接受全球劳动力的竞争与整合。与其他富裕国家一样，美国正在经历一场大规模的人口转型，其公民受过更好的教育，生育率比以往任何时候都低，对低技能或无技能工人的需求持续增长，而且有很多国家愿意提供美国所需的人才。另外，工人的流动是政策制定者没有能力阻止的，只要存在工作岗位，工人们就会来，不管法律是否容忍移民。但是，具有一些先见之明——并且承认移民这种工具的作用非常大——将更宽松的教育签证限制、对早已非法进入美国的工人进行特赦和外来工人的管理措施结合起来，可能会有助于实现有技能和无技能工人的平衡，而这种平衡是国家为了修复面临困境的移民系统而迫切需要的。

美国并非唯一面临移民挑战的国家：现在，移民亚洲、拉丁美洲和欧洲的人比以往任何时候都多。结果，人们认为，国际组织、目的地国和来源国需要共同努力以创造出一个全面、有效的支持移民的环境。目的地国和来源国之间的界线变得越来越模糊，因为以前的净来源国现在则变成了净目的地国。目的地国关心如何吸引正确的劳动力、保护国内工作以及对移民进行整合。来源国则担心失去熟练工人、对汇款的依赖以及移民社区在国内政治中扮演的角色。这些利益需要通过多边论坛而不是过去那种随意的方法才能得到最好的协调。

今天，联合国难民署（UN High Committee on Refugees，UNHCR）和国际移民组织（International Organization for Migration，IOM）是对移民政策进行协调的两个政府间团体。联合国难民署专注于难民——这在移民中所占百分比不断下降。为了解决无家可归的第二次世界大战难民问题而于 1951 年成立的国际移民组织负责移民政策的制定工作，它拥有 121 个成员。国际移民组织 95% 的资金来自对项目的自愿捐助，这使得该组织的资金不足，最多只能就政策提出建议，而不能对移民政策的实施发挥作用。为了建立一个更有效的多边论坛，国际移民组织应该融入联合国体系内，从获得更广泛的成员和更稳定的资金来源。除了更加密切地关注移民趋势外，新建立的联合国国际移民组织可以负责建立一个全球性的移民登记系统，并协调国际刑警组织和各国的努力，以识别试图非法越境的国际罪犯和恐怖分子。另外，它还可以采取措施以快速识别疾病（如禽流感）的爆发。更重要的是，联合国国际移民组织应该建立移民政策的国际指导方针并开发最佳实际，以便使东道国能够达到移民工作条件的质量标准。它还可以致力于为那些在内战和自然灾害期间被迫迁移的难民提供更好的资金支持。

面对滴答作响的人口定时炸弹，阻止移民的努力可能会对经济造成慢性但明确的绞杀。美国和其他富裕国家将持续需要教授、医生和护士、苹果采摘员和保姆，如果不能更好地理解移民社团，那么这些国家将面临人口减少和经济停滞的风险。像美国这样的头号移民目的地国需要专注于建立现实的政策并进行移民改革。不解决非法移民问题或者仅仅在国家间筑起墙壁（就像以前美国和墨西哥之间修筑的墙壁一样）并不能保证移民会消失。目的地国应该将这种潜在的劳动力看成是生产能力的增加，并将其看成是政府可以在经济中加以利用的工具（就像与社会安全和其他退休系统具有重要联系的货币和财政政策一样）。但愿这样的想法有助于减轻存在于移民问题中的排外情绪。在美国，实际上每个公民都是移民的后代。美国总是在吸引全世界最优秀的人才，但在宏观量子世界中，它同样也面临着竞争。在下一代人中，某些新兴市场经济体将成为移民可选择的目的地国。墨西哥已经接受了来自中美洲的大量移民。在不久的将来，如果美国人开始到国外去寻找更好的机会，那也没什么值得奇怪的。

最后，移民来源国也需要控制离开其边境的出口。历史上，美国是墨西哥劳工的一个就业出口。这种依赖很危险，因为出口的阀门可能会被更有效的边境控制所关闭。尽管需要促进人员更自由的跨境流动，但这应该是一个结构化的、有组织的系统，而不是混乱的、针对某些国家的政策。另外，移民来源国不应该完全依赖富裕的目的地国进行监管，而自己则搭便车。毕竟，来源国和目的地国之间的界线越来越模糊了。许多输出多余工人的国家也正在从其他地方引入工人。由于它们的利益差别不再十分明显，通过多边协作，移民输出国和输入国可以协调国内政策，以维护并加速21世纪的资本主义和平。

坚固的篱笆能够造就好邻居吗？

穿过柏林市中心、长达60英里的柏林墙成为了冷战的一个象征。今天，美国和墨西哥之间正在沿边境修建一条计划长达2000英里的墙。这道墙的修建以及25年的维护费用将达到490亿美元。修建这条篱笆是否表明美国政府正在试图传达某种意识形态方面的信息？墨西哥是我们的敌人吗？

每年穿越美国—墨西哥边境进入美国的非法移民都高达数百万人。传统上，美国政府对墨西哥政府未能防止其公民越境大加指责。但是，这只这个极端复杂的问题的一个方面。

当布什总统于2007年会见新当选的墨西哥总统费利佩·卡尔德龙（Felipe Calderon）时，他反复表达了墨西哥采取措施遏制非法移民潮的必要性。卡尔德龙总统做出了承诺，但有一个条件：布什总统最好控制住美国的武器非法进入墨西哥。墨西哥95%的非法武器都是来自美国。今天，贩毒集团的武器装备常常比警察和军队的还要精良。2007年，在利用这些走私武器进行的交战中，2500多名墨西哥公民被杀害。

“9·11”之后，用来支持在边境建篱笆的第二个论点集中在国家安全上。例如，在关于篱笆的讨论中，共和党议员、众议院军事委员会成员邓肯·亨特（Duncan Hunter）说：“看一看过去几年中穿越那一段边境的人员名单，其中有许多人来自恐怖主义国家和支持恐怖主义的国家。”但是，墨西哥并不是其中之一。建立边境墙是美国政府制定的微观国内政策的一个例子，它令我们南边的邻居感到愤慨。但是，专注于从南到北的人员流动是不正确的。如果美国真的希望得到墨西哥的政治支持以便保护其边境，它就应该颁布更严格的枪支法律（这会令全球枪支协会以及武器生产商感到非常气愤），并更好地实施这些法律。

篱笆似乎恶化了犯罪，并需要大量的人员成本。因为篱笆将美国重要的城市包围了起来，所以移民都被迫穿越农村和荒凉的沙漠。这提高了人口贩子的成本——同时也增加了其利润，但也导致更多人员的死亡：1996～2000年，因穿越边境而死亡的人数增加了4倍。

另外，美国非常需要来自墨西哥和其他国家的移民以维持其经济的活力。不可思议的是，建造这些篱笆可能会产生一些意想不到的后果。有没有人想到，为了建造这些篱笆，我们会雇用非法移民？我们早就提到，在过去15年中，在美国的西班牙建筑工人数量出现了大幅增长。根据劳工统计局的数据，外国工人占美国建筑工人数量的20%。如果官方的数字是20%，那么我们可以推测，在建筑业工作的实际非法移民数量肯定更高。因此，即使关于篱笆的大量诉讼和立法争论结束了，反对外来移民的美国人希望凭借篱笆将其拒之门外的那些人可能仍然会占建筑工人的一大部分。

第 6 章

注重明天的健康而不是为昨天的疾病买单

这个世界上很多人都是用自己的健康换取财富，然后再用自己的财富购买健康。

——里伯·马特里（A. J. Reb Materi）

在今天这个全球化的时代，商品在不停地流动，人员在不停地流动，而疾病也随着他们的移动而传播开来——细菌悄悄地潜入手提箱的角落里，变种的超级细菌漂浮在空气中并进入飞机的通风系统内，含有炭疽病毒的包裹随着邮件的发送而传播，某些国家制造的玩具也遭到了重金属的污染。最近，尽管疾病的跨国流行以及生化恐怖主义的威胁充斥着各国报纸的头版头条，但是，健康的宏观量子概念却远远超出了细菌、恐怖分子和受污染的货物这一范畴。健康是一个国家比较优势的重要组成部分，如果不能充分重视这个问题，一个国家的劳动力就会受到不利影响，并阻碍商业的发展。

想想看，当今世界最可怕的杀手是那些常见的慢性疾病，它们都与不良的生活习惯（如抽烟、不运动、肥胖等）有关，且都是可以预防的，如心脏病、中风、癌症或II型糖尿病。在全球化和经济普遍繁荣的背景下，各种各样的相关疾病伴随着长期不运动和消费欲的增长一起出现。专家估计，从2005 年到2015 年，慢性病会在全球范围内增长17%。尽管某些疾病是人口老龄化不可避免的产物，但通过简单易行的预防性行为（如定期体检、勤于锻炼、适当的营养和戒烟），很多令人痛苦的疾病是可以预防的。

正是由于我们不重视这些简单的预防措施，所以我们不仅要在得病时花费很多钱（数倍于预防疾病的成本）进行治疗，而且还会浪费最宝贵的资源——人力资本。依赖治疗会导致人们的寿命缩短、生产率降低。根据美国疾病控制预防中心（Centers for Disease Control and Prevention，CDC）的统计，每 10 个美国人中至少有 1 个受到慢性疾病的影响，而且，全球至少有 2500 万人在承受着慢性疾病给他们造成的损失。同时，除了对个人的侵害之外，我们的商业也承担了由于健康原因而导致的高昂成本，比如医疗和养老方面的成本——特别是像美国这样的国家，因为在美国，员工的大部分医疗保障是由雇主而不是政府买单（参见表 6.1）。

表 6.1　各国人口预期寿命（2005 ~ 2010 年平均值）

排　名	国家/地区	出生时预期寿命（年）	男性	女性
	世界平均值	67.2	65	69.5
1	日本	82.6	79	86.1
2	中国香港	82.2	79.4	85.1
3	冰岛	81.8	80.2	83.3
10	法国	80.7	77.1	84.1
11	加拿大	80.7	78.3	82.9
12	意大利	80.5	77.5	83.5
22	英国	79.4	77.2	81.6
23	德国	79.4	76.5	82.1
38	美国	78.2	75.6	80.8
48	墨西哥	76.2	73.7	78.6
82	中国	73	71.3	74.8
110	印度尼西亚	70.7	68.7	72.7
194	莫桑比克	42.1	41.7	42.4
195	斯威士兰	39.6	39.8	39.4

资料来源：UN 2006.

为了确保美国企业在全球竞争中的地位，我们必须从根本上转变对健康的认识。回忆一下前面关于 GDP 的讨论：GDP 就是人口与人均产出的乘积。慢性疾病同时影响着两个变量：人口（更好的健康状况有助于延长寿命、降低婴儿死亡率）和人均产出（不仅是健康的员工比不健康的员工更有效率，而且卸去员工医疗保健费用负担并且请病假者较少的企业的效率也更高）（如图6.1所示）。就像西奥多·罗斯福曾说过的："如果一国的国民既贫穷又不健康，那么这个国家就不可能强大。"只有借助良好的政策和人们生活方式的改变，健康才能从拖累美国经济的因素转变成其最大的资产：健康、高效的人力资本。

美国目前的现状比大多数人预想得要差得多。作为世界上最富裕的国家，美国在生活方式病方面也走在世界的最前列，这并不奇怪。在美国，慢性病带来的医疗成本和死亡大约占总数的70%，高于全球平均值60%。在过去的30年里，美国的儿童肥胖症患者增加了4倍，哮喘病患者是原来的3倍。但是，可能让人感到惊讶的是，美国在医疗保健上的支出比其他任何国家都多——2007年高达2.3万亿美元，人均为7600美元——而美国人的预期寿命在195个国家中仅排名第38位。

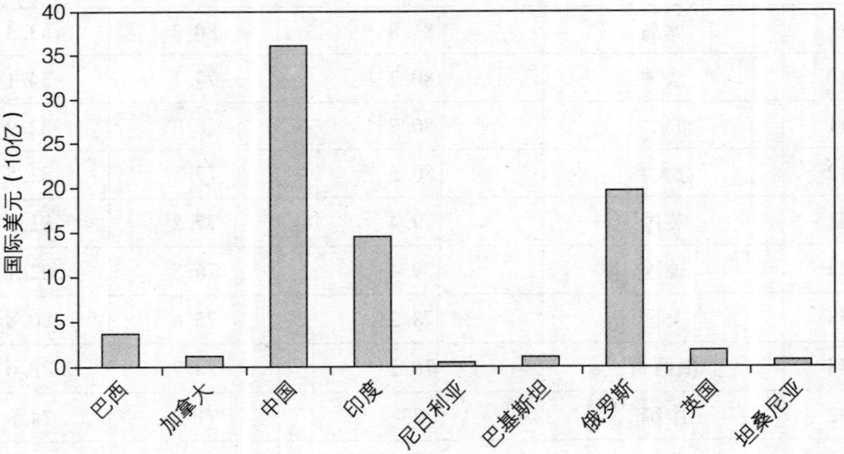

图6.1　到2015年，如果全球慢性疾病以每年2%的水平下降，每年可增加的劳动力价值

资料来源：WHO.

尽管大多数工业化国家都至少为其公民提供基本标准的医疗保健——通常被称为"社会化医疗"（socialized medicine）——但大多数美国人和他们的雇主要自行承担医疗费用。然而，美国政府每年6000亿美元的支出仍然比大多数国家的整个社会医疗体系的支出要高。一项针对澳大利亚、加拿大、新西兰、英国和美国的对比研究发现，在衡量医疗保健的 30 项指标中，美国在 16 项上表现最为糟糕，而且“收入不同的病人其体验也存在显著差距——特别是收入水平低于平均值的成年病人”。这项研究说明了我们目前面临的窘境：我们在医疗保健上花的钱比任何国家都多，但从很多指标上看，我们没有得到必要的医疗保障。实际上，作为对美国医疗体系失灵的不满，越来越多的美国人到国外去接受医疗（如图 6.2 所示）。

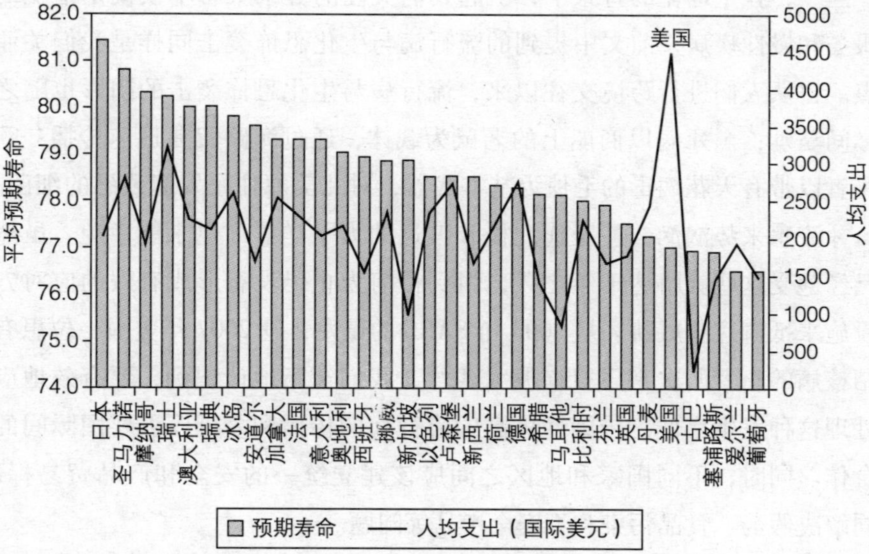

图 6.2　人均健康成本和平均人口寿命

资料来源：UC Atlas，University of California Santa Clara. http：//ucatlas. ucsc. edu/health/spend/cost_ longlife75. gif.

虽然从根本上说，对生活方式的选择是个人的责任，但由于未能让公众意味到健康问题，使得医疗保健费用超出了许多美国人的承受能力，并且鼓励人们去治疗而不是预防，公共部门也应该受到指责。其他国家的医疗保健体系在集中控制、管制、费用分配以及私人保险的作用方面都存在不同程度的差异，但无论从哪个标准来看，美国的医疗保健体系都显得特别复杂而臃肿。其复杂的激励结构在刺激部分人群对医疗服务过度消费的同时，又导致其他人因负担不起高额的医疗费用而被排除在医疗保障系统之外，并在医生、保险公司和患者之间造成了误解和矛盾。就预防医疗的现状而言，2009 财政年度美国疾病控制中心要求将9.32亿美元用于“健康促进”，其中包括慢性疾病的预防费用和先天性基因缺陷的研究经费，比上年减少了3000万美元。这仅占防止与健康相关的恐怖袭击所需费用（14.19亿美元）的2/3，也仅是治疗传染性疾病所需费用（18.7亿美元）的1/2。因此，改变美国扭曲的医疗价格体系，优化其服务提供方式，可以将美国公司从过于沉重的经济负担中解脱出来，使它们更好地和医疗体制社会化国家的公司进行竞争。

当然，在全球化的背景下，引起我们关注的健康威胁不仅仅是糟糕的医疗服务和慢性疾病，前文中提到的流行病与生化恐怖袭击同样是我们关注的焦点。自从人们进行跨境交往以来，流行病与生化恐怖袭击的阴影也随之在国际间蔓延：黑死病以商船上的老鼠为载体，通过海路贸易迅速传播；欧洲殖民者以带有天花病毒的毛毯为基本武器，对北美原住民发起残忍的细菌战；西班牙流感来势汹汹，甚至连北极和偏远的太平洋群岛也未能幸免。虽然人们已经饱受这些威胁达千年之久，但到目前为止仍没有形成有效的应对方法和设施来抵御这些威胁。从2003年SARS的爆发，到2007年美国一位患有致命结核病的患者两次乘飞机横渡大西洋，我们清晰地认识到，要有效地应对和处理这种发生率低、传染性极高的流行病的传播和蔓延，需要国际间的密切合作。同时，不同国家和地区之间应该建立统一的安全和产品贸易标准，共同解决假药、食品污染和不安全产品等问题。

应对流行病、生化恐怖袭击和假药问题需要在全球范围内制定一个整体的宏观量子健康保护计划。但是，一个真正全面的计划还需要考虑有关健康的不太引人注目的问题——医疗保健激励机制、医疗成本、慢性疾病管理、预防性保健措施。在宏观量子世界里，健康被看成是一种竞争性的资产，需要通过良好的公共政策来进行控制和利用。因此，公共部门必须在保障健康、对抗慢性疾病方面发挥更积极的作用。正如美国进步中心（Center for American Progress）的珍妮·兰布罗（Jeanne Lambrew）所写的那样：“疾病预防更像是保护国土安全，而不是健康保险：每个人都需要它，但没有人注意到它是否真正有效，它取决于坚定、强大的领导者和体系。”拥有一套无法应对现代挑战的医疗体系就是一场灾难，对于人口老龄化且国民身体状况不佳的七国集团来说更是如此。

底线

公司可以从健康的员工身上获益。一项研究发现，由工人的慢性疾病所导致的生产率损失是治疗慢性疾病所需费用的4倍。2005年，全世界高达56%的劳动人口死亡以及40%的工作时间损失都与慢性疾病密切相关。除此以外，企业雇主还需要被迫承担由不健康的劳动力所带来的成本损失，包括员工的残疾、意外缺席、工作效率的降低、事故发生率的增加，以及这些因素在工作质量和客户服务质量上产生的消极影响。依照经济学家提出的观点，从长远看，是工人通过微薄的工资为他们的卫生保健买单，但从短期来看，负担这些花费的却是企业雇主。根据新美国基金会（New America Foundation）的报告，美国生产商在员工保健福利上的支出比其他国家的贸易伙伴高出2倍多，这对美国企业造成了伤害（参见表6.2）。

表6.2　因心血管疾病而损失的可用于生产的年数

	2000年损失	10万人中所占比例	2030年损失	10万人中所占比例
巴西	1060840	2121	1741620	1957
南非	302265	2753	391980	2667
俄罗斯	3314014	5684	3208265	5887
中国	6666990	1595	10460030	1863
印度	9221165	3572	17937070	3707
美国	1631825	1267	1972215	1661

资料来源："A Race Against Time: The Challenge of Cardiovascular Disease in Developing Economies," Center for Global Health and Economic Development, 2004.

现行主导的养老金和退休福利惯例要求美国企业对其员工和退休人员的健康保障承担既定责任。随着人们平均寿命的不断延长，这笔花费也越来越庞大。事实上，一些专家认为，现在美国大型汽车制造商面临的最大限制不是汽车制造方面的比较劣势，而是养老金资金不足所造成的窘迫处境。

退休人员的健康保障是如何限制美国企业发展的呢？只要你曾经学过基础会计课程，你就必然会了解会计的这项根本原则：企业拥有的（资产）一定等于它所欠的（负债）与它的投资（权益）之和。如果会计总是这样直截了当，那么企业就不必花钱雇用专业人员来准备其财务报表。养老金就是一个非常明显的例子，它揭示出了复杂的会计规则是如何使公司的真实财政状况变得令人难以理解的。在2006年《美国养老金保护法案》（*U.S. Pension Protection Act*）颁布以前，公司可以利用会计规则在资产负债表上刻意回避未来健康保障和退休金等问题，从而使公司的财务状况显得更加理想。公司对工人未来的退休金和健康保障做出慷慨承诺，并以此为幌子，换取工会工人较低的工资待遇。但是，这些公司实际上并没有足够的资产来兑现这些承诺。

2006年的改革要求企业对资金不足的退休金计划支付额外的费用，并要求企业采用类似“逐日盯市”（mark-to-market，即以当前市场价格对其资产进行估值，允许进行“平滑”以保持价格的相对恒定）的方法，对其退休金计划的负债进行更准确的度量。在此之前，为退休金融资的资产被记录在历史账面价值里。然而，随着利率的降低，这些资产的价值也随之降低，而负债却因越来越多的员工退休而不断增长。2005年，据专家计算，2000～2005年间，退休金负债的增长速度比公司资产的增长速度高出50%。自从这项改革实行以后，退休金资金不足的企业突然发现自己陷入了困境之中。以通用汽车公司为例，甚至在信贷危机令股票市场摇摇欲坠以前，通用公司就已经陷入了危机。

根据汽车工人联合工会和通用汽车达成的协议，通用汽车工人获得的工资较低，但享受的其他福利却很高。工人退休金和“其他退休后福利”的承诺并不被当成是资产负债表中的负债。但后来，随着员工的退休或被裁员，这些福利变成了现实，通用汽车开始向其养老基金中注入大量的资金。2006年，仅仅是在职员工和退休人员的医疗保健方面，通用汽车的资金缺口就高达850亿美元，相当于整个公司市值的8倍。因此有人开玩笑说，通用汽车不再是汽车制造公司，而是通过制造汽车来偿还债务的养老基金。如果通用汽车破产，那么这些债务很可能就是罪魁祸首。

据企业估算，医疗保健支出给通用生产的每一辆汽车增加了1500美元的成本，给克莱斯勒生产的每一辆汽车增加了1400美元的成本，给福特生产的每一辆汽车增加了1100美元的成本。与此相比，日本的汽车公司虽然付给员工的薪水较高，但在国际汽车市场上仍具有很强的竞争力。这是因为，在日本，为退休人员健康保障买单的不是企业，而是日本政府。为避免其他产业遭遇与美国汽车产业相同的悲惨命运，推行退休金改革并让公共部门在医疗保健中发挥更大的作用势在必行。

6.1　不健康的生活方式

与每天都很活跃的商品和服务交易不同，人口中的某些群体缺乏运动。这种久坐不动的生活方式迫使人们付出了一定的代价，即不健康的身体状况和寿命的缩短。尽管医疗技术的进步和创新延长了人类的预期寿命，但巨大的消费能力却造成了过度消费的社会文化现象。

在美国，大约有 2500 万名儿童患有肥胖症——占美国全部儿童和青少年总人数的 1/3。肥胖症致使整个国家工人的身体状况呈下滑趋势，使他们更容易受到Ⅱ型糖尿病、高胆固醇、心脏病、肝炎、肝功能衰竭和睡眠呼吸暂停综合症等疾病的侵害。而儿童肥胖症也是由不良的生活习惯造成的。

美国人的肥胖率高，烟草、毒品和麻醉剂泛滥，花在开车和办公桌前的时间越来越多，无怪乎联合国估算的古巴人的平均预期寿命高于美国人的平均预期寿命。尽管美国人对本国的医疗保健大加吹捧，认为它几乎能治疗所有疾病，当属世界第一，但数据显示，美国在很多方面仍处于落后的位置。我们确实拥有一些世界上最高明的专业医师，但是，不良的生活习惯以及对外科手术和术后专业护理的过度依赖却是极不明智的。如果我们能更加注重日常健康生活的细节，就能为国家省下一大笔医疗费用。

当然，政府政策不能强制为个人做出选择，但是它可以对人民进行宣传教育，并通过税收手段调整激励结构。上世纪烟草产业的情况就是一个很好的例子。现在我们都知道，吸烟会导致多种疾病的产生，包括肺癌、心脏病、肺气肿、支气管炎、慢性呼吸道阻塞、动脉硬化和末梢血管疾病等，而且其中很多疾病不能完全治愈，还有一些特殊病症需要采用极端的治疗方式，如末梢血管疾病，就需要通过截肢的方式进行治疗。但在 19 世纪早期，当烟草首次被引入美国时，大多数人对它带来的并发症并不十分了解。尽管 20 世纪早期的进步人士曾因卫生和道德原因发起过戒烟运动，但在第一次世界大战期间，仍然有很多军队的外科医生提倡用烟草来为伤员消除精神压力、缓解疼痛。直到20世纪50年代，科学家才开始认识到烟草中存在的致癌物质。

20世纪60年代以来，政府颁布的烟草方面的政策促使越来越多的美国人加入到戒烟行列之中，并使他们逐渐远离这种“致癌的烟草棒”。现在吸烟仍被认为是导致疾病和死亡的首要因素（2006年，估计有20%的美国成年人是烟民，总人数高达4530万人），如图6.3所示，但是近年来吸烟人数已显著减少，这主要归功于政府的多元政策：限制烟草广告，向潜在消费者和儿童宣传吸烟造成的身体伤害，并提高烟草价格。从1969年起，新闻和广播里就禁止播放香烟广告，而从1999年起，连广告牌上的香烟广告也被逐渐取缔了。2002年，美国43个州和哥伦比亚特区都提高了对烟草产业的征税。每盒烟的平均征税从原来的43.4美分提升到了1.11美元。而现行的联邦税也达到了每盒39美分。此外，针对烟草企业的大量诉讼案件表明人们用于反吸烟运动的费用增加了。过去40年来吸烟人数不断减少表明，类似的政策——税收、广告限制和宣传活动——在应用于其他生活方式选择问题时也是有效的。

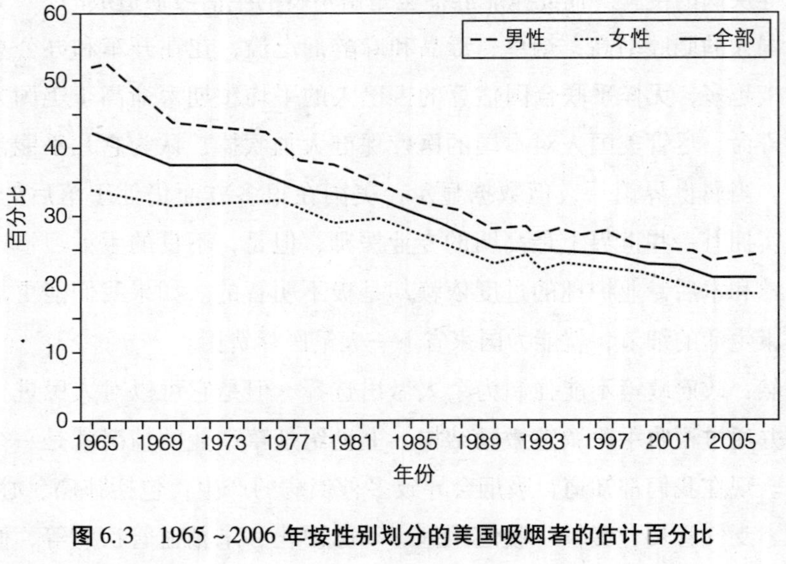

图6.3 1965～2006年按性别划分的美国吸烟者的估计百分比

尽管美国似乎在反吸烟运动中获得了胜利，但美国烟草公司仍然继续向其他新兴市场出售烟草。2007年，美国1/5以上的烟草都是以国外市场为目的地生产的。世界卫生组织称，世界上的8大死亡原因中，有6项与吸烟密切相关，且在吸烟造成的死亡中，有80%发生在吸烟后的短短几十年间。研究发现，烟草税每提高10%，香烟的消费量在高收入国家就会降低4%，在低收入国家降低8%。这些数据表明，在美国收到良好效果的禁烟措施，在低收入国家会更加有效。与此同时，严格的烟草交易和烟草走私管制也能减缓吸烟人口的增长速度，有效解决吸烟所导致的健康问题。

不管是在国内还是在国际间，另一个值得我们关注的方面就是食物和饮食习惯。农业部的报告指出，2005年全美人均动物蛋白（牛羊肉、猪肉和鱼肉）摄取量达到200磅，比1970年高出22磅。尽管美国人逐渐转为食用低脂肪肉类，但同时他们又过多地消费高热量、低营养的食物，所以整体饮食结构欠佳。实际上，美国人热量摄取的增加是过多消费加工食品造成的。早在20世纪70年代尼克松政府期间，美国政府就面临着一个巨大的难题，即粮食价格不断上涨，这一问题在2007年和2008年又再次出现。1973年，粮食价格的年上涨率达到了8%。为缓解这一问题对美国人钱包的影响，尼克松总统设计出了一套国内粮食政策。他设法抑制了加工食品价格的上涨，同时允许初级农产品价格的上涨。因此，对一般的美国消费者来说，加工食品比未加工食品就贵不了多少。为了支持加工产品政策的实施，提高支持率，尼克松政府开始对玉米实行大量补贴，这项补贴政策一直持续到现在。一项研究发现，在麦当劳典型的一餐中，由玉米加工的食品有13种。除此以外，玉米及其副产品（如高果糖玉米糖浆）占超市货架上所有食用商品的25%。在任何一种加工食物中，几乎都可以找到高果糖玉米糖浆的影子。由于这种糖浆很难被消化，需要摄入比普通糖浆更多的数量来维持身体的正常机能。这最终又将导致Ⅱ型糖尿病的增加和肥胖率的快速增长。

对玉米食品的依赖以及对加工食品、热量和蛋白质摄取量的提高同样对环境领域产生了影响：普通美国人年均饮食产生的二氧化碳当量（包括二氧化碳、甲烷和其他温室气体）比严格的素食者高出1.5吨。因此，只要每星期少吃几个鸡蛋或汉堡，温室气体的排放量就会大幅降低。2002年，美国食物生产消耗的能量占所有化石燃料的17%。

2007年，另一轮的粮食价格上涨开始出现。随着粮食价格的迅猛上涨，与我们生产和消费食品的方式相关的问题对于安全、贸易、贫困、环境变得至关重要，更不要说对于健康了。人们对粮食的需求不断增长，包括人类的食品消费和乙醇的生产加工。对以前深受饥饿折磨的人们来说，多出来的热量是一件好事，因为这说明他们的生活水平提高了。但在美国，多出来的热量完全是多余的。这不仅令一般美国人的腰围增加，更造成了全球范围内的不稳定。要解决这一问题，我们同样可以借助戒烟的成功经验。对营养的认识（如在餐馆张贴营养信息）以及对高果糖玉米糖浆征收消费税，有助于使美国人回到健康饮食的正确轨道上来。除此以外，我们还应注意将预防措施扩展到传统场所以外，包括学校、工作场所、超市和药店等，并精心制定政策，将营养食品和健康食品变成一项诱人（或者更便宜）的饮食选择。

6.2 医疗保健提供者与保险

除了生活方式的选择之外，还存在着很多其他危害身体健康的系统变量。在美国医疗保健系统中，保险机构采取了错误的刺激方案，重视医学治疗而忽略了预防的作用，并使需求远远大于供给。而这些特征在本质上是相互联系的。通过培训，医疗保健提供者把工作重心放在治疗而非预防上。同时，保险公司不愿投资预防保险，因为这项保险只能在未来使其他保险公司受益。

在传统的美国医疗保健计划中，医生根据自己所提供的服务获得收入，即他们所开药方上的药品越多，做的手术越多，收入就越高。享有医疗保险的病人只需要支付医疗费用的很小一部分，所以一般不去质疑医生的诊断。这就有可能导致对患者进行长期、过度的治疗。据估算，每年有 3 万美国人死于不必要的医疗程序或过度治疗——相当于每星期有一架波音 747 飞机坠毁，并且乘客无一生还。另有 9 万到 40 万名病人因错误用药而受到伤害或死亡（由于处方、剂量或多重处方所致）。据一些批评家估计，美国在医疗保健上的花费每年在5000 亿～7000 亿美元之间，大约相当于 GDP 的 5%，而这些花费对于改善人们的健康来说效果甚微，甚至毫无效果。电子病历系统能够辅助医生，特别是急救医护人员，以更好地对患者进行医治，避免不必要或存在潜在危险的治疗，从而可以节省数十亿美元（更不用说可能被挽救的生命）。但是，目前美国的绝大多数病历都是采用文本形式记录的，电子病历系统仅仅被全国不到 1/4 的主治医师使用，这就进一步加剧了美国的过度治疗危机。

除了对医生、病人和保险公司提供的激励不恰当之外，医生和护士的缺乏也推动了美国医疗价格的提高，这也使得病人不太愿意进行早期治疗。与同等条件下的其他发达国家相比，美国一家医院每天的平均医疗花费高出了 4 倍。这种情况造成了医院医疗中很大的不平衡：美国将其经济收入的 16% 用于医疗服务，但全国仍有 4700 万人口缺乏医疗保险，另有数百万人享有不充分的医疗保健。据美国人口普查局报告，美国有高达 15.6% 的人口没有医疗保险，这意味着他们要负担全部医疗费用。没有参加医疗保险的病人经常通过急诊来治疗并不十分紧急的病情，因为急诊室必须对病人进行治疗，不管病人是否具有足够的支付能力，这使得这些重要的设施中总是人满为患。更糟糕的是，没有参加医疗保险的病人有时甚至需要等病情恶化到确实需要急救的时候才去就医。

甚至对享有医疗保险的美国人来说，目前的医疗状况也并不乐观。在美国，医疗保险在很大程度上被认为是企业雇主所应承担的责任，所以，为节约成本，减少过度消费，一些企业雇主转而采用“消费者主导型医疗保健”（consumer driven health care），即健康储蓄账户（health savings accounts，HSAs）和高自付额健康计划（high-deductible health plans，HDHPs）。这两种方案相互配合，有助于避免美国传统保险计划所带来的医疗保健过度消费的道德风险。但实际上，消费者主导型医疗保健反而加深了医疗偏见。高自付额健康计划是一项廉价的医疗保险方案，它只支付医疗费用中超过一定数额的费用，而低于这一数额的医疗费用由患者自己承担。鉴于高自付额健康计划比传统的医疗保健计划的费用更低，投保人可以将余下的钱存放到免税的健康储蓄账户中去，用于未来的医疗费用。然而，我们发现，当病人要为常规治疗支付费用时——哪怕是费用很少——他们都会放弃寻求治疗。由于他们放弃了基本的年度体检，不能及时发现疾病的细微征兆并予以重视和治疗，所以他们的身体更容易出现较大的健康问题。例如，一项研究显示，哪怕只多花 10 美元也会导致乳腺 X 光检查频率的大幅降低。事实上，这笔账并不划算，现在做乳腺 X 光检查所需支付的费用比将来万一形成癌症时所需治疗费用要少的多。另一项研究发现，对年长者采取的高血压控制预防措施也能在

25年之内节省医疗保险费用8900亿美元。

英国的社会医疗保健制度与美国大不相同。在英国，尽管存在私人医疗服务，但国民保健体系（National Health Service，NHS）承担了医疗服务的主要费用。常规治疗主要由基层全科医生进行，他们虽然是私人医生，却与英国国民保健体系密切相关；根据工作情况和绩效等，他们可以从英国国民保健体系领取工资。病人需要对医生开出的每张处方缴纳固定的费用，而费用的大小不受处方上所列药品数量的影响，因为药品费用都是由英国国民保健体系所支付的。此外，基层全科医生还可以推荐他们的病人进一步接受更专业的治疗。尽管一些批评家认为英国现行医疗体系阻碍了医院专业医疗设备的购买和使用，增加了病危特别护理的等待时间，但英国大众对该医疗体系的整体满意度还是很高的。由于常规治疗和预防医疗大多免费，英国也成功了避免了公民因担心医疗费用而放弃预防治疗的问题。

在美国推行与英国国民保健体系类似的医疗保健制度的做法存在着争议，且可能性较低。尽管如此，重新定义公共部门在医疗保健中的作用对于解决美国医疗保健体系中存在的问题仍大有裨益。公共部门可以增加免疫和筛选的程序，并提供更多拥有职业护士和专业医务人员的诊所，为患者提供便捷的医疗诊断和预防服务。

6.3 医疗旅游

美国医疗费用变得越来越无法控制，以至于不少美国人为节省医疗费用而出国接受治疗，甚至是去发展中国家。实际上，大约有8500万无保险或保险额不足的美国人选择医疗旅行，以回避美国医疗费用过高的问题，而且这一数目还在不断增长。

一名美国患者去印度在美国职业认证职业医师的操作下进行心脏瓣膜置换手术，并享受一次度假旅行，整个手术的费用加上往返机票，总共需要支付1万美元。虽然这是一笔相当可观的数目，但却只相当于美国国内相同手术费用的5%。2006年，15万美国公民到阿根廷、墨西哥、哥斯达黎加、泰国、新加坡和印度接受从激光视力矫正到神经外科的各种手术。例如，泰国每年都要接待来自世界各地的 60 万名医疗旅游者。

然而，不少人对医疗外包产生了误解。在美国，媒体将外包看成是美国高失业率和工业受打击的同义词。如果普通的美国人没有足够的经济能力在自己国家支付医疗费用，那说明这个国家的医疗保障系统必定存在着不少问题。2006 年医疗旅游业的总体价值为 200 亿美元（预计到 2010 年这一数字会翻倍），表明全球性医疗系统与单个国家的医疗系统相比具有很大的优越性。美国、加拿大、英国和其他一些国家也越来越意识到境外医疗保健资源的价值。

美国的大学也积极参与到这个医疗全球化的进程中。各大医学院校及其附属的教学医院在新的全球化医疗市场上展开了正面竞争。原来由学校所有的医疗机构发生了质的变化。例如，在班加罗尔，一些医疗保健机构被并入知名品牌（如约翰斯霍普金斯大学、塔夫茨大学及哈佛大学等）的旗下。但是，这些大学进入国外新兴市场与当地医院合作，并不完全是为了利用当地手术成本低的便利条件赚取更多金钱，而是因为这些学术机构逐渐认识到了医疗全球化的趋势，这与每年上万人到国外接受治疗的原因是一样的。换句话说，“医疗保健正逐步迈向世界舞台，相信在不久的将来，世界上的各个地区都能享受相同的高质量的医疗保健服务。在这个全新的高收益领域，哈佛等知名品牌自然不甘人后”。

6.4　国际健康基础设施

除了改革美国的医疗健康体系外，我们还必须预防伴随着不断增加的国际交流而来的跨境宏观量子健康危机。正如其他多边合作一样，通过合作解决这样的危机需要制度变革。1942 年，作为美国公共健康署（U. S. Public Health Service）分支机构的战区疟疾控制办公室意识到，它不仅需要对抗疟疾，还要对抗其他疾病，如在美国东南部和美国部队作战所在的热带地区发现的斑疹伤寒症。新生的机构只用了几年时间就意识到，要让美国人民远离这些疾病，就需要更多的人员和资源。国际健康问题在美国历史上首次被提上国家的议事日程。1946 年，疾病控制中心（即现在的疾病控制预防中心）

成立。美国并不是唯一意识到需要一种新的方式来控制疾病和促进健康的国家。在同一时期，世界卫生组织也在筹备中。1948 年 4 月 7 日，世界卫生组织宪章开始生效。尽管记录世界卫生组织成功和失败的计分单可能会使得其声誉蒙上阴影，但今天我们正在意识到：现有的基础设施不足以应对全球健康问题。

尽管世界卫生组织已经存在了 60 多年，但在它成立 20 年后才真正开始发挥作用。健康问题在 20 世纪 70 年代中期才作为一个全球问题而登上国际舞台。大约就在这个时候，影响力达到顶峰的国际卫生组织开始实施一项雄心勃勃的计划——“到 2000 年人人享有健康”。这个计划最初关注公平、社区参与和横向合作的原则。1977 年世界健康大会（World Health Assembly）决定，世界卫生组织和世界各国政府的主要目标应该是“到 2000 年，世界全部居民都能达到这样一种健康水平，这种健康水平能够使居民们过上社会化的和经济富足的生活”。

尽管已经确立了关于健康的全球性观点，但世界卫生组织的作用从 20 世纪 70 年代开始逐步下降。有缺陷的融资结构、政治上的分歧、与私人机构的竞争结合在一起，使得很多人开始怀疑它是不是还值得存在。一方面，我们应该感谢世界卫生组织把健康当成一个全球问题。另一方面，也许是时候转向新的国家合作网络了。新的合作方式应关注用不同的方式来解决问题。事实证明，一些非政府组织在融资和议程上更有效率。例如，与世界卫生组织相比，比尔·盖茨夫妇基金会（Bill and Melinda Gates Foundation）的年度预算差不多是其 2 倍（分别为 16.6 亿美元和 30.5 亿美元），而且它的议案更有针对性。

盖茨基金会并不是唯一的一家基金，国际社会已经制定了一系列措施来应对传统的健康问题，包括联合国立法，2005 年格林尼格斯八国集团峰会承诺，2006/2007 年为对抗艾滋病、肺结核和疟疾而建立的全球基金，2007 年的推动新疫苗市场承诺，以及 2006 年世界经济论坛关于消灭肺结核的全球计划。世界卫生组织有许多使命，但预算有限，它的工作范围包括从禁烟教育到为免疫融资等。如果世界卫生组织将其注意力重新集中到监控这些任务上，它取得的成功会更大，这会使它成为应对跨境传染病的强大力量。

传染病发生的几率小，但风险很大。想想流行性感冒：你可以在纽约的地铁里发现西班牙语和英语广告，还可以在美国各大医院和医生的办公室里听到医生们像念咒语似的说："你今年接种流感疫苗了吗?"如果你是老年人或小孩子的父母，听到这句话的几率更大。有些人听到后只是耸耸肩，并且决定在生病时再吃感冒药和非处方药。为什么要对这种每年都会出现的小病毒感到大惊小怪呢？我们需要确信在当地医疗中心排队浪费的时间是值得的。

如果我们这么想，那是因为我们从来没有听说过 1918 年爆发的西班牙流感，它造成了全球 20% ~40% 的人生病，5000 万人死亡，大部分是 20 ~50 岁的人。或者我们认为禽流感对禽类是致命的，但不会影响到人类。如果忘记了仅仅在上个世纪就爆发了 3 次流感，那么第 4 次流感注定会来临。

科学家和医疗健康专家们把禽流感看成是下一个潜在威胁有很多原因。从统计和历史的角度看，流感从候鸟传播给家禽再传染给人的可能性是非常大的。随着许多国家尤其是亚洲国家越来越富裕，鸡肉的消费量也明显增长。由于流感病毒每年都会发生变异，于是问题就产生了，如果病毒变异成能影响人类的时候该怎么办？不幸的是，大部分科学家都觉得这个问题不应该用"如果"来表述，而应该用"什么时候"来表述。到目前为止，因禽流感死亡的人数差不多已经有 100 个了，禽流感病毒已经开始传染给人类了。

这是非常危险的：假如 1918 年的流感在今天爆发，那么仅在美国就将有 170 万人死于这种病毒。推广到整个世界，全部死亡人数将达到惊人的 3.6 亿，比整个美国的人口还要多 20%。艾滋病从发现至今已经造成 2500 万到 2800 万人的死亡。现在，人们害怕的不只是禽流感。有人认为它只不过是 5 种潜在的全球传染病之一。其他 4 种疾病是超级肺结核、超级葡萄球菌、超级疟疾和艾滋病。

我们还没有意识到，在我们的世界中，无论是由传染病还是由不良生活方式导致的身体不健康，都严重阻碍了经济的发展和繁荣。作为一个国际监督实体，世界卫生组织应该确保政府恰当地处理和报道传染病威胁，以防跨境传播。

6.5　假药

尽管现代科学已经创造出了能够对抗几乎所有疾病的药物，但在将这些药物提供给最需要的人方面却没有一个领导机构。最大的障碍之一就是如何处理知识产权问题，因为国际知识产权法律中有关鼓励医疗技术发展的内容存在着矛盾。

2007年10月底，中美洲自由贸易协议获得通过。在投票过程中，最有争议的一个方面就是从美国出口到哥斯达黎加的药品同国际知识产权之间存在的冲突。更具体地说，在美国的专利过期之前，哥斯达黎加人将被禁止使用或开发受专利保护的药品。所以，自由贸易协议使得许多哥斯达黎加人无法所到所需的药品，并且有可能威胁到国家健康系统的稳定性。这是一般健康问题（特别是药品问题）转化为国际问题（如贸易）的一个例子。但是，还存在着更大的风险。遍布全球市场的假药每天都在威胁着人们的生命。

想象一下你要住院，需要静脉滴注来活命。如果你知道滴注的药品有20%的几率完全没有有效成分，你会怎么做？或者如果你居住在亚洲或非洲，今年感染了疟疾，去买抗疟疾的非处方药，而买到假药的概率很高，你会怎么做？50%以上的假药中没有有效成分，或是含有无效的抗生素，或只含有能使人暂时感觉好一点的退烧药。

卖假药的黑市产业正在不断扩大，而且缺乏管制。尽管有些国家的政府（如中国政府）已经在努力抑制这一产业，但假药每年的销售额估计会达到320亿美元。事实上，有人认为亚洲的药品50%都是假药。假药制造者的技术越来越高，人们很难区分真药和假药。这些假药造成的潜在威胁是非常惊人的。

这些假药造成的问题之一就是它们使得引发某种疾病的病菌产生抗药性。当假药中含有少量所需的药物时，它就会使病菌对真药产生抗药性。现有的这类超级细菌的变种包括霍乱病菌、沙门氏菌、肺结核病菌、疟疾病菌等，这里列出的只是其中的很少一部分。

假药的另一个危害是引发犯罪和死亡。再看一看疟疾的例子，2005年，这种疾病造成了150万人（90%是儿童）死亡。我们并不知道这些人中有多少人使用了假药，但肯定会有。同样，2008年中国至少有4名儿童因食用含有三聚氰胺的奶粉而死亡，并有数以万计的儿童因此生病。这些假抗疟疾药和婴儿配方奶粉的生产商应该对死者负责。

单个国家无法控制假药交易的增长，而且对那些假药制造者的惩罚也微不足道。我们不仅需要加重对参与制造假药的惩罚，而且国际社会需要联合起来，以保护人民不受公共安全和全球健康问题的威胁。

6.6 健康及相关问题

在宏观量子世界里，健康实际上与其他各个政策领域都相关，包括贸易、安全、移民和环境。随着更多的贸易而来的是更大的健康危机，这种危机与跨境商品相关。2007 年 3 月，100 多个品牌的宠物食品被召回，原因是食品里包含从中国进口的小麦蛋白，这种小麦蛋白里含有一种名叫三聚氰胺的化学物质。2007 年夏天，从中国出口到巴拿马、多米尼亚共和国、加拿大和澳大利亚的牙膏里含有一种用于工业冷冻剂的有毒化学物质二甘醇（diethylene glycol）。随着在发达国家中铅超标的玩具被召回，这种恐慌仍在继续。幸运的是，像美国这样的国家有食品药品管理局，大量不合格的产品被退回生产国。尽管如此，这些产品被生产出来并被摆上了进口国的货架这一事实表明，国际贸易间存在着明显的差距。尽管存在国际公约，但似乎没有人遵守。

出问题的并不是某一个国家。现在正在出现一种增长模式。根据世界卫生组织的说法，“国际化进程中存在着一些需要权衡的问题，这些问题需要在全面考虑健康维度的情况下加以解决。”例如，这种权衡包括发达国家食品与安全法规和低收入国家出口前景之间的权衡。有些国家为了进行全球竞争，对出口商品的法规要比针对在本国市场销售的商品的法规严格得多。同样，发达国家也由于把更多有危害的产业转到发展中国家而备受谴责。富裕国家似乎对把有害产业外包给低收入国家（尤其是出口加工区）已经习以为常了。尽管超国家组织似乎在扮演着监督者的角色以保护低收入国家工人的权利，但自由放任政策现在占据着统治地位，使许多工人的健康甚至是生命处于危险之中。

健康问题已经变成了一个深深嵌入许多国家对外政策的安全问题，以应对各种威胁，包括 SARS、禽流感和生物恐怖主义。因此，健康已经成为了一种对外政策和安全问题。由此导致的与健康领域相关的大量对外政策预算对扩展公众对健康的看法也产生了很大的影响。但是对外政策具体要应对哪些威胁呢？

例如，让我们通过非典来看看一个国内健康问题是如何在短时间内在全球扩散的。就像禽流感一样，非典是一种跨物种传播到人类身上的疾病。SARS 病毒最初只局限在中国境内的果子狸（civet cat）身上。由于找到这种病毒的来源需要一定的时间，因此在中国政府介入之前，有些人仍然在食用果子狸。但就在这个时候，一名一直在治疗 SARS 病人并受到感染的医生没有意识到自己的健康状况，乘飞机去了中国香港。尽管政府已经设法稳定了局面，但一个被传染却未被检查出来的人登上了分机去了另一个地区，使得病毒开始了全球传播。这名医生登记住进旅馆，旅馆中其他被传染的客人后来回到了他们自己的国家（包括新加坡、马来西亚、加拿大、菲律宾、越南和泰国）。这个时候，世界卫生组织介入并确认了这种疾病，但是除了向旅游者发布警告之外什么都做不了。尽管通过大范围的隔离，这种疾病已经在感染国家被消灭，但非典事件证明了全球人口很容易受到自然和人为生物疾病的影响。

说到人为疾病，我们必须考虑到生物恐怖主义在当今世界的作用。全球著名健康专家约翰·韦恩·欧文（John Wyn Owen）和奥利维亚·罗伯茨（Olivia Roberts）说："自'9·11'以后，健康和发展日程就已经与优先提高全球安全、抑制国家失效的对外政策广泛地联系在一起了。生物恐怖主义已经成为健康与安全日程中重要的一部分。"建模技术已经可以用来模拟人类遇到生物恐怖主义袭击时可能出现的情况。尽管这种技术的使用受到美国的限制，但扩散的可能性非常大。如果程序落入不法人员手里，新型生物恐怖主义将完全无法监控。

生物武器可以以低得多的成本造成与核武器同样程度的破坏。另外，病原体很难监控，这就意味着应对这种袭击会非常困难。如果一名恐怖分子用某种疾病发起攻击，除非存在疫苗或抗生素，否则几乎不可能为被传染者提供必要的治疗。被疾病控制中心认定为可能被恐怖分子作为生物武器使用的许多病原体都是无法治愈的。另外，即使有疫苗，高度传染性疾病（如天花）也会使得人群处于危险之中。此外，生物恐怖主义还会造成不必要的大范围恐慌。这本书的许多读者毫无疑问应该都记得炭疽病引发的恐慌。尽管有些恐慌被证明是合理的，但人们的恐慌程度和实际被感染的人数是不成比例的。

那么，究竟威胁有多大呢？尽管这个问题的答案大概只有工作在情报部门的人才能知道，但重要的是，当生物恐怖袭击发生时，世界应该有所准备。这意味着我们应该制定计划以帮助处于危险之中的人群，包括储备当遭到这类袭击时可能用到的各种病原体的疫苗。另外，我们还需要强调信息共享和全球合作的重要性。

在当今世界中，贫困人口被疾病感染的人数是不成比例的，其中许多疾病在发达国家已经被消灭了。每年都造成大约 600 万人口死亡的艾滋病、肺结核、疟疾和传染性疾病都是与贫穷、性别不平等、政府实施的发展政策以及管理不善的医疗保健改革直接相关的。估计每年有 1000 万年龄在 5 岁以下的儿童死于这些疾病，而且几乎全部发生在低收入国家或中等收入国家的贫困地区。

造成这一问题的部分原因是资源分配问题。例如，每年约 1250 亿美元用于健康研究，但其中只有 10% 用于消除发展中国家的健康问题，而这些发展中国家的人口占世界人口的 90%。造成这种局面的一个原因是现存的全球医疗体系结构。公共医疗并没有普遍实现。结果，支付能力往往使得那些最需要医疗的人得不到医疗。确实，现在“迫切需要研究人们的医疗需求以及低收入人群和发展中国家如何能够用得起现在的医疗技术，而不是如何提高人们的支付能力”。

正如我们所看到的，受贫困和疾病折磨的国家有限的经济机遇造成了移民。更加自由的人口流动意味着人们更有可能暴露在疾病的威胁之下，而且疾病的传播速度会更快，但同时也意味着拥有医疗专家的发达国家要以更快的速度来帮助那些处于危难中的国家。

以津巴布韦和艾滋病传染为例。食品短缺、贫困、强迫迁移和干旱迫使上千万的津巴布韦人移民去寻找生存机会。尽管事实上津巴布韦是撒哈拉以南非洲唯一能够稳定和降低艾滋病发病率的国家，但它仍是世界上艾滋病发病率最高的国家之一，约 20% 的人口感染了艾滋病。随着移民们进入其他国家，疾病跨境传播的可能性也提高了。

在那些生计非常艰难的国家，发展过程本身就会对健康带来挑战。现代工业化进程仍在造成污染，这些污染与哮喘、肺癌和其他呼吸及心血管疾病发生率的提高有很大联系。当今的健康问题有很大一部分是由人类活动造成的。城市发展管理不善会造成当地不良基础设施和卫生设施的综合问题，还会影响到国际社会。中国和美国等污染大国对环境有着巨大的影响，这些国家的污染还会对邻国居民的健康造成威胁。

6.7 处方：仅有创可贴是不够的

如果我们的世界打算在未来解决健康问题，那么就必须重建我们的医疗保健体系，同时确立世界卫生组织、世界银行、非政府组织、跨国公司和各国政府新的全球领导地位。我们知道，修复医疗保健体系不是一个简单的过程。想想 1993 年由当时的第一夫人希拉里·罗德海姆·克林顿（Hillary Rodham Clinton）牵头的国民医疗保健改革特别小组提出的 1000 多页的行动计划。即使从国会的标准来看，这一报告也过于冗长，因而受到人们的嘲笑，但坦率地说，我们很难在几页纸上说明当前美国医疗体系、医疗保险、私人保险以及健康储蓄账户。但是，即使只是快速浏览一下，人们也会明白政策的走向。

普华永道会计师事务所的一份报告指出："从全球来看，医疗保健受到一些重大趋势的威胁，如不断增加的需求、成本的上升、质量参差不齐、不恰当的激励措施。如果忽视这些趋势，它们将会颠覆医疗体系，给各个国家造成巨大的经济负担，给生活在其中的人们带来毁灭性的健康问题。"在医疗改革方面，病人、保险公司、医院和医生必须协作，以便提供更好的预防保健和教育。我们需要在医学教育和医疗许可领域进行一项关键性的改革。要为医生和护士提供更多的津贴，同时令工作职责更加灵活，使得护士和助理医师能够承担一些目前由医生承担的任务，这有助于缓解医务人员的供应紧张问题。

尽管美国的医疗体系可能是最昂贵的，但其他国家同样也存在问题。例如，巴西、中国、俄罗斯和印度等国家目前每年因慢性疾病丧失 20 多万劳动力，而其中大部分疾病是可以避免的。2002 年，24 个经济合作及发展组织国家的累计医疗支出为 2.7 万亿美元；普华永道预计，到 2020 年，经济合作与发展组织国家的医疗支出将增长 3 倍，达到 10 万亿美元。完全公费医疗（或通过税收来融资）可能不是最好的解决办法。接受调查的27个国家中，超过75%的医院管理人员和其他医疗部门高管认为，经济责任应当由纳税人和患者共同承担。即使在公费程度较高的医疗系统（如在欧洲和加拿大）中，也只有20%的受访者赞成公费医疗服务，而绝大多数人更赞成纳税人提供资金和病人分摊费用的机制。

在跨境疾病管理方面，世界卫生组织可以确立其作为主要多边机构的地位。如今，世界卫生组织每年的预算只有16.6亿美元（美国疾病预防控制中心和分支机构2009年的预算申请数额为88亿美元）；如果额外的财务负担能够由各成员国分担，那么这一数字可以很容易地增加1倍。但是，世界卫生组织不仅需要增加拨款，同时也需要内部的改革，以提高其工作效率。对于世界卫生组织来说，或许是时候重新定向其财务资源的流向了，比如将药品资金分配给更有效的工作团队。世界卫生组织不应该试图与私人基金会进行竞争，而应该承担起一个新的角色。假药的增多以及对出口产品不同的规定表明，世界需要一个全球性的管理者和监督者。这是世界卫生组织在未来发挥作用的一种方式。在“非典”危机中，世界卫生组织的突出作用之一就是获取并向国际社会传达关于“非典”爆发的信息。作为一个全球性的沟通者和监管机构，世界卫生组织有助于填补在全球健康领域日益扩大的差距。例如，作为一个全球性的食品和药物管理部门，它可以监管出口货物标准，以避免受污染的产品出口。它还可以进行立法，以防止因内部人员的失职造成药品无法送到需要这些药品的人手中。

其他组织（如世界银行、非政府组织和私人基金会）可以帮助填补资金和服务方面的差距。世界银行以及许多私人基金会已成功地筹集到专项基金用于全球健康事务。将这些组织作为未来的潜在医疗保健融资者，使它们将精力集中于最有效的地方。这些组织的成功（以及世界卫生组织的失败）在很大程度上取决于它们作为个体组织在具体项目中的运作能力。在确定新的项目时，不同的组织也可以寄希望于G－20，因为G－7近年来已经在确定新的全球健康目标的过程中取得了成功。

各国医疗保健系统都面临着许多相同的挑战。如果我们转变思想，把健康看成是一个关键的竞争资源，那么在国家层面上对预防保健和慢性疾病的关注自然会随之而来。与那些实行社会医疗制度的国家相比，美国公司和个人必须承担的负担减轻了。各国需要加强信息共享，并对跨境疾病和污染或假药进行管理。通过振兴世界卫生组织，以及采取减轻公司医疗负担、增加医护人员供应等国内举措，美国可能会重新夺回其在全球健康领域中领导者的地位。然而，如果没有这样的变化，美国在改善未来健康方面的失败会使这个国家在竞争日益激烈的全球经济中丧失很多机遇。

医生们在哪里？

在名为《过度治疗》（*Overtreated*）的著作中，苏珊·布朗利（Susan Brownlee）注意到，美国的人均医生人数低于世界其他发达国家的平均数，但收入要高得多。高价格的根源就是供应和需求问题造成的。由于人口老龄化，以及很少有人在病情变得非常严重之前寻求预防保健，对医疗服务的需求出现了急剧增长。

现在，合格的护士和医生的供应严重不足。这种情况在几个国家咨询机构［包括医学研究所（Institute of Medicine）和研究生医学教育委员会（Council on Graduate Medical Education）］发表报告预测医生过剩时就开始出现了。为了防止医生过剩，医学院校主动将每年的录取人数相对稳定地控制在1.6万人左右。从1980年到2005年，入学率没有增长。与此同时，美国医学院协会（Association of American Medical Colleges）的调查显示，美国人口增加了7000多万。虽然学校已经取消了录取上限，但是培训医生需要3~7年的时间。毫无疑问，除了一些关键的专业领域（如普通外科和家庭医疗）外，新一代的医生都会避开那些收入不太高的领域，而去选择那些收入丰厚的专业。农村地区缺少医生的情况尤为严重。

真的能责怪医生吗？哈佛医学院的学生入学第一年就得支付高达60800美元的学费。用上面这个数字乘以4，我们可以得出，一名从研究生院毕业的医生负担着超过24万美元的债务（更不用说他们读本科时欠下的债务）。难怪他们要求如此高的薪水。在美国，虽然医学院校都得到政府的高额补贴，但美国医学院的学杂费仍然很多，而其他发达国家的教育费用往往全部由国家负担。

看来，简单的解决办法，就是开办新的医学院校或用联邦政府的资金扩大现有的医学院校。但是，在美国开办一所符合政府投资规定的新学校需要得到医学教育联络委员会（LCME）的认可，它是由美国医学院协会和美国医学协会主办的一个评审团体。医学教育联络委员会的17名成员中有12名来自上述两个协会。英国也有类似于美国医学教育联络委员会的机构——医学总会（General Medical Council），它的35名成员中只有2名来自类似于美国医学院协会和美国医学协会的利益集团，14名成员来自国家卫生署——这些成员代表了公众的利益。美国医学院协会和美国医学协会代表着一些医生和医学教育工作者，这些人未必会代表美国民众的利益。无论如何，因此而造成的医药行业对医生供应的垄断显然影响了医疗市场。

此外，还要考虑到美国有过多专门的许可法令，它们限制了医疗服务人员的供给，从而限制了竞争，并提高了医生的收入。一项研究估计，诸如申请许可证之类的医疗监管成本每年在2560亿~3392亿美元之间。几乎80%的成人初级保健和90%的儿童保健服务可以很安全地由执业护士提供。

美国的注册护士（RNs）同样供不应求，这也是一个问题。2008年3月的一份报告指出，对注册护士的需求预计每年将增长2%~3%，到2025年，注册护士未满足的需求可能高达50万。虽然来自美国高等护理教育学会（AACN）的一份报告显示，与上年度比，2007年初级护理本科学生的入学人数增加了5.4%，但是这种增加不足以满足对护士的预计需求。美国卫生资源和服务管理部（HRSA）称："为了满足对注册护士服务预计增长的需求，美国的护理课程必须增加90%左右的毕业生。"但是，师资短缺的问题同样存在。美国高等护理教育学会指出，2007年由于师资力量、临床场地、教室空间、临床指导医师以及预算资金的短缺，美国的护理学校拒绝了40285名符合条件的本科和研究生护理课程的申请人。另外，超过75%的注册护士认为，护士短缺是造成其生活质量下降、对病人护理的质量不高以及护士陪伴病人的时间较短的一个主要原因。调查结果表明，这会导致更多的护士流失——会给医院造成极为严重的经济损失。那些在留住护士方面做得很差的医院比那些员工保持率高的医院的平均花费高出360万美元。

普华永道健康研究中心的一份报告提出了应对医生和护士短缺状况的几项策略，包括培养更多的公私合作关系，将技术当成一种培训工具，同时，考虑到资深护士越来越多地成为基层医疗服务的提供者，因此需要设法使其工作更灵活。公私合作关系是指医院、医疗和护理院校以及政府的政策制定者通力协作，发掘和提高医学教育机构的能力。灵活性就是让医生助理和护理师承担更多过去由医生承担的职责，虽然这是目前所不允许的。更多资金将是护理学校发展的关键。由于政府的补贴，医学院校只有不到5%的收入来自学杂费，但政府对注册护士却没有这么慷慨。将以数量为基础的工资标准转化为以绩效为基础的工资标准将有助于通过阻止过度治疗、鼓励更加有效的治疗，从而减轻病人的负担。

削减医疗费用的另一个方法是对过失责任法规进行改革。根据现行的过失责任法规，病人由于医疗事故受到人身伤害的，可以得到大笔赔偿。医疗事故保险和赔偿金的高额费用被转嫁到参加医疗保健的消费者身上。针对这种情况的建议是为损害赔偿设定上限。

总之，根本问题是美国医疗保健服务的供求失衡。然而，在对公共政策进行适度改变后，价格压力可能减轻，这不仅有望提高美国的经济竞争力，还能促进人们的健康。

第 7 章

环境——隐藏的成本

在这个星球上，从长远看，决定最终命运的不是金融大鳄而是生态学家。

——斯图尔特·尤德尔（Stewart Udall）

无论你是否愿意相信全球变暖这个令人讨厌的事实，在宏观量子世界中，环境管理与所有人的关系日益密切——从马拉维（Malawi，非洲国家——译者注）勉强自给自足的农民，到西雅图的混合动力汽车的车主，都会受到这个事实的影响。到2008年，甚至连乔治·布什都改变了他的论调，声称他的政府正在努力“达成一项由所有主要经济体签署的气候协议——谁也不能搭便车”。

不幸的是，公众对环境关注的焦点无一例外地从气候变化转向其他更为迫切但可以控制的环境政策挑战，包括水资源的管理，以及建立平衡的能源、农业、林业和渔业指导原则等。这并不意味着我们可以忘记全球变暖问题，而是说明过去几十年里随着工业化进程和全球化的加快引发了其他一些需要我们严重关注的紧迫的生态问题。

过去50年来，人类的总体生产和消费特征发生了深刻的变化。经济活动的增加和人口的增长，再加上社会的繁荣以及对商品和能源需求的增加，导致生态环境退化和饮用水、清洁的空气、健康的食物和肥沃土壤的短缺。与全球变暖造成的影响不同的是，这些短缺造成的负面影响发生在现在，并且需要今天的人们给予充分的重视。

1983年，当联合国布伦特兰委员会（Brundtland Commission）第一次提出“可持续发展”（sustainable development）这个名词时，它将贫穷确定为造成环境恶化最重要的原因之一。该委员会认为，更大的经济增长（部分原因是受到不断增加的国际贸易的推动）可以创造出必要的资源，以对抗所谓“贫困的污染”（pollution of poverty）：水质下降、住房与卫生设施不足、营养不良和疾病。在我们这个星球上，很多地方还存在着对环境的掠夺，经济的繁荣和消费的增长本身对环境造成了灾难。北美、西欧、日本和澳大利亚消耗石油、金属以及产生废物（如塑料废物和温室气体）的速度平均是发展中国家的32倍。与发达国家一样，发展中国家对食物（参见表7.1）和能源（参见表7.2）的消耗量也大幅增加。

表7.1　1961年和2003年人均消耗的卡路里、谷物和肉类

	分　类	单　位	1961年	2003年
发达国家	谷物	千克/人/年	148.26	131.19
	肉类	千克/人/年	52.43	80.29
	鱼类	千克/人/年	10.77	23.95
	卡路	里卡/人/天	2949.6	3331.11
发展中国家	谷物	千克/人/年	129.1	156.4
	肉类	千克/人/年	9.19	28.91
	鱼类	千克/人/年	5.3	13.94
	卡路里	卡/人/天	1927.31	2668.76

表7.2　1990年和2005年G7和E7家庭的能量消耗（百万千瓦时）

国　家	1990年	2005年（家庭）
英国*	99482	116811
美国	99482	1359227
加拿大	130084	150986
日本	184845	334061
法国*	109593	149810
德国	122803	141800
意大利*	104990	66960
G7国家总计	851279	2319655

（续表）

国　家	1990 年	2005 年（家庭）
印度	31983	103368
印度尼西亚	8877	41184
中国	48080	282481
巴西	51865	83193
韩国	17735	50874
墨西哥	20389	42628
俄罗斯*	95245	108915
E7 国家总计	274174	712643

＊英国、意大利、俄罗斯、法国数据自 1992 年起。
资料来源：UN Statistics division.

我们消耗量更大的并不止这些：千年生态系统评估（Millennium Ecosystem Assessment）的结果表明，自 1960 年以来，我们从河流、湖泊中抽取的水量增加了 1 倍。农业生产对化肥使用量的增加也使得自 1960 年以来氮的排放量增加了 1 倍，同时，磷的排放量增加到原来的 3 倍。大量的森林被砍伐用来耕种以满足人口增长造成的粮食需求，同时世界的很多地方也出现了薪材短缺。反过来，这对我们赖以生存的生态系统造成了不可挽回的损害：地球上 20% 的珊瑚礁已经消失，另外有 20% 正在受到威胁。将近 35% 的红树林（这些树构成了亚热带潮间带生态系统的基础）在过去 20 年里逐渐消失。

与这种危言耸听的说法不同的是，珊瑚礁的减少以及氮排放水平的加倍至少不会在短期内把人类推到灭绝的边缘。但是这些现象确实明显降低了人们的生活质量，在某些受影响较大的地区，人们的生计正在受到威胁。路易斯安那的渔民要去更远的地方花费更多的时间才能捕捞到足够的鱼，孟加拉国的农民面对暴风雨束手无策，祈祷他们的房屋不会在日益严重的洪水中倒塌，东京的慢跑者不得不选择在室内锻炼以避免吸入外面污浊的空气，这些都是环境恶化造成的后果。

7.1 繁荣：是问题还是解决方案?

一些第一世界国家的人认为，随着财富增长到新的富裕阶段，环境恶化将会逐渐减轻，但这实际上只是一种自我安慰。在1995年进行的一项得到广泛赞誉的研究中，普林斯顿大学的经济学家格罗斯曼（Gene M. Grossman）和克鲁格（Alan B. Krueger）发现了收入水平和空气、水质量的"倒U形"关系。当经济从较低的水平开始增长的时候，环境质量开始出现一段时间的恶化，但当到达特定的时间点时，随着财富的增加，环境质量逐渐好转（如图7.1所示）。

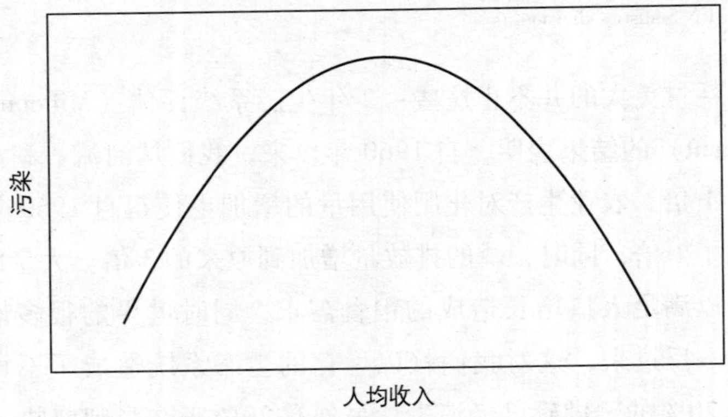

图7.1 污染与GDP的倒U形曲线

在本书中，我们讨论了东亚、中欧、中东地区在增加工业产出、聚集财富以及模仿西方的消费模式方面有多么成功。这些国家（其人口占世界总人口的1/3）正处在曲线的上升阶段。在这些国家里，人们对通过经济增长获得更好生活的需求大于对清洁空气的需求。工业的发展毕竟需要大量的资源，但这些新兴国家对这些资源的利用率却相当低。《经济学人》发布的数据显示，中国发出1单位电力要比发达国家多耗用20%的煤炭资源，并且在传输过程中要损失50%的电量。生产相同的产品，中国的公司在制造过程中的用水量要比发达国家多3~10倍。

在曲线顶峰以及另一侧，富裕国家已经获得了开发清洁技术的资源与技术诀窍，从而降低了增长与环境之间所必需的权衡。但是，污染的减少与技术关系不大，而与发达国家生产什么（以及不生产什么）的关系更大。2007年，美国 GDP 的 78.5% 与服务产业相关，相比之下，这一数字的全球平均值为 64%，而中国仅为 40%。服务产业比工业的污染要少得多，比农业耗费的资源要少得多。发达国家并不单靠服务业生存，它们也需要大量的制造业产品，但现在它们通过进口来获得这些产品（如第 2 章所讨论的），从而让产生污染的生产过程发生在了其他地方。

因此，对于很多种污染物而言，倒 U 形关系都是成立的——G7 国家比 E7 国家更干净——G7 国家的生产污染较小，但其消费的污染更大。今天，通过延长产品生命周期不同阶段的间隔——从原材料提取到加工、使用与销毁——经济已经将消费者选择的影响延伸到了其他国家。一条典型的供应链会跨越几个国家。例如，为了生产一件简单的消费品，人们需要将印度尼西亚的木材和马来西亚的橡胶出口到中国香港及周边的工业生产中心——珠江三角洲进行加工，这些工厂在发电和制造产品过程中对空气和水源造成了污染。这些工厂的电力是由中国山西省开采的煤炭所发出的，它们支撑了大型跨国公司的全球商业战略。它们生产的产品被送到西欧和北美市场。在产品生命周期结束时，废物将被运送到印度进行处理。

这些制成品的最终使用者——美国和其他 G7 国家的居民——应该对这些污染承担部分责任。这不仅能够为他们赢得好名声，而且有实际意义。在宏观量子世界里，环境恶化对人类产生的最直接影响可能发生在贫穷的国家，因为这些国家对企业的管理不够严格，允许它们榨取资源、污染空气和水，但管理不善的后果要由邻国来分担，最终由整个国际社会分担。很多国家（包括博茨瓦那、保加利亚、柬埔寨、刚果、冈比亚、苏丹和中东的许多国家）都依靠流经这些国家的河流来获取水源。从阿塞拜疆到津巴布韦，我们都依靠南美的热带雨林来吸收二氧化碳并提供清洁的空气。国界并不能阻挡污染的扩散。没有多方合作以及公共部门和私人部门的合作，即便是单方面付出再多的努力也不会有什么效果。争论的焦点在于生活方式的改变：美国人（以及全世界迅速成长的中产阶级）需要思考其消费的隐性成本。

世界价值观调查（World Values Survey）的数据表明，随着时间的推移，富裕国家人们的态度发生了转变，他们更喜欢清新的环境而不是增长。不幸的是，这种态度的转变并不总是能够解释成更开明的政策或生活方式的改变——实际上，发达国家环境的改善因为倒退的定价策略和追求过时的美国梦（乡间别墅、牛排和SUV车）而受到阻碍。价格信号对消费者有着重要的意义。让价格显示资源的稀缺程度以及降低污染的困难程度是非常重要的。我们赋予很多商品的价值并没有反映出它们的真正价值。我们生产和消费的过程会产生经济学家所谓的“负外部性”（negative externality）——对其他人造成的意外不良影响。当你买了一辆大排量的SUV车时，所有人都要忍受空气质量的降低。当美国农民只付很低的水费时，他们就没有动力在灌溉时节约水资源。结果，用水量大的作物被种植在高温、干旱的地方，消费者会暂时从便宜的农产品中获益，但最终会随着淡水越来越稀缺而受害，因为缺水会威胁到我们的健康和生活方式，甚至在某些干旱地区引发冲突。

通过向农民提供近乎免费的水源，并对农业进行直接财政支持，美国政府为国内消费者获得廉价食物而提供补贴，这在宏观量子世界中造成了负外部性。从健康的角度来说，2/3的美国人超重或肥胖，这增加了患心血管疾病、II型糖尿病甚至癌症的风险。随着新兴国家食物摄取量的持续增加（美国和G7国家也拒绝“勒紧腰带”），这种定价机制很难维持。2008年上半年，世界一些地区的粮食和农业投入价格提高了1倍。美国将价格的增长归咎于中国和印度中产阶级数量的增加，但美国人均消耗的卡路里却是印度人的1.5倍。为大米或玉米多付一些钱对美国人来说算不了什么，但对于日收入低于2美元的全世界40%的人口来说，食品价格的上涨影响还是很大的。

除了引起粮食价格上涨以外，美国和G7国家对自然资源的掠夺还会在很多方面影响经济的增长。石油和其他大宗商品都面临着类似的涨价压力。因过度依赖化石燃料而导致的气候变化改变了气候模式，增加了极端天气（风暴、飓风、台风、洪水、干旱、热浪）所造成的经济损失。土壤和水源的退化导致农业产出减少，这就需要更多的化肥。空气和水源的污染提高了人类健康成本。2007年斯特恩关于气候变迁的报告指出，仅仅是气候变化带来的成本和风险就相当于每年损失全球GDP的5%，在某些模型中，损害的估计值高达全球GDP的20%，甚至更高。总之，环境压力是繁荣和资本主义和平的主要障碍。

简而言之，在长期中，保护环境对所有人都是有益的。对自然资源的不当管理会因人们被迫背井离乡而阻碍商业的发展，增加不安全感、贫困和经济发展不良。由于未能应对全球消费者和生产者网络的扩散，以及未能在我们消费的空气、水、土地、树木、鱼和其他自然资源的价格中包含补偿成本，针对环境问题采取的微观国内的方法会促使不稳定性进一步发展，并使生产者和消费者的境况都变得更差。为了应对在全球范围内正在发生的资源消耗和退化，国际环境协作必须令全球的消费者和生产者参与其中，而不管企业属于哪个国家。

在我们的宏观量子世界中，人类制度面临的最基本挑战是如何在一个日益商业化且联系越来越密切的文明中建立并维持一种金融、社会和自然环境可持续的组合。美国在这一挑战面前显得目光很短浅。正如前面提到的倒 U 形曲线预测的那样，与贫穷国家相比，美国对环境的态度是先进的。最近的世界价值观调查显示，与经济增长相比，59.2% 的美国人更赞成保护环境（在上一次调查中，这一数字为 48.7%），这一比例低于加拿大和大部分欧洲国家，但远高于中低收入国家（如墨西哥、中国和印度）。然而，美国的现行政策停留在微观国内阶段，以牺牲整个世界的福利（包括环境、自然和社会）为代价来强调自己的经济利益，在某种程度上，这会使人类更加贫穷。美国环境政策的主体仍然是一种紊乱的激励结构，将廉价、污染严重的产品生产安排到国外，运送到国内进行消费，这是一种可悲的“不要在我家后院”的想法。

但是，我们的后院要比以前大得多，现在囊括了整个世界。作为世界上最大的消费者，美国要引领生活方式变革之路，避免环境恶化对人类和经济造成的严重后果，而且是越快越好。这种变革（可能需要政府强制执行），再加上国际协作（这些协作旨在促进商业发展，同时对土地和水资源进行管理，开发绿色技术，促进可持续的农业和渔业实践），可以在相当大的程度上缓解全球资源需求的压力，提高世界上成百上千万人的生活水平。考虑到最近我们的陆地、海洋（河流、湖泊、溪流）和空气的变化趋势，合作的需要变得更为迫切。

7.2 陆地

陆地覆盖的范围还不到地球表面的1/3，除非我们能够在水中生存，否则我们大部分的生活都要挤在这个相对狭小的空间内。在环境面临的挑战中，林业和农业是首要问题。热带雨林曾经覆盖地球陆地面积的14%，但现在减少到少于6%。热带雨林的减少影响很大，主要是因为两个原因：第一，热带雨林持续地将二氧化碳转化成氧气——世界20%的氧气产生于亚马逊热带雨林中——我们不能缺少它们。第二，如果热带雨林被大量砍伐，将会对生物多样性造成破坏。专家估计，因热带雨林遭到破坏，每天都会有137种植物、动物或昆虫灭绝。由于我们当今的很多药物都来源于植物，所以任何一种生物的灭绝都有可能让我们失去一种珍贵的药物资源。

农业是人类最基础的活动之一。如今，13.3%的陆地适于耕种，其4.7%的土地可以用于耕种多年生植物。世界观察研究所（World Watch Institute）估计，由于土地退化，80%的可耕种土地已经流失。尽管某些土地退化是可以逆转的，但良好的耕作方式可以防止耕地面积的持续缩小。目前，全世界40%的人口参与农业活动，为了满足不断增加的对生物能源的需求，越来越多的农业用地（曾经的森林）被用来种植能源型作物［包括玉米、甘蔗和柳枝稷（switchgrass）等］。即使在我们这个食物充足的时代，用于种植粮食的土地的减少也会让人们担心会出现粮食短缺。我们必须重新评估我们对土地的使用——尤其是林业、生物燃料和农业活动——以保证我们能够充分利用这些宝贵的资源。

森林：摇钱树

仅在2007年，世界林产品交易就超过了2000亿美元。大约有6000万人生活在拉丁美洲、东南亚和非洲的热带雨林中。另有3500万人直接靠森林资源生存或取得收入。发展中国家有12亿人通过种植树木来获得食物和金钱。然而，全球总体森林覆盖率在持续下降。森林对于全球碳封存（carbon sequestration）和土壤水分的保持至关重要。森林同样也是局部生态系统的支柱，为动植物和人类遮阳、提供住所和营养。随着森林不断减少，科学家们担心的不仅是人类的生存环境和生物多样性会受到威胁，而且还担心全球变暖加剧。在过去50年里，G7国家森林面积减少的速度趋于稳定，每12个月热带雨林将减少50000平方英里。这个面积相当于密西西比州或者大半个英国的面积。森林的燃烧和清理所释放的温室气体是全球温室气体排放量的1/5——比全世界所有汽车、卡车、火车和飞机的排放量加起来都多。联合国粮食和农业组织发言人海诺（Jan Heino）解释道："我们生活在一个没有国界的世界，一个国家森林和林业的状况与另一个国家发生的事情息息相关，体现在对木材及木产品的需求、伐木禁令、出口税收、汇率变化、入侵物种和其他跨边境问题上。"

世界自然保护联盟（World Conservation Union）称，森林面积的减少会对生物多样性产生严重影响。更多的物种正在受到威胁。该联盟在2007年出版的《红色名录》（*Red List*）中警告我们，41415种物种中的16306种正在面临灭绝的威胁，比2005年的统计结果多出了200多种，从1996年该联盟发布第一份报告以来，这个数字一直在持续增长。在这些物种中，有很多物种为其生长的地区提供了重要的商品和服务。在面临威胁的物种中有将近1200种是鸟类，这意味着全世界9800种鸟类中有12%可能在下个世纪濒临灭绝。

鸟类会传播种子、控制昆虫和啮齿类动物的数量，并对植物进行授粉——在食物链中起到最基本的作用

除了砍伐森林造成的长期成本外，生态系统的退化还会造成非常直接的经济成本。1997年印度尼西亚焚烧1000万公顷森林造成了93亿美元的额外医疗保健成本，直接受到影响的人数达到2000万。

考虑到补种原始森林和森林采伐的人力成本，你为客厅里的柚木桌子支付的价格很可能低于其实际成本。要求采伐公司重新植树的立法增加了其成本，这些成本最终会以较高的价格转移到消费者身上，并抑制人们的过度消费。

生物燃料：能解决这些问题吗？

越来越多的森林被砍伐，用来耕种能够转化为生物燃料的农作物（以减少我们对化石燃料的需求），包括玉米、大豆和甘蔗。农业公司正在迅速地将

燃料型农作物的种植扩展到亚马逊雨林以及南美、东南亚、太平洋和非洲的热带生态系统中。棕榈油（生物柴油的一种原料）种植地的扩展是造成印度尼西亚森林被砍伐的首要原因。那里每年有将近 280 万公顷的森林被砍伐，相当于比利时国土面积的一半。在世界的其他地区，伐木公司将森林变成了甘蔗、玉米和其他乙醇作物的种植地。尽管生物能源被认为是解决气候变化的一种方式，但生物能源的可持续使用需要平衡许多因素，包括粮食安全和能源安全的权衡、稀缺水资源的再分配、对贫穷和偏远农村的发展以及对生物多样性的影响。

在瑞士政府委托进行的一项研究中，人们考察了 26 种生物燃料，找出了不同作物对环境造成的不同影响。研究表明，美国玉米、巴西大豆和马来西亚棕榈油在每单位能量产出中温室气体排放量要大于化石燃料（参见表 7.3）。利用残余产品（residual product，如回收的食用油，以及从草或木材中提取的乙醇）生产生物燃料要好得多。作为可持续农业和能源政策的一部分，我们必须要考虑到这些燃料对环境产生的影响。

因此，“生物燃料对环境是否有益”这个问题的答案是：可能有益，这取决于其来源和种植地。在巴西，1 公顷甘蔗可酿造 4 吨酒精，相当于约 5000 升化石燃料。如果将乙醇生产过程中产生的化石碳（fossil carbon）计算在内，则每种植 1 公顷甘蔗就可以少排放 13 吨二氧化碳。但是，玉米却远没有这样高效。

除了生物燃料在二氧化碳排放上受到质疑以外，联合国还认为，粮食价格上涨中的 10% ~15% 与乙醇生产有关，而国际粮食政策研究所（International Food Policy Research Institute）认为因生产生物燃料而使玉米的价格上涨了 25% ~33%。根据热带雨林行动网络（Rainforest Action Network）的数据，如果用玉米生产乙醇，那么要装满一辆 SUV 车 25 加仑的油箱，生产这些乙醇所需的玉米足够一个人吃一年。面对粮食价格的上涨，我们难道不能更有效地使用土地吗?

农业：没有免费的午餐

除了改变我们的经济外，将大量土地用于农业生产还改变了地球的外貌。大量的土地、水源和劳动力用于农业和粮食的生产。全世界的水大约有 70%

表7.3 生物燃料有多环保？作物种植、收割和能源提取中耗费的资源

作物	生产何种产品	温室气体排放	在种植、收获和提炼能源过程中耗费的资源				满足美国半数需求所需耕地的百分比（%）	赞成	反对
			水	肥料	杀虫剂	能源			
玉米	乙醇	81～85	高	高	高	高	157～262	技术成熟，相对便宜	减少粮食供应
甘蔗	乙醇	4～12	高	高	中	中	46～57	技术成熟	种植区域受到限制
柳枝稷	乙醇	－24	中－低	低	低	低	60～108	不会与粮食作物竞争	技术不成熟
木渣	乙醇，生物柴油	N/A	中	低	低	低	150～250	利用木材的废料和其他废弃物	技术不十分成熟
大豆	生物柴油	49	高	中－低	中	中－低	180～240	技术成熟	减少粮食供应

用于农业。在某些情况下，将土地转化为耕地会导致大量的栖息地减少和栖息地破碎化（habitat fragmentation，将栖息地分割成过小的碎块以至于无法维持某些物种的种群），这会对生物多样性造成负面影响。人造肥料和农药的使用正在改变湖泊、河流和溪流的化学性质。这些污染降低了水源的安全性，对鱼类及野生动物造成伤害，并导致氧气被耗尽的生物死区（dead zone）。氮肥的使用被认为是造成这种生物死区的一个主要原因，而从 1960 年以来，氮肥的使用量已经增长了 8 倍。

农药的使用也威胁到了人类的健康。例如，在中美洲，香蕉被种植在巨大的、专门的种植园中，杀虫剂是由工人直接喷洒或从空中喷洒。这些化学品污染了水源，造成了当地社区癌症发病率的提高。美国的一个陪审团曾经判决，美国的跨国企业都乐公司（Dole Fresh Fruit Co）向 6 名工人赔偿 330 万美元，因为他们因该公司在尼加拉瓜的一个香蕉种植园中使用杀虫剂而受到伤害造成不育。

除了土地使用和杀虫剂问题之外，农业政策必须解决一个仍然存在且变得日益重要的古老问题：如何能更好地满足人们对粮食的需求？马尔萨斯（Thomas Malthus）在其 1798 年发表的著名文章中预测：人口将永远增长，但可耕种土地的有限性会导致全球粮食供应量的不足。马尔萨斯预言，最终将会爆发全球性的饥荒、瘟疫和战争。值得庆幸的是，马尔萨斯没有预料到工业革命之后人口和农业的巨大变化，而且由于人口增长减缓以及农业技术创新，他对未来惨淡前景的预测大部分都没有成真。

尽管马尔萨斯的第一次预测没有成为现实，但每当粮食供给出现短缺时，他的追随者就会再次出现。20 世纪 70 年代初，全球人口急速增长（每年增长 2%）造成粮食价格大幅提高，但“绿色革命”最终缓解了人们对饥荒的恐惧。当 2008 年初粮食价格再一次飞涨时，新马尔萨斯主义者们似乎又有理由说：“我早就告诉过你。”根据世界银行的数据，从 2000 年 1 月到 2008 年 3 月，粮食价格上涨了 3 倍，而化肥的价格上涨了 5 倍。仅在 2008 年的前 4 个月，大米的价格就上涨了 141%。世界银行宣布，世界上有 33 个国家正面临着粮食危机。在海地，反对者高呼“我们很饿”，迫使总理辞职。在喀麦隆，因为粮食引发的暴动致使 24 人死亡。因为粮食缺乏而发生暴动的国家还有墨西哥、摩洛哥、埃及、科特迪瓦、几内亚、毛里塔尼亚、塞内加尔、乌兹别克斯坦和也门，而越南、柬埔寨、印度和埃及为抑制国内粮食价格上涨而限制了大米的出口。反过来，粮食价格上涨造成了很高的通货膨胀率，亚洲国家尤其严重。越南2008年3月的消费物价上涨同比达到了19.4%。2月份，巴基斯坦的通货膨胀率达到了11.3%，印度尼西亚为8.2%。

自上一次粮食恐慌以来，人口增长率降低到了1.2%，这在表面上说明全球粮食系统可以应对人口增长的挑战。但是，新马尔萨斯主义者提出了一个新的问题，他们认为，生活方式的改变——人的数量没有增加，但每个人对粮食的消费增加了（参见表7.4）——可能会引起粮食系统的崩溃。在撒哈拉以南非洲之外的地区，过去20年中，人均粮食产量在持续增加。尽管全球人均可得到的粮食总量在增加，但是全球农业和粮食分配系统的过度消费和不平衡意味着，即使在这个富裕的时代，在有10亿人超重的情况下，仍有8亿人的营养不良。

根据联合国粮农组织的数据，美国人平均每人每天摄取3770卡路里的热量，而印度人平均摄取量只有2440卡。另外，美国是最大的牛肉消费国，而牛肉中的卡路里很低（如果在谷物—牛—人这一食物链中去除“牛”这个中间环节，那么从热量的角度看，其效率将会提高54倍）。从传统意义上讲，对粮食的需求与对其他商品的需求表现不同。恩格尔定律（Engel's Law）表明，随着收入的增加，花在基本食物上的钱一般会减少。但是，西方人不断增加的胃口和腰围似乎证明恩格尔是错的。如果刚富裕起来的亚洲消费者像他们的西方兄弟学习的话，那就会酝酿出更多的问题（参见表7.5）。

引发最近一次粮食危机的原因——对肉类的过度消费、大量土地用于耕种玉米和其他生物燃料作物、农业投入品的价格上扬以及国际性的投机——由于政策不力（表现为无效率的补贴和出口限制）而进一步加剧。例如，美国持续给国内乙醇生产提供补贴，固执地试图种植更多的燃料型作物，这样做的结果是消耗掉了2008年所产玉米的1/3。食物出口禁令越来越多，加剧了全球粮食市场的紧缩。世界银行发现，在58个国家中，有48个国家实施了价格控制、消费者补贴、出口限制或降低关税的措施。世界银行行长佐利克（Robert Zoellick）认为，粮食价格上涨将至少使1亿人陷入贫穷。尽管短期内商品价格（包括石油和粮食）的上涨有所减缓，但事实证明，这对世界上最贫穷的那些人（他们花在粮食上的钱超过其收入的一半）来说仍然是毁

表 7.4　G7 国家和 E7 国家粮食生产和消费比例

国家	世界粮食生产百分率					世界粮食消费百分率				
	1979～1981	1989～1991	1999～2001	2002	2003	1979～1981	1989～1991	1999～2001	2002	2003
G7										
加拿大	1.37	1.41	1.62	1.50	1.45	0.64	0.59	0.65	0.65	0.64
法国	3.49	3.45	3.73	3.38	2.80	1.62	1.41	1.27	1.26	1.23
德国	3.38	2.85	2.55	2.45	2.54	2.30	1.89	1.67	1.67	1.62
意大利	1.94	1.41	1.20	1.19	1.08	1.78	1.43	1.25	1.21	1.19
日本	4.04	3.63	1.92	1.74	1.50	2.80	2.45	2.09	2.03	2.00
美国	10.50	11.10	11.28	9.82	9.74	6.51	6.22	6.35	6.29	6.24
英国	3.86	2.65	1.85	1.53	1.72	1.56	1.30	1.19	1.17	1.16
E7										
巴西	3.73	2.96	3.76	3.83	3.87	2.88	2.91	3.04	3.07	3.17
中国	7.07	7.60	11.74	12.19	11.99	20.67	21.86	22.40	21.83	21.79
印度	3.24	2.67	2.72	2.33	2.64	12.69	14.07	14.51	14.82	14.89
印尼	1.08	1.89	2.05	2.23	2.79	2.94	3.38	3.60	3.60	3.59
韩国	0.72	0.80	0.82	0.83	0.76	1.01	0.91	0.84	0.83	0.82
墨西哥	3.76	2.42	3.31	5.08	4.86	1.86	1.80	1.84	1.87	1.85
俄罗斯	n/a	n/a	1.21	1.27	1.28	n/a	n/a	2.54	2.56	2.52

资料来源：FAO Statistical Yearbook, 2005－2006.

灭性的打击。

表 7.5　2006 年不同国家特定商品的消费量（千克/人）

	美　国	欧　洲	印　度	中　国
小麦	101	252	64	76
大米	13	5.4	76.5	95.8
玉米	753	122.8	13	107.5
植物油	38.7	41.8	10.4	17.5
牛奶	89	68.4	35	10.4
牛肉	41.8	17.5	1.3	5.4
鸡肉	44.5	15.3	1.8	7.6

资料来源：U. S. Department of Agriculture.

从短期来看，紧急救援对于粮食危机来说只是一种权宜之计。尽管价格不断上涨，但农民因为不能提高生产量而无法增加产值。短期的援助并不能替代长期的解决方案。从长期利益考虑，加大在农村基础设施、适用技术和帮助农民更轻松地获得信贷方面的投资更是值得讨论的问题。目前，市场的扭曲使得农民无法从高粮食价格中获益，这是应对世界饥荒的最大绊脚石。国际货币基金组织和世界银行应该在推动发达国家和发展中国家制定相应政策上起到重要作用，并且鼓励和支持向贫穷国家及中等收入国家的农业部门提供贷款的相关政策。正如第 2 章所述，世界贸易组织的多哈回合谈判需要解决有关富裕国家农业补贴的问题。

在消费者方面，吃较少的食物——特别是红肉——将会使食物链变得更有效率。生产肉类需要的资源比种植谷物和蔬菜所需资源更多。生产 1 千克面包需要 1000 升水，而生产 1 千克牛肉需要大约 15000 升水。据估计，畜牧生产对气候变化造成的影响比世界上所有机动车辆造成的影响还要大，占人类造成的温室气体排放量的 18%。微小的改变（比如转变为素食主义者）将会使食物链效率提高。用牧草喂养肉牛要比用谷物喂养所释放的温室气体量少 40%，消耗的能量少 85%。在拉丁美洲，亚马逊流域的森林中有 70% 的热带雨林变成了牧场。在美国，仅 70 亿头家畜消耗的谷物就是美国全部人口消耗量的 5 倍。

“高科技”粮食：能够解决世界饥荒问题吗？

在过去50年中，技术彻底改变了农业这一人类最为基础的活动。小麦每公顷产量从0.5吨提高到2吨花费了1000年的时间，而从2吨提高到4吨只用了40年的时间。在20世纪60年代的“绿色变革”中，更加优良的种子、新的农业技术以及更好的灌溉技术和化肥在发展中国家得以推广。

各种新型的种子，再加上控制灌溉技术和化肥，粮食收成大幅提高。联合国粮农组织的数据表明，在所有的发展中国家中，1960~2000年间，小麦产量增长了208%，大米产量增长了109%，玉米产量增长了157%，土豆产量增长了78%，木薯产量增长超过了36%。

在20世纪60年代以前，人们普遍认为农业技术具有一定的地域性。要么与气候关系密切（如生物技术），要么对投入品的价格非常敏感（如机械技术）。资金雄厚的政府和非政府组织资助研发这些新技术，并大力建设基础设施。总之，据估计，到20世纪90年代，超过40%的第三世界国家农民已经使用了绿色革命创造出的种子，而且有更多的人采用了其灌溉和施肥技术。

另一轮创新始于20世纪90年代初，转基因作物得以普及。转基因技术可以使作物能够抵抗杀虫剂和除草剂，或者具有其他我们希望的特性。2007年，23个国家的1200万农民开始耕种转基因作物（比2006年多了170万人）。这些农民的90%来自于资源贫乏或贫穷的发展中国家。尽管转基因作物大部分种植于发达国家，但发展中国家种植的比例在逐年持续增加，尤其是印度、菲律宾、巴西、巴拉圭、乌拉圭和南非。转基因作物不仅能增加产量，还可以减少农药的使用（如图7.2所示）。

自从转基因作物在户外种植以来，人们一直在担心异花传粉会创造出“超级种子”或产生其他未知的副作用。然而，关于转基因作物的大部分争论存在于伦理学方面——尽管改造植物十分常见，但将基因工程用于动物或者人类将会是一个让人担忧的问题。然而，不可否认的是，转基因作物可以用更少的土地、水源和农药来养活更多的人。尽管“绿色和基因”的双重浪潮为全球农业带来了革命，但由于化肥和新种子的价格不断上涨，那些买不起化肥和新种子的农民正在寻找新的选择。水稻强化栽培体系（system of rice

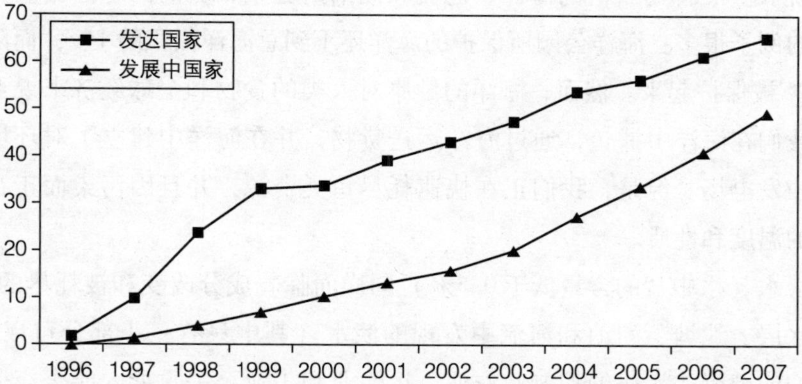

图7.2　1996～2007年发达国家和发展中国家转基因作物的种植面积

intensification）就是一种技术含量较低但非常新颖的技术，具有很大的潜力。

作为世界上一多半人的主食，大米是一种独特的谷物，具有神奇的抗涝能力。传统的灌溉方法就是利用了这一特性，以利用漫灌的方法来节约劳动力。但是利用这种方法，种植水稻的用水量是种植其他两种主要谷物（玉米和小麦）用水量总和的5倍。

水稻强化栽培体系是在没有进行漫灌的土地上施用堆肥或厩肥（非合成肥料）进行种植。在水稻强化栽培体系中，仔苗之间的间距较大，除草、浇水以及移植的时机非常重要。世界自然基金会（WWF）发现，水稻强化栽培体系可以使产量增加30%，每公顷的产量可以从3吨增加到4～5吨，同时又比传统方法少用水40%。

从科技粮食到低科技粮食，现代农业技术在为人们提供充足食物方面取得了长足的进步。随着世界变得日益富足，以及人口的大幅增长，平衡粮食需求与可持续农业将变得越来越重要。

7.3　水资源

即使是最具有环保意识的人，也常常因关注“绿色”土地问题而忽视

“蓝色问题”，即与我们的海洋、河流和湖泊的健康相关的问题。我们更关注陆地的例子很多：海洋公园所保护的海洋还不到总海洋面积的1%，而陆地则有12%被保护起来。然而，海洋的健康对人类的食物和全球经济来说至关重要。我们在海洋中捕鱼，通过海洋运送货物，并在海洋中建立了对环境友好的潮汐发电场。但是，我们正在快速耗尽鱼类资源，并且因污染而正在改变海洋的温度和性质。

淡水（水中盐的含量低于0.5‰）同样面临着成分改变和被耗尽的威胁。在含水层、池塘、湖泊和河流中发现的淡水（其中只有一小部分可以利用）对我们的健康、疾病的控制、农业、运输业和工业至关重要。能否充分利用这些稀有资源决定了人类生存的位置和方式。过去，人们不仅因为淡水而迁徙，更因争夺淡水而引发战争。水资源与人类的迁徙、安全以及健康、贸易、贫困都有着重要的联系。

淡水

全球面临的淡水问题可以被分为两类：淡水的质量以及淡水的总量。这两类问题常常是相互关联的，并且都对生活水平具有重大影响。根据经济合作与发展组织的统计，截止到2025年，发展中国家淡水的使用量将增加30%，而发达国家将增加超过10%。1995~2025年，居住在水资源紧张地区的人口将翻一番，到2030年，世界2/3的人口将面临中等程度的水资源紧缺。目前，已经有80多个国家因为水资源短缺而威胁到国民的健康和国家经济，而世界上40%的人口（超过20亿人）只能有限使用干净水源和卫生设施。

国际热带农业研究所估计，到2010年，撒哈拉以南的非洲地区将有1/3人口即3亿人因持续干旱而面临营养不良的困境。如果再加上商品价格的上涨，干旱会造成灾难性的后果。例如，在索马里的部分地区，干旱和降雨减少意味着国内粮食短缺。根据联合国粮农组织的数据，索马里的粮食有一大半是进口的，由于商品价格飙升和疲软的货币，与一年前相比，这些粮食的价格上涨了375%。美国也逃避不了干旱问题：2008年5月，北加州东湾市政公用事务局（East Bay Municipal Utility District）通过了16年来第一个水资源分配方案。很多地区（包括加利福尼亚州和美国西部其他沙漠化地区）都面临着严重干旱。哈德利气候预测与研究中心建立的计算机模型预测，到2100年，地球面临极度干旱的地区会增加3%～18%，严重干旱地区会从目前的18%增加到40%，而全世界超过一半的地区将面临中等程度的干旱。

尽管一些地区由于自然条件限制而缺水，但更多的干旱地区是因为政策不力所导致的。农业政策可能是水资源的主要威胁。例如，根据世界自然基金会的数据，澳大利亚20世纪60年代鼓励种植棉花，而大面积的灌溉占用了过多的水资源，对自然环境造成了“一系列重大影响……包括灌溉引起的土壤盐碱化、鱼类数量的减少、蔬菜产量降低、土壤退化、水资源质量下降以及藻类的大量繁殖”。

在美国，加利福尼亚州灌溉用水的1/4被用来种植紫花苜蓿。紫花苜蓿是一种低价值的作物，主要用途是晒干后用来喂养奶牛，只占国家农业收入的4%。这意味着加利福尼亚州利用其20%的水源来种植一种对国民经济贡献不到1‰的作物。更糟糕的是，加利福尼亚州的农民只需要为每公顷的灌溉用水支付2～20美元，这只相当于这些水的全部成本的1/10。纳税人则支付了剩下的费用。

再看一看经济飞速发展的中国的水资源状况。华北地区拥有全国2/3的耕地，却只拥有1/5的水资源。随着城市、工业和农业用水需求的增加，土地面临着干涸的威胁。从1991年到1996年，华北平原的水位每年下降1.5米，但是，中国政府仍然坚持补贴华北地区的小麦种植，以保证粮食生产自给自足。同样，在美国，农民支付的水价远低于城市居民支付的水价，这就鼓励了农民在干旱地区种植用水量大的作物。

设计不合理的水资源定价策略还会导致水资源利用效率的低下。各国水资源的定价各不相同，在很大程度上取决于水务公司是私有的还是国有的。大部分国家市政用水是按使用量收费的，但在一些国家（如埃及的大部分地区、黎巴嫩甚至美国中部的一些地区）却是按固定数额收费的。1个世纪以前，一个美国人平均每天用水10加仑，但现在每人每天用水100加仑，给我们的饮用水资源增加了很大的压力。按用水量收费并且根据全部成本来定价（这意味将所有成本——过去的和未来的成本、运营成本、维护成本和资金成本——都包含在价格中）将会有助于人们减少用水量。

效率低下的基础设施也会导致水资源的浪费。通常，公有的水资源公共基础设施极其陈旧，水资源管理系统深受浪费和无效率之苦。由于城市的水资源配送系统漏水或其他原因，损失 20% ~50% 的水资源是很正常的。例如，中国台湾地区每天因为渗漏损失 200 万立方米的水。好消息是：解决这些问题将是一笔良好的投资。经济合作与发展组织估计，如果到 2015 年能够将无法利用经改善的水源的人数减少一半，那么获得的收益将会是付出成本的 9 倍。

至于水源的质量问题，尽管在世界的很多地区清洁水的可获得性有了很大改善，但非洲、亚洲、拉丁美洲以及加勒比海地区城市人口中有一半仍然在饮用遭受污染的水。在美国，所有人都有水可用，83% 的人可以使用适当的卫生设施，而阿富汗的相应数字分别只有 4% 和 1%。即使是在中等收入国家，也有相当多的人无法获得充足的水和卫生设施：巴西有 79% 的人可以获得水源，有 45% 的人可以享受卫生设施，而这些数字在中国则为 69% 和 22%。

这些政策和基础设施投资选择的国际影响也不能被忽略。地球上有超过 250 个跨越国境的流域，占地球淡水总量的 60%。共享同一流域的国家之间的紧张关系可能会阻碍可持续发展，间接导致贫困、移民和社会不稳定。水资源冲突也有可能加剧其他与水无关的紧张关系，如移民、贫穷和边境的紧张局势。这就是印度和孟加拉国面临的问题，这两个邻国长期以来一直为恒河争论不休。尽管双方于 1996 年签订了协议，但合作的失败却使得申达本（Sundarban）湿地和红树林受到严重威胁。高浓度的砷威胁着依靠恒河获得饮用水的当地居民。环境压力已经在某种程度上造成了 200 多万孟加拉人转移到其邻国印度，而大规模的移民又造成了无数的种族冲突。20 世纪 80 年代初，位于印度边境的阿萨姆邦（Assam）爆发了一系列暴力事件，有 4000 多人死伤，这种紧张局势一直持续到今天。

如果不能对淡水进行适当的管理，那么围绕着水的冲突有可能成为未来更大的挑战。在一些情况下，技术方法——包括海水淡化工厂，但除了少数富裕地区外，目前这种技术的成本对于绝大多数国家来说太高了——也许可以帮助缓解我们面临的水资源困境。但是，对于全球范围内的干旱地区来说，最关键的是要改变鼓励大量用水的农业政策。

渔业

今天，我们刚刚开始利用潜力几乎无限的海洋资源。从海水淡化工厂，到捕鱼业和波浪发电厂（据说通过采用独立式涡轮技术，其生产 1 千瓦时电力的成本与核电站相同），我们的海洋可以在解决众多资源冲突方面发挥重要作用，但前提是我们必须更好地关心它。

在海洋的这些商业用途中，到目前为止，渔业具有最大的经济意义。想一想水产养殖场。它们不仅是食物的来源，而且还是外汇和就业岗位的重要来源。在过去 30 年中，与世界人口的增长速度和农业就业的增长速度相比，捕鱼业和养鱼业提供的就业机会的增长速度更高。2004 年，据估计有 4100 万人以捕鱼和养鱼为生，其中大部分人生活在发展中国家。从 1976 年至 2004 年，世界鱼产品出口值翻了 3 倍，到 2004 年，鱼产品的价值超过 715 亿美元。根据联合国粮农组织的数据，鱼产品的消费量从 1998 年的 9360 万吨增长到 2002 年的 10070 万吨，为 26 亿人提供了人均动物蛋白摄入量的至少 20%。

尽管对经济增长和对人类营养来说非常重要，但世界渔业的状况却在不断恶化，有 76% 的鱼类达到或超过了其可持续的捕捞数量。虽然达到或超过其最大可持续捕捞量的比例在不同地区差异很大，但许多研究都强调鱼类数量出现了令人担忧的下降。在主要捕鱼区（包括中大西洋西部、中大西洋东部、大西洋西北部、西印度洋和西北太平洋），鱼类数量的 69% ~77% 被耗尽。此外，缺乏氧气的水域越来越多，如墨西哥湾等，有些水域中实际上已经没有氧气，这造成了许多定居在海底的生物（如蜗牛、蠕虫、海星和螃蟹）死亡，因为它们无处可逃，而像鱼类和虾类等非定居的生物则被迫逃离这些区域（如图 7.3 所示）。

此外，人们越来越担心拖网捕捞和爆炸捕捞的做法会对渔业造成毁灭性的影响。拖网捕鱼会减少海底的生命物质，降低海洋未来的生产潜能，并使大量沉积物漂浮起来。一位作者说："对曾经的高级食品失控的需求已经转变为一些怪异的、不可持续的生产形式。美国的一些商业区对'爆米花虾球'的喜好造成了厄瓜多尔热带红树森被砍伐以及东南亚虾存量的大幅减少。"繁荣和不断增加的消费与环境退化之间的宏观量子联系再清楚不过了。

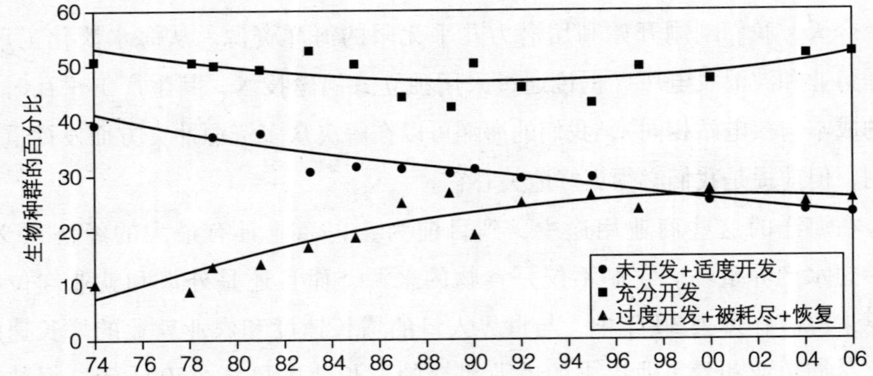

图 7.3 自 1974 年以来全球海产品存量趋势

资料来源：FAO.

“存量的减少对于粮食安全和经济发展具有一定影响，它降低了世界各国的社会福利，也破坏了良好的水下生态系统。”粮农组织的野村一郎这样说。为了确保渔业可以持续，我们需要对捕捞进行监测，破坏性的捕捞技术应该被禁止。与任何其他资源一样，鱼类也并不是免费的，为寿司支付的价格应反映鱼类的稀缺程度。

此外，许多捕鱼活动常发生在公海（即任何特定国家专属经济区之外的区域）。这些水域的国际地位使得捕鱼业适合多边管理。但是，捕捞权的分配是一个棘手的问题。联合国粮农组织称，仅仅限制捕鱼量的传统做法已经转化为以权利为基础的方法（rights-based approach），这种方法使得商业动机与保护的目标达成了一致。然而，“关于以权利为基础的方法的负面认识仍然存在，部分原因在于它们需要解决渔业管理的根本困境，即谁应该得到哪些鱼”。国际监督和有关分配方法的协议必须能够防止全球捕鱼业的崩溃。

7.4 空气

环境三要素——陆地、海洋（河流、湖泊和溪流）和空气——中的最后一个要素最近备受关注。以温室气体（如二氧化碳、氮氧化物、甲烷和氯氟化碳）排放形式出现的空气污染导致了全球变暖，而科学家们预测全球变暖最终将会影响到我们生活的各个方面。从沿海地区的洪水到气候模式的改变，全球越来越温暖会对我们的生活方式造成重大威胁。但是，空气污染物——主要来自于我们的汽车、化石燃料和工厂释放的废气、颗粒物（悬浮在气体中的固体或液体）和粉尘——通过提高呼吸系统疾病和出生缺陷的发病率，降低了经济生产力，使土壤变得贫瘠，并降低了渔业产量。

全球空气污染是造成人口大量死亡和呼吸系统疾病患者增加的重要原因。世界卫生组织指出，每年有240万人的死亡与空气污染有关，研究表明，暴露在高浓度臭氧和一氧化碳环境中的女性产出有心脏缺陷婴儿的几率可能会提高2倍。

空气污染还会降低经济效率。酸雨（某些硫或氮成分与大气中的水汽发生化学反应而产生的）被证明对森林、淡水和土壤都有不利影响，能够杀死昆虫和鱼类，而且对建筑物也会造成破坏。雾——地表臭氧——是阳光和温室气体排放（碳氢化合物和氮氧化物）结合的产物。雾会降低能见度，提高地面和空中交通的危险性，增加延误的时间。在中国，单位GDP的物流成本比美国高3倍（这主要是污染加剧造成的）。

与以往任何时候相比，现在我们更需要对全球空气污染问题采取一种全球性的措施。从颗粒物的角度看（参见表7.6），污染最严重的城市除了埃及的开罗，其余都位于亚洲，但这并不意味着它们的污染仅限于国内。2007年4月，中国北部上空的污染物迁移到了邻近的首尔。乌云飘过朝鲜半岛，越过太平洋。在越过美国西海岸的时候，美国的卫星可以观测到这些污染物。不幸的是，这不是个案。除了玩具、服装、电子产品之外，空气污染已经成为亚洲对美国的主要出口品。“在亚洲偶尔发生的大规模沙尘暴使我们相信，这一污染向东漂移是罕见的低概率事件，”美国加州大学戴维斯分校的大气科学家克利夫（Steve Cliff）说道，“事实证明，亚洲污染的影响是一种常态，而不是特例，特别是Sierra-Cascade山脉和美国西部的其他地区。”

表 7.6　世界上颗粒物污染最严重的城市

颗粒物（克/立方米）	城　市
169	埃及开罗
150	印度德里
128	印度加尔各答
125	中国天津
109	印度坎普尔
109	印度勒克瑙
104	印度尼西亚雅加达
101	中国沈阳

资料来源：World Bank.

这种可见的污染物——大气中的颗粒物——再加上温室气体，会对气候产生重要的影响，既可以使其变暖，也可以使其变冷，并影响降水量和云量。来自新兴国家数据的缺乏使得跟踪污染源、浓度、转移模式和影响十分困难，但据估计，从中国的煤炭使用中释放的温室气体的增加量可能会超过未来 25 年所有工业化国家排放量的总和，超过《京都议定书》追求的减少此类排放目标的 5 倍。在建造火力发电厂方面，印度紧随中国之后。

最新研究表明，从中国和印度的工厂、车辆及发电厂产生的污染物颗粒数量持续增加，已经改变了美国太平洋沿岸的气候模式。在过去 20 年中，太平洋北部高空中的暴风云（storm cloud）已经增强了 50%。这一气候模式变化的潜在后果可能会使气候变得更加温暖，越来越多的烟尘进一步向北漂移，进入加拿大北极地区，导致极地浮冰加速融化。同时，美国和其他 G7 国家仍然是重要的污染源，如表 7.7 所示。

表 7.7　二氧化碳总排放量（每年二氧化碳排放量，以百万吨计算）

美国	2790
中国	2680
俄罗斯	661
印度	583

（续表）

日本	400
德国	356
澳大利亚	226
南非	222
英国	212
韩国	185

资料来源：Center for Global Development.

这表明我们需要一个真正的国际政策，以解决空气污染问题。备受吹捧的《京都议定书》旨在限制每个国家二氧化碳的排放量，使其维持在 1990 年的水平。但随着条约的执行，《京都议定书》变得越来越无效。《京都议定书》面临的第一个问题是：美国这个世界上最大的污染者拒绝加入。第二个问题是：在全球排放量中所占比例不断提高的发展中国家没有做出承诺。

在因为没有认可《京都议定书》而受到大量批评后，布什总统于 2008 年 4 月制定了其第一个有关温室气体排放的具体目标，要求美国到 2025 年停止温室气体排放的增长。令人惊讶的是，大企业迅速做出响应。业界希望建立一套简单易行的联邦法规，以避免与政策发生错综复杂的冲突。“我们处在最混乱的世界中，几十个州都在制定自己的法规。”通用电气公司的首席执行官杰弗里·伊梅尔特（Jeffrey Immelt）说道。在国际层面上，我们也应该采取同样的做法，将各国的排放政策进行统一。为了探讨恰当的多边解决方案而不会重复《京都议定书》的错误，并简化法规以促进清洁的商业活动，我们需要先分析一下两大主要空气污染源：发电和运输。

煤：火上浇油

烧煤发电或许是最不清洁的发电方式。如前所述，煤炭从挖掘和运输再到燃烧，每一步都会释放二氧化碳，以及汞、二氧化硫、氮氧化物、烟尘和颗粒物等污染物。开采煤矿有两种方法：地下开采和露天开采，这两种方式都会对环境造成破坏。选用哪种开采方法取决于煤炭埋藏的位置。地下开采会对员工的健康造成重大影响，尤其是在发展中国家，那里的健康和安全政策较为落后。另一方面，露天开采需要占用大片土地，增加了对环境的压力，包括水土流失、粉尘、噪音、水质污染以及对当地生物多样性的影响。开采出来后，煤炭一般是利用卡车、火车或驳船进行运输。这些运输方法不仅成本昂贵——在某些情况下占到交货成本的70%——而且在这一过程中还要消耗化石燃料。此外，煤可与水混合成煤泥（slurry）并通过管道输送，减少运输带来的影响，但并不是总能这样来运输。

当煤炭最终到达发电厂后，即使利用新的“清洁煤”技术［如煤炭捕获并隔离（coal capture and sequester，CCS）方案以及被称为整合煤气化联合循环发电（integrated gasification combined cycle，IGCC）的流程］，其对环境的影响也不能完全排除。CCS 能够捕获并隔离二氧化碳的排放，但是这个过程本身非常耗能，可能会使发电厂的运营成本翻倍。为了使一个典型的新 CCS 发电厂在财务上可行，煤炭的定价应该为每吨 30 美元（目前的价格是每吨 9 美元）。另一方面，IGCC 技术将煤转化为气体，这样可以减少二氧化硫和氮氧化物的排放量，但它目前的成本极高。事实证明，清理煤排放的废物是一项艰巨而成本高昂的任务。因此，将重点转向寻找对环境危害较小的能源形式似乎更有意义。

在第 3 章中，我们看到了如何利用替代能源技术协助美国经济摆脱衰退并保持其创新优势。正如在宏大的太阳能计划中所谈到的一样，现有的光伏电站已经证明，太阳能集中发电是可行的，但必须降低成本，使之成为可行的能源来源。通过改进技术和获取规模经济，太阳能发电或许可能在 10 年左右的时间内成为可能，取代破坏性日益严重且价格不断提高的化石燃料。水力、地热、风力发电也应该考虑作为化石燃料的替代品。

移动的污染源

卡车、汽车、推土机和火车之类的污染源被称为“移动污染源”。它们依赖于内燃机，而内燃机会产生一氧化碳和二氧化碳，以及氮氧化物、碳氢化合物和颗粒物。这些移动污染源都是商业的重要组成部分——包括运送货物的卡车和火车——也是日常生活的重要组成部分，因此一个对生态环境友好的运输政策必须考虑消费者的生活方式、汽车和发动机设计，以及车辆使用的燃料。

对汽车制造商制定严格的规定和对内燃机的替代选择提供补贴是可以认

真研究的两条途径。从电动 Tesla 汽车到零排放氢动力本田 FCX Clarity 型汽车，最近，一些替代品高调亮相，为更清洁的汽车提供了可能。一些消费者现在还买不起这种汽车，但随着技术的进步，其价格最终会降低到人们可购买的程度。所有车辆，不论是传统动力的、混合动力的，还是电动的，如果能够提供更多有关燃油经济性方面的信息，就可以帮助消费者做出更好的选择，并避免购买“油老虎”。

美国（以及欧洲的大多数国家）应该大幅提高汽油的价格，以反映汽油对环境的破坏。但是，因为预测的复杂性，并且需要跨越很长的时期，所以很难确定全球变暖的潜在成本。然而，碳排放税（carbon tax）至少可以部分补偿技术研究和环境整治的费用。一项类似香烟税的税收计划将有助于司机理解不同运输方式的全部成本。当然，考虑到最近美国公众非常担心燃料价格的上涨，因此这个选择在政治上很可能不受欢迎。2008 年 6 月的 Pew 调查显示，82% 的美国人表示，他们密切关注新闻中的天然气和石油价格（2007 年 8 月只有 69% 的人关注这些信息）。另一方面，每加仑汽油额外收取 3 美元的碳税听起来没有那么夸张。欧洲人为每加仑汽油支付 2 ~ 4 美元的税收已经有几十年的时间了。

在生活方式方面，为人们提供更好的公共交通选择是关键。恰当的解决方案在很大程度上取决于当地的情况（适合纽约的解决方案并不一定适合内布拉斯加）。对于人口稠密的城市地区，公共汽车、轻轨、地铁系统是很好的解决方案。更好的城市规划可以防止如今正在发生的低效率的郊区扩张。尽管机动车很有可能继续在美国经济中发挥重大作用，并在中国和印度的经济发展中发挥日益重要的作用，但让汽车更环保并寻找低污染的新交通工具仍是一个重要的目标。

7.5 培养环保意识

缺乏正式的国际架构严重阻碍了对水、土地和资源管理的改善。几个跨国组织（从世界卫生组织到世界贸易组织）在环境监管和管理中发挥着重要作用，但缺乏总体协调性。如果没有一个管理机构，则国际环境政策只能是由条约特别小组很随意地制定。虽然有些条约是有益的，但它们都是静态的文件，无法预测消费和生产模式的变化。尽管说所有的条约都会遇到和《京都议定书》一样多的绊脚石有失偏颇，但我们可以说，这些条约既无法监控污染水平，也无法进行自我强化。这就是需要一个国际监督机构的原因。

当然，我们还要感谢非政府组织在填补某些空白方面做出的努力。在国家没有能力投资（或曾尝试过但失败了）的领域，开拓型的非国家参与者已经参与了其中的保护工作。私人非营利组织在监控、提高环境意识、为当地环保努力进行融资方面做了大量的工作。诸如世界自然基金会、绿色和平组织和塞拉俱乐部（Sierra Club）等非政府组织以其积极的行动而闻名于世。但是，非政府组织在受众及权威性方面存在着天生的不足。扩大非政府组织需要政府提供更多的支持，以强化对环境有利的法规，并鼓励私人部门的参与。更不用说在很多国家，政府是商品和服务的最大购买者，可以制定支持可持续性的采购政策。

出于以上原因，我们应该设计一个多层面的平台（该平台应该反映出环境挑战是多个不同部门共同作用的结果）以应对这些问题。考虑到非国家参与者的作用越来越大，G20 集团需要建立一个工作小组，推荐一系列政策，以更好地管理温室气体排放，并促进制定针对水和土地、采矿、捕鱼、牲畜养殖等更好的保护政策。对现有政策进行修订更容易一些。

任何声称要应对环境挑战的平台都必须与私人部门协作。从商业农场、渔场到工厂，环境的恶化都与私人参与者有关。政府必须将对污染严重企业的补贴转移到对私人部门清洁能源研究的支持中。私人部门的资金也可以支持产能的建立，并引进国际最佳实践。世界观察研究所发布的《2008 年世界状况》报告估计，对气候变化和其他环境问题的响应每年影响到的资本流超过 1000 亿美元。27 家大公司正在积极敦促美国国会通过立法管制温室气体的排放，目前有 575 支环境和能源对冲基金已经上市。另外，在 2007 年，高盛公司公布的一项调查显示，拥有强大的环境、社会和治理政策的公司一般会领先市场 25 个百分点。企业正在开始对不断变化的环境做出响应，但是，为了真正控制我们面临的环境挑战，这一趋势必须大幅加快。

更重要的是，必须将消费者包含在内。我们可以通过令产品价格反映其真实成本——包括一种产品的加工成本以及负外部性——来做到这一点。这种方法同样适用于水、碳排放量、林产品、肉类和鱼类以及其他产品。我们提议的环境监督机构将像国际性的环境保护署（EPA）一样发挥作用，利用以市场为基础的机构来提高能源和资源利用效率，最小化废物的产生，鼓励对环境无害的采购决策，并改变定价机制以反映隐藏的环境成本。其最终目的是改变生产与消费背后的计算方式。要使用的工具包括信息共享、惩罚那些对重污染行业进行补贴的国家、使水和能源市场实现自由化，并建立污染税制度。

共享信息

我们提议的环保机构的作用之一是进行信息管理。虽然经合组织和世界银行编制了淡水使用的基本信息，但目前还没有真正的海洋监测系统能够检测海底究竟在发生什么事情。监测鱼类资源和捕获量、海藻的详细情况，并观察富氮化肥的使用等，是综合海洋政策的第一步。

在河流管理领域中，每个流域的管理需要同当地的努力协调一致。在国家之间，共享的数据、水资源管理机构和法律框架的发展已经减少了与水有关的冲突。自 1948 年以来，全球谈判并签署了大约 295 个国际水资源协定。根据经济合作与发展组织的数据，与那些没有建立条约或水资源管理机制的流域各国之间相比，签署协定的沿岸各国之间的合作关系通常更加密切。例如，湄公河委员会（Mekong River Commission）在促进公平和可持续的水资源利用方面取得了巨大的成功，促进了泰国、越南、老挝、柬埔寨和中国保持良好的关系。在捕鱼量甚至二氧化碳排放量方面，也可以建立类似的信息共享机制。

监测工作的第二部分是度量，即通过提供一个标准来判断我们的进展。当工厂喷出有毒的致癌烟雾时，我们就会明白：有时候，促进人类福利与促进 GDP 增长是不一样的。世界观察研究所在《地球状况 2008》这份报告中指出，至少有 50 个国家已经建立了绿色核算体系，而至少 20 个国家正在着手启动这个计划。

重新调整价格以反映实际成本

对重污染行业提供补贴是不公平的，但是，在没有支付自己的选择造成的所有外部成本的情况下，消费者和各个企业每天都在接受隐性的补贴。世界贸易组织可以像一个环境政策管理者那样发挥作用，以消除这些秘密的补贴。在降低不公平污染责任方面，该组织已经树立了一个先例。2003 年，美国禁止进口泰国虾，因为捕捞这些虾的网造成了濒危海龟不必要的死亡。在这种情况下，世界贸易组织坚持这样一条原则，即全球环境问题优先于局部商业利益。世界贸易组织认为，支持低成本的、对环境保护不利的活动是一种补贴，而其他人必须为这些不良行为所造成的环境破坏付费。我们可以对这一原则进行扩展，使其适用于限制进口那些利用对大气和河流系统造成不必要污染的技术生产的产品。各国可以利用世界贸易组织的框架来禁止进口利用能源密集型技术生产的重要产品或对其进行征税。

这应该包括合理化农业政策以反映粮食的真实成本。G7 国家每年 3000 亿美元的补贴阻碍了多哈回合谈判，并且对整个人类的福利造成了损害。由于人为地压低了全球价格，发展中国家的农民受到了伤害。由于没有准确反映真实的生产成本（包括水和土地资源的退化），环境损害不断加剧，未来的成本不断提高。使农业补贴合理化，并将竞争力和活力注入市场，同时保证可持续的粮食安全，这将是这一全球环境保护机构的主要目标。

水和能源市场

水资源市场的引入将使我们由命令—控制式政策转向市场导向的政策。这一过程是由联合国、世界银行和经济合作与发展组织推动的。

在大多数国家，公共部门承担着双重角色：它既是公共设施（供水和卫生服务）的所有者，也是公共和私人提供者的管理者。明确区分这些职能有助于改变水资源的管理。基于市场的手段（如更好的定价体系和可交易的许可证）可以在政府法规之外引入，还需要由当地团体和非政府组织牵头的水资源的提供者和使用者的共同努力。放弃统一的水费结构，采用随着用水量增加而提高收费的结构，将有助于使各种激励措施恰当地统一起来。对实际用水量提供更准确的信息，按不同的用水设备进行分解，将有助于消费者监控其用水量。

增加能源公用事业的竞争将会对能源部门产生类似的效果。尽管煤炭仍是中国主要的廉价能源，但不断提高的市场自由化还是带来了效率的提高。

到2002年，国家电力公司（SPC）占据了50%的发电资产和中国90%的发电量。2002年，国家电力公司被分解为11家企业，并且允许私人投资进入这一市场。尽管电力价格依然受到政府的监管，燃料成本仍然被人为地压低，但这一部门的自由化程度在不断提高，这有助于改善效率，并为企业创造新的机会。

污染税

对利用煤炭发出的电力征税，对SUV车征收高油耗税，或对林业产品及鱼类产品征收附加税等，这些都是用税收来抑制过度消费的例子。累进税制是一个具有前瞻性的宏观量子范式的重要组成部分。毕竟，减低污染的成本要比事先防治污染的费用高得多（如图7.4所示）。

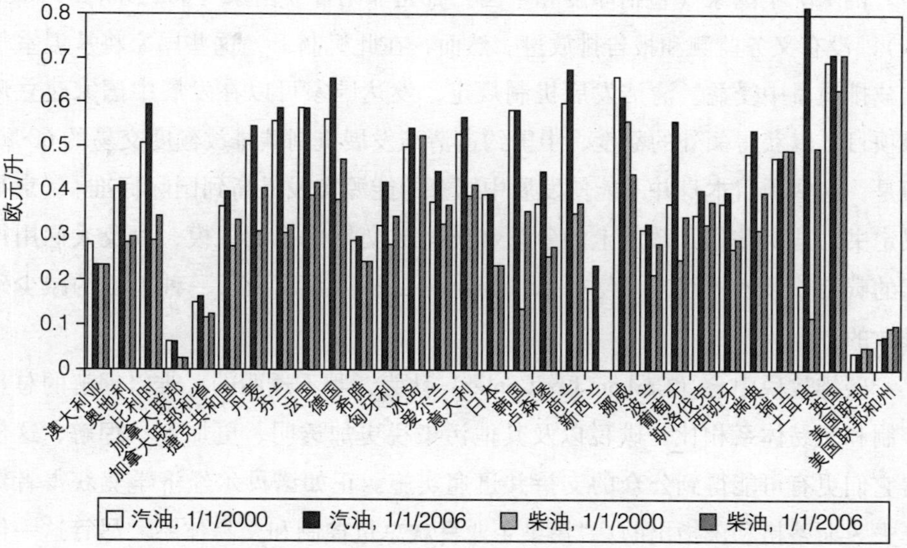

图7.4 OECD国家中无铅汽油和柴油的税率

资料来源：OECD, The Political Economy of Environmentally Related Taxes.

以碳排放税为例，《纽约时报》称其为“自从阿尔·卡彭（Al Capone）逃税上瘾之后对税法最迷人的——而且肯定是最不可能的应用”。其背后的理由很简单：每天被释放到空气中的二氧化碳水平会造成环境的破坏。气候变化会扰乱气候模式、淹没沿海地区、加快疾病的传播，并显著改变农业生产模式。

通过根据碳含量对燃料进行征税，将在各个层面上（从个人的消费选择到企业的资本投资）鼓励能源节约。尽管丹麦、芬兰、挪威和瑞典在20世纪90年代就开始征收碳排放税，但只有丹麦成功地减少了排放量。专家认为，丹麦的成功是由于政府把碳税的收入还给了企业，用于环境革新。

另一个经常受到追捧的减排计划是总量控制与交易（cap and trade）。总量控制与交易系统（如欧盟的温室气体交易机制，以及美国实行的对抗酸雨和一氧化二氮的类似机制）已经取得了局部的成功。这一系统为某种污染物的排放设定限额，并向公司发放排放许可证。需要增加排放量的公司必须从污染较少的公司中购买许可证。《京都议定书》的清洁发展机制（CDM）是一种总量控制与交易制度，它规定了发达国家的排放上限。签署《京都议定书》的137个国家（包括印度和中国）都是非附件一国家（non-Annex I country），没有义务监测和报告排放量。然而，在此机制下，这些国家将从温室气体减排项目中受益。清洁发展机制规定，发达国家可以在发展中国家建立环保项目，以获得额外的额度。中国约占清洁发展机制碳排放额度交易的60%。但是，这些项目本身并不能使发展中国家的能源实践提高到国际标准。《京都议定书》告诉我们，政治上的争议和碳排放交易体系的规模，以及人们用得起的碳捕获技术的缺乏，使得总量控制与交易体系成为了一种糟糕的减少碳排放的方案。

碳排放税中心（Carbon Tax Center）认为，与不透明的、难以理解的总量控制和交易体系相比，碳税以及其他污染税更加透明、更加容易理解，这使得它们更有可能得到公众的支持并迅速实施。正如诺贝尔经济学奖获得者约瑟夫·斯蒂格利茨指出的："污染企业喜欢总量控制和交易体系。尽管这一体系鼓励它们不污染，但排放补贴将抵消在一个税收体系中它们本应该交纳的大部分税收。"

随着越来越多的人出于更加尊重人类和自然而支持地球村的发展，争论的内容也正在发生改变。虽然对温室气体排放的争论模糊了全球生产和消费模式的深刻变化，但越来越多的人正在意识到环境法规有利于经济增长，甚至有可能使我们更健康、更安全。环境问题会损害生产的基础，但在全世界的人都在为满足不断增加的能源和资源需求而努力时，大量的绿色商业与投资机会也创造出了一个新的环境利益集团。

随着全球化进入第二个世纪，与100年前甚至10年前相比，我们拥有了更多对环境有利的选择。世界对全球化对生态造成的影响有了充分的认识，使我们能够制定对环境更有效率的政策和可持续的商业规划。世界各地的居民能够在饮食、服装、交通和娱乐方面做出明智的选择。我们的重点不是为过去对环境的破坏感到懊恼，而应该专注于创造一个清洁的未来。通过在战略上管理稀缺的自然资源，我们就可以防止因资本主义和平偏离轨道而造成的环境灾难。

城市化：能够拯救我们的星球吗？

在大部分历史中，人类都生活在农村，与森林和田地联系在一起。但在20世纪期间，人们成群结队地进入城市，城市人口从2.2亿增长到28亿。到2008年，人类进入了一个新的时代：半数以上的人口生活在城市中。联合国《2007年世界人口状况》报告预测，随着人类持续离开农村去城市的工厂和办公室工作，城市居民人口将从2008年的33亿增加到2030年的50亿。

今天，随着市中心、郊区和卫星城融合为大都市，我们正在目睹超大城市的诞生——市区面积巨大，人口超过1000万。到2020年，世界上的超大城市将从今天的21个增加到27个，届时，人口超过500万的城市将从50个增加到73个。尽管老电影像《银翼杀手》（*Blade Runner*）和《超世纪谋杀案》（*Soylent Green*）中噩梦般的画面预示了城市黯淡的未来，但我们有很多理由为城市化而欢呼。

城市不一定对生态环境不友好，实际上，它们对环境的损害比我们想象得要少。例如，最近的研究表明，一个典型的纽约市居民每年排放7.1吨二氧化碳，与美国的平均值24.5吨相比要少得多。城市环境需要更少的能源来取暖、照明、制冷。城市中的建筑物更加密集，而且公寓的面积比大多数城市郊区的独立住宅要小。此外，良好的公共交通系统意味着开车的人更少。最近，纽约市市长迈克尔·布隆伯格（Michael Bloomberg）通过使用更加清洁的燃料、购买更多的节能设备、街道绿化、增加替代燃料和混合动力汽车的使用等措施，使纽约市的碳排放量每年减少约446000吨。

但是，要想获得这些利益，必须建立规划。如果城市的扩张没有一个战略作为指导，那么这种扩张可能会导致交通流量的增加（会排出二氧化碳和粉尘），同时还会造成水污染和土地的误用。如果数量不断增加的超大城市没有为新的供水管线和污水管线、发电站、学校、警察数量以及消防制定适当的规划，那么结果会非常糟糕。明智的城市会确定发展边界、设计公园和露天场所、鼓励公共交通、通过重新分区来复兴并重新定位已有的成熟地区，同时限制易受洪水和其他灾害影响的区域的新发展——特别是那些易受宏观量子世界无法预测的气候模式影响的区域。

由于人口密度高，城市还成为了有利于生态的粮食、能源、水、交通甚至娱乐趋势的理想实验室。一个有趣的领域是“垂直农场”（vertical farming，VF），这是温室和水栽培技术的一个高科技变种。在距离消费者很远甚至是在不同大洲种植粮食需要使用大量的能源和化学物质来保存粮食。在距离我们的居住地较近的地方种植粮食能够为世界带来以下好处：（1）对于一年生农作物，每公顷的产量在室内种植是在室外种植的4~6倍（草莓的产量甚至可以提高30倍）；（2）产量的可预测性更高，不会因干旱、洪涝或虫害而减产；（3）不含除草剂、杀虫剂或化肥（也消除了有毒废物）的有机食品；（4）通过再利用城市中被废弃的土地并将农田退耕还林（从而恢复全球生态系统）而更好地利用土地；（5）减少化石燃料的使用（不需要拖拉机、犁或运输）。

在能源方面，一系列替代技术［包括太阳能电池板、摩天大楼顶上的风力发电装置、潮汐和海浪涡轮机以及氢气管道，再加上强制性的生态效率型建筑要求（如隔热和电器能效标准）］也显著降低了城市对能源的需求。随着服务对于全球经济的重要性日益提高，为办公楼——当今的“智慧工厂”——提供动力的政策可以在全球范围内调整能源的使用。一点一滴的效率提高累积起来就可以产生巨大的效益。

有许多新的发展（从收集雨水进行过滤的系统，到检查输水管道漏水的机器人，再到效率更高的污水处理计划）旨在对抗日益严重的水资源短缺。公共计量（public metering）也有助于鼓励更有效地利用水资源。在靠近海洋的城市中，可调节的海水淡化厂正在变得越来越经济实用。

在交通运输方面，未来可以从人们的行走中收集动能的“集能人行道”（power sidewalk），零排放的公共汽车、货车和出租车，高速城际铁路等都有助于延缓碳排放和污染。在世界上最大、最拥挤的古老城市之一墨西哥城，市政柴油公交车也可以通过加装微粒过滤器而减少烟尘的排放。收取高峰期行车费、建立无车区以及对公共交通提供各种补贴也可以大幅减少车辆的使用及其不良影响。

在娱乐方面，让我们想象一下舞蹈俱乐部，它由风力涡轮机和太阳能电池板供应部分电能，而舞池则可从人们跳舞的动作中发电。伦敦就有一家这样的俱乐部，名叫“太阳神俱乐部”（Club Surya）。这家俱乐部的装饰物都是用再生物品制造的，其食物和饮料都是有机的，并且都是在当地种植的。

因此，尽管城市中一些丑陋、不健康的现象可能会让我们对城市的未来感到悲观，但通过更好的城市规划、创造性的技术应用以及大胆的公共政策，城市生活可能是对不断增长的全球消费量和环境退化的一种补救措施。

第 8 章

贫困——记住金字塔的底层

贫穷是革命和罪恶的根源。

——亚里士多德

我们在 19 世纪和 20 世纪的经历清楚地表明，资本主义和平与消除贫穷构成了一个良性的循环：收入的提高和普遍的繁荣创造了和平，并且使贸易得以兴旺；反过来，对贸易顺利进行的承诺为进一步的繁荣创造了条件。19 世纪初，世界上几乎每一个人都非常贫穷，但随着贸易的发展，今天的贫困率已经降低到 20%。而且，由于制定了扶贫政策，我们看到贫穷正在减少。历史的重担大部分是由上一代人所承担的——根据世界银行的统计，世界贫困率从 1981 年的 33%（大约 15 亿人）下降到新千年的 18%（大约 11 亿人）——这为我们提供了明确的线索，使我们明白了应该如何加速消除贫穷。

过去几十年里我们学到的一件事情是：慈善不仅仅是一种战略。通过变味的外国援助来对抗贫困的多边努力已经让人麻木。我们都在晚间电视节目或者杂志上看到过倡导结束饥饿和帮助贫困儿童的广告。照片里那些营养不良、衣衫褴褛、赤脚的孩子，满面惊恐，浑身沾满泥土，仿佛是在祈求你不要到（事态糟糕到）“来不及的时候”再采取行动。这些广告通常借助名人，要求观看者“领养”一个孩子，并且进行适当的捐赠以大幅改变他们的生活。虽然使用这些画面是否道德是很难衡量的，但在应对贫困问题的背后更引人注目的理念是促进全球整体的繁荣。消除贫困也有利于我们自己的经济利益。

过去 20 年来，随着经济的不断扩张，将越来越多的工人和消费者包含在内，世界经济日益繁荣，但世界上仍有20亿贫困人口还没有享受到全球化的益处。另外，贫穷与其他领域如贸易、安全、移民和健康等密切相关，因此它可能是资本主义和平的最大威胁。贫穷不仅使20亿人饱受饥饿、疾病和寿命缩短之苦，还令宏观量子世界因不稳定性、环境恶化和国内冲突而受到伤害。但是，由于被援助国家的经济多年停滞不前，导致很多G7国家不愿再进行资助。在我们有生之年结束贫穷是切实可行的，而不是异想天开，但是我们需要一个新的政策和态度的组合，以动员政府和非国家参与者共同努力，并将贫穷看成是经济上而不是道德上的威胁。

8.1　贫困的趋势：一些亮点

什么是贫困？谁是穷人？显然，贫困在不同的地方有不同的含义；同样是生活在贫困线以下，美国与孟加拉国有很大的不同。例如，美国卫生和公共服务部（U.S. Department of Health and Human Services）将年收入在10400美元以下（约每天30美元）的美国人看成生活在贫困中，而世界银行认为，生活贫困的人每天的生活费低于2美元（即上述数字的1/15），极端贫困者应低于每天1美元。但是，从定量的角度看，贫困可以被解释为不能满足人类的基本生理需要。世界上的穷人往往每日能量摄入过低，吃不到足够的食物以满足每日8小时的田间或工厂工作。他们用不起基本的卫生设施，更不用说享受医疗服务了，所以他们感染传染病的几率更高，婴儿死亡率更高，并遭受由营养不良引起的疾病。穷人还要忍受识字率低以及教育缺乏的痛苦，这降低了劳动生产率，使得公共卫生以及环境保护达不到标准。因此，即使贫穷国家的人口数量相当大，但劳动力往往不足，因为工人由于饥饿、疾病、缺乏教育而退出了劳动者的队伍。更糟的是，世界上的许多穷人因为无法进入劳动力市场，因而不能享受全球化带来的利益，造成贫穷的恶性循环。为了减少贫困，营养、卫生和教育水平必须提高，但除非减少贫困，否则这些问题就难以改善。正如我们将要看到的，我们可以采取一些措施跳出这个贫困的怪圈。

好消息是：贫困正在持续减少。让我们看一看趋势：世界极度贫困人口

（日收入低于1美元）占贫困人口的比率从1820年的3/4降低到现在的1/5，并且随着近年来全球化的潮流而加速下降（如图8.1所示）。

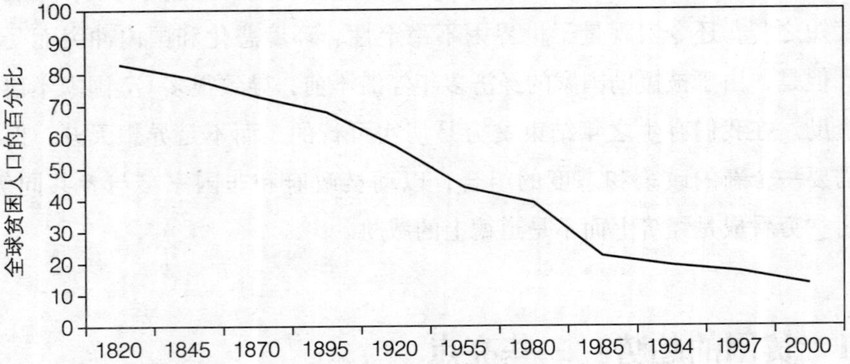

图8.1　1800～2000年贫困发生率

注：贫困发生率（head count ratio）是一个百分比。贫困是指每天的收入在1.50美元以下，以1993年购买力平价为基准。

但是，这些全球汇总数据掩盖了一些区域内令人不安的贫困趋势。如图8.2所示，东亚和南亚的贫困人口显著减少，而拉丁美洲和非洲的贫困人口只能说适度减少。亚洲贫困人口大幅减少是因为中国和印度这两个贫困人口绝对数量最大的国家大力发展其经济的结果（要记住，这两个国家的总人口超过22亿，占世界人口的1/3）。当然，其他国家（如越南）也成功地分享了贸易自由化的好处，世界银行对该国贫困家庭的调查显示，在20世纪90年代，越南98%的人生活变得更好。20世纪90年代，乌干达的贫困人口下降了40%，学校入学人数增加了1倍。但是，根据奥坎波（Jose Antonio Ocampo）和马丁（Juan Martin）以及其他研究不平等和贫困问题的学者得出的结论，除了北京和新德里之外，世界其他地方在减少不平等和贫穷方面并没有我们期望的那样乐观。事实上，经过仔细的调研发现，中国和印度的奇迹改变了人们对贫困人口下降的理解。

过去20年来，我们的记录可能并不完全，但却能够告诉我们，在对抗贫困的战争中，哪些政策是有效的，哪些政策是无效的。正如约瑟夫·斯蒂格利茨所说的，截止到20世纪90年代中期，自由贸易的好处已经被政策制定者和学者广泛接受。作为当前全球化典范的中国，20年来其GDP的增长速度

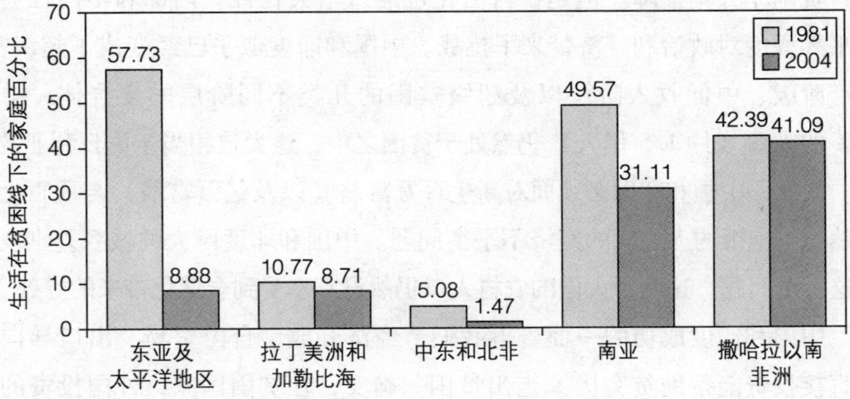

图 8.2　1981 ~2004 全球按地域划分的贫困趋势

资料来源：Povcal.

一直高达 10%，而印度也在过去十年里保持了 GDP 年增长接近 7%。同样，这两个大国的贫困率也显著下降：在中国农村，人均消费和人均收入低于贫困线的人口在 1981 年到 2003 年间下降了 62.54%，而印度农村的这一数字则下降了 14.18%。

另一方面，撒哈拉沙漠以南的非洲仍然是贫困率最高的地区，因此其全面的自由化经济改革最不成功也就不令人感到奇怪了。这一地区的很多国家经受着经济增长率下降所带来的通货膨胀、人均收入下降以及平均寿命缩短。按照世界银行的道勒（David Dollar）的说法，最初与非洲国家面临同样问题的东南亚国家取得了成功，是因为它们在从主要出口农产品快速转向以出口劳动密集型产品的过程中实现的贸易自由化。但是，由于投资环境问题，非洲国家没能完成这一转变。在非洲，单靠降低进口关税并不能有效降低针对资本主义国家的非关税壁垒。道勒说："尽管关税确实是一个障碍，但经验告诉我们，减少其他障碍更重要。建立一家企业、雇用工人、获得可靠的电力是否很容易？即使是降低了正式的壁垒，企业是否能够通过海关得到必要的投入品？全球化过程进展顺利的是那些培育出良好投资环境因而其企业可以充分利用全球市场机会的国家。"谁愿意在一个几乎所有资本都被统治者拿去享乐的国家投资呢？

那些成功实现自由化并创造出良好投资环境的国家实现了惊人的经济成

就，贫困率大幅下降。但是，自由化也通过增大在社会内部和不同社会间的不平等程度对政治和经济带来了挑战。中国和印度似乎已经变成了超级富豪、中产阶级、中低收入阶层以及超级贫困的几类不同阶层的复合体。中国有14%的人口（约1.5亿人）仍然处于贫困之中，这大致相当于尼日利亚的总人口。因此，中国和印度必须面对新生百万富翁（以及亿万富翁）与成百上千万仍然吃不饱饭的人之间的经济不平衡问题。中国和印度巨大的城乡差别反映出了这一个问题。这两个大国的农村人口仍然没有享受到全球化带来的好处。

中国和印度成功的一面告诉我们，经济开放、自由贸易、出口导向和外国直接投资能帮助贫穷国家走出贫困。确实，在贫困国家，外国投资的1美元要比国内投资的1美元在经济增长上有更大的作用。研究人员推测这是因为外国公司的投资会产生“溢出效应”或积极的外部效应，包括通过外国公司引进的新技术和工艺，同时带来了与国内垄断企业的竞争。话虽如此，但在经济增长最快的国家，不平等程度也在提高，正如经济学家弗里德里希·冯·哈耶克（Friedrich von Hayek）所认为的，为了鼓励创新，不平等在所难免，有时甚至是值得的。尽管如此，国家之间或国家内部高度的不平等是不受欢迎的，是潜在的不稳定因素，需要引起我们的注意。

尽管贫困显著下降，但我们仍有很多工作要做。今天，还有20亿人每天的收入不足2美元，贫困远远没有被消除。让将近20亿人的收入如此低，不仅留下了一个巨大的未经开发的市场，而且还威胁着我们的安全、环境和健康。今天，这些人仍处于全球化影响范围之外，被困在长期存在的经济和政治不稳定、缩短寿命、环境恶化和国内冲突的恶性循环中。很多国家（如印度、中国、越南和乌干达等）在减少贫困人口方面获得的巨大成功表明，全球化和贸易自由化可以在对抗贫穷方面发挥很大的作用。与在欠发达国家寻找新市场和投资的公司一样，商业界的注意力也应该转向20多亿穷人。尽管他们的收入有限，但穷人们为大型跨国公司和小型企业提供了无限商机，让它们能够在宏观量子世界中为人类的进步做出努力。

遗憾的是，迄今为止，美国和G7国家一直将全球贫困救助计划视为财政负担而不是更广泛的资本主义和平战略的一部分。富裕国家虽然通过政府资助贫穷国家，但它们很少关注自己的政策会对贫困国家产生什么影响。最近的粮食危机就是一个很好的例子，说明了美国和G7国家目光短浅的农业及商业政策如何加剧了世界各贫困国家的贫穷现状。美国不平衡的能源政策以及农业补贴助长了粮食价格的螺旋式上涨，严重加剧了世界上最贫困人口的生活负担。通过精心设计的政策以及非国家参与者的加入，我们可以大幅度减少贫困人口数量。但首先我们需要转变我们的看法，认识到贫困与我们现在面临的每一种跨国挑战都有着错综复杂的联系。

8.2　贫困的相互联系

通过以上的讨论，我们注意到，在我们这个宏观量子世界里贫困是如何与其他方面紧密相关的。在商业和投资方面，贫困阻碍了工人和消费者更加相互依存的市场的建立。全球化需要大量的源源不断的熟练工人供给，而贫困却因为减少了贫困人群受教育的机会而截断了这一来源。例如，尽管印度拥有世界上最年轻的、规模最大的劳动力队伍之一，而高科技公司的龙头企业 Infosys 公司最近却指出该国“熟练技术人员严重短缺”，而同时翰威特咨询公司（Hewitt Associates）的一项研究表明，2007 年，印度熟练工人的工资将上升 14.5%，这是对熟练工人的需求超过供给的一个信号。这是因为，印度尽管不缺少工人，但缺少熟练工人。事实上，印度的识字率只有 61%（而中国的识字率为 82%）。

另一方面，管理不当的贸易也会加剧贫困。虽然贸易通常是一种扶贫的工具，但如果缺乏协调，贸易可能会造成不平衡，加剧对贫困人口的剥削。2007 年开始的粮食危机就是一个很好的例子。在第 7 章我们看到了由于未能改革农业补贴而导致的大宗商品和食品价格的螺旋上升。大部分美国人认为吃到食物是理所当然的——即便是美国最贫困的 1/5 家庭在食品上的花费也只占其家庭预算的 16%。但在很多发展中国家，食物占家庭支出的比例却高得多：尼日利亚占 73%、越南占 65%、印度尼西亚占一半。反过来，这使得贫困家庭最容易受到主要作物价格大幅波动的影响。2007 年，发展中国家粮食进口价格提高了 25%，而受影响最大的是那些穷人。世界银行 2008 年 4 月份的一份报告指出：“近期食物价格的大幅上涨有可能导致低收入国家陷入整体贫困中。”

粮食危机与多哈会谈的失败具有明确的联系。如果要想在长期中消除贫困，那就必须解决农业补贴问题。根据《经济学人》的报道，“到2015年，成功的多哈回合谈判可以使全球收入每年提高超过5000亿美元。其中60%以上的收入将流入贫困国家，有助于使1.44亿人摆脱贫困……而减少富裕国家的农业补贴和在［全球］北方开放市场也有所帮助”。多哈回合谈判的失败对于扶贫国际合作来说是一个障碍，并显示出了美国和G7国家的“微观国内”观点造成的影响。为了在长期中消除贫困，发达国家采取更公平、务实的农业和贸易政策是至关重要的。

贫困也是世界上造成疾病的最大原因。贫困迫使人们住在会引起疾病的环境中，没有像样的住房、洁净的饮用水，或适当的卫生设施。在非洲，疟疾是造成儿童死亡的第一大杀手，每年有超过80万名非洲儿童死于这一疾病，而治愈疟疾的一剂药物仅需要花费55美分，保护儿童的蚊帐每年仅需花费1美元，在室内喷洒杀虫剂仅需每个家庭每年花费10美元。不幸的是，即便是这么低的费用也是贫困家庭负担不起的。

据估计，发展中国家大约有28%的儿童体重不足或发育不良。特别是在南亚和撒哈拉以南非洲地区，这一情况尤其严重。因此，在每年全世界3.5亿~5亿患疟疾的人中（其中有100万人死亡），非洲占总死亡人数的90%，而非洲儿童占全球疟疾患者的80%，这绝不是偶然的。

这些疾病（通常是可以治疗或可治愈的）造成了发病区域持续的不稳定。关键的治疗对于贫困人群来说费用太高了。世界卫生组织的宏观经济与健康委员会最近估计，加纳和其他疟疾发病区的国家为了保证人们身体健康而可以参加工作，每年每人仅需要花费大约35~40美元。然而，加纳却只能负担得起每人10美元的支出，这意味着有5亿美元的缺口（2000万人，每人25美元）。这些微不足道的成本却使得实际上可以花不多的钱就可以治愈的疟疾大肆流行，导致这些国家受到疾病的困扰和生产力低下。这些健康危机造成了政府和当地经济的不稳定，使得贫困搅乱了资本主义和平。

世界卫生组织国际癌症研究署（IARC）在报告中称，由于贫穷的原因，癌症发病率在发展中国家不断提高。国际癌症研究署预测，到2050年新发病例将增加1倍，达到2700万人。事实上，2008年有760万人死于癌症，其中2/3发生于新兴国家，其中大部分国家缺乏诊断肿瘤的基础医疗设施，而新的化疗药物对于这些国家的大部分癌症病人来说太贵了。

贫穷与环境退化也紧密相关。发展中国家及其贫困的居民经常成为工业化国家污染和环境破坏的牺牲品。在全球范围内看，世界上最富裕的 1/5 人口的消费占世界总消费支出的 86%，而最贫穷的 1/5 人口却只占 1.3%。如果贫困国家居民通过相同的消费方式达到西方的生活水平，“我们就需要另外两个地球来获取资源并消化垃圾”。但是，根据国际发展银行的数据，贫困国家居民受环境恶化的影响更大。气候变化的产物，如气候模式的波动性增加（洪水和干旱等）对孟加拉这样的国家损害最大，而最不能适应这些环境变化的正是那些贫困人口。

贫困常常会造成对资源的过度开发，以保证当地人口的生存或偿还债务。但可悲的是，不可持续的活动往往对穷人造成最大的伤害，因为穷人往往更加依赖自然资源维持生计。极度贫困人口中的将近 3/4 生活在农村地区，直接依靠森林获取食物、燃料、衣料和建筑材料。例如，印度尼西亚森林曾经是世界上生物多样性最丰富、最广阔的森林，而现在却是面临威胁最大的森林之一。当地贫困居民为了赚钱，在过去 50 年里砍伐了该国 40% 多的森林。但是，这对于印度尼西亚国内的经济没有任何帮助，过去十年里国民收入一直在下降。

与高收入社会相比，较贫穷的社会更容易陷入因水源、耕地和其他稀缺自然资源如石油、钻石和木材而造成的冲突中。这些国家的政府通常更软弱，使反叛者更容易夺取土地和重要的资源。资源短缺导致的移民和人口迁移引起了不同社会群体的冲突，如达尔富尔、苏丹发生的冲突部分因为是降雨的减少而引发的。

贫困会驱动人口迁移。如果你在一个地方无法生存，就会迁移到一个经济环境更好的地区。事实上，移民是国家经济环境的产物：爱尔兰人在马铃薯饥荒后移民，而墨西哥人为寻求更稳定的环境而移民美国，这只不过是人们寻求更大稳定性的历史潮流的最新趋势。以非洲最发达的国家南非为例，在 1994 年废除种族隔离制度以后，大量经济和政治难民涌入南非。邻国津巴布韦总统穆加贝的镇压统治导致每周将近 300 万人涌入南非。然而，南非的贫困人口以及失业人群将这些津巴布韦难民视为他们就业前景的威胁，从而引发了 2008 年 5 月份的暴动和骚乱。结果，遭到迫害的大部分津巴布韦人逃离南非。

贫穷国家不仅是受污染影响最重的地区，而且也是重要的污染源。除非进行精心的管理，否则这些贫困国家在追求富裕的道路上会给环境带来根本性的、不可逆转的而且是不明智的改变。不论是对于 G7 国家还是发展中国家，环境保护都是保持经济增长的重要环节。随着重污染工业转向了欠发达地区，应对污染—贫困问题又增加了一个额外的维度：通过考虑环境和人的价值的方式对经济增长的概念进行扩展，我们就可以减轻不可持续的、对环境造成破坏的增长带来的问题。

长期以来，能源使用的增加一直与较高的发展水平和较低的贫困率相关。世界上生活水平最高的最大的经济体——美国——人均能源使用量是最多的（占全球能源使用量的1/5），这不是偶然的。如图8.3 所示，一国的电力使用量越高，人类发展指数（Human Development Index，HDI）就越高。这一联系的原因很简单：缺乏能源会遏制工业发展以及减少工作岗位。

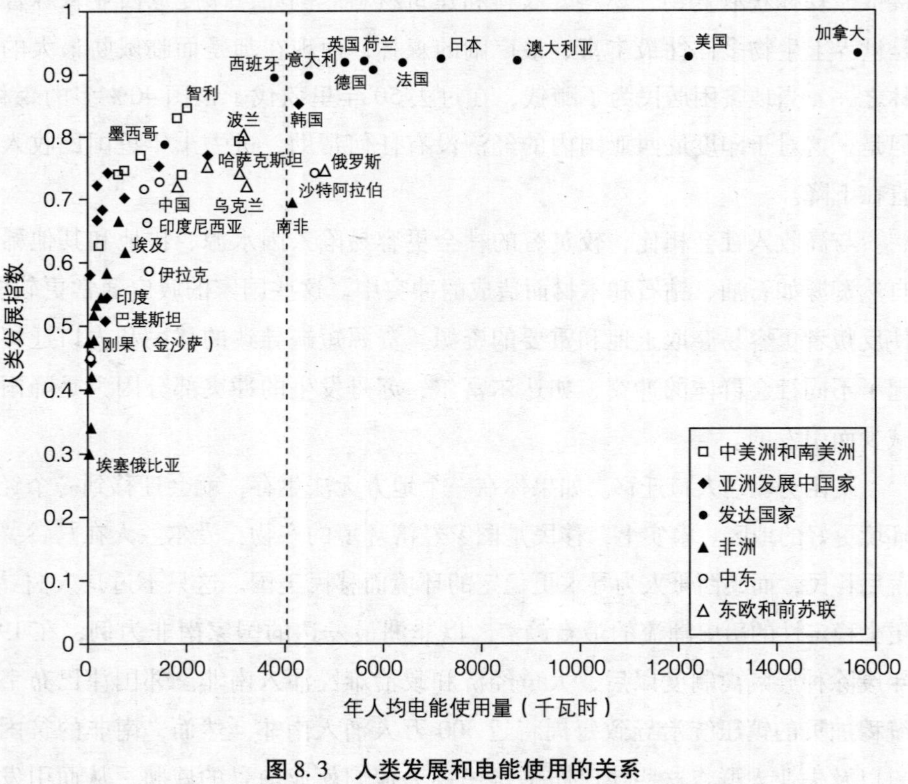

图 8.3　人类发展和电能使用的关系

来源：Physics Today.

现代农业是高度能源密集型的：生产化肥、驱动拖拉机和将农产品运输到消费者手中需要消耗大量能源。石油价格波动剧烈，有时会上涨 2 倍或者 3 倍，这使得能源成本成为推动农产品价格上涨的主要因素，并在 2007 ~ 2008 年世界粮食危机期间加剧了贫困国家的冲突。反过来，农产品价格的提高又被转嫁到发展中国家的消费者身上，通常会造成严重的影响。世界银行估计，最近的一次粮食危机可能会将 1 亿人推到贫困线以下，相当于 7 年对抗贫困的努力化为泡影。世界上的贫困人群对发达国家的政策非常敏感。

发展中国家之间正在争夺日益稀缺的资源，包括石油和耕地，这使得各种原材料以及粮食的价格上涨。富裕国家通过支持开发生物燃料而助长了这一趋势。国际货币基金组织估计，在过去 3 年中，每年由于美国生产乙醇而用掉的玉米量占玉米总需求增长量的一半。美国农业部称，这造成了玉米价格的上涨，同时也造成了其他作物（特别是大豆）价格的上涨，因为农民将他们的土地用于种植玉米。此外，华盛顿对每加工 1 加仑乙醇补贴 51 美分，同时对每加仑进口乙醇增加 54 美分的关税。在欧盟，大部分国家对生物燃料免除了部分税收，并对进口乙醇增加了每加仑 70 美分的税费。这些工业化国家的措施（如生物燃料补贴）只会导致食物价格上涨，并导致更多的人陷入贫困。

贫困对于国际和国内安全的影响不容忽视。自从冷战结束以后，内战和叛乱导致从塞拉利昂到印度尼西亚这些地区持续的贫穷和剧烈的经济衰退。根据 Hoeffler 和 Rohner 的一项研究，5 年内发生过战争的国家人均 GDP 是 1100 美元，而没有发生过战争的国家人均 GDP 是 5746 美元。图 8.4 显示出，一旦人均 GDP 达到 1000 美元，发生内战的可能性就会急剧下降。邻国之间的武装冲突会加剧区域不稳定，需要代价高昂的外部力量的武装干预。这些冲突本身已经耗费了大量的国家资源，进一步削弱了贫困国家脆弱的经济，同时会夺走成千上万无辜者的生命。这些国家也成为跨国安全威胁（如恐怖主义、武器扩散和犯罪活动）的孵化器。

贫困会孕育“人肉炸弹”和恐怖主义营地。想一想中亚草原和中东地区发生的事情。有特权的少数与贫困的大多数之间的社会经济分歧越来越明显。饱受贫困之苦的青少年对未来不抱有任何希望，更不喜欢他们所在国家的政府，他们在追寻自己的光荣和自己的神，这些人为恐怖组织提供了源源不断

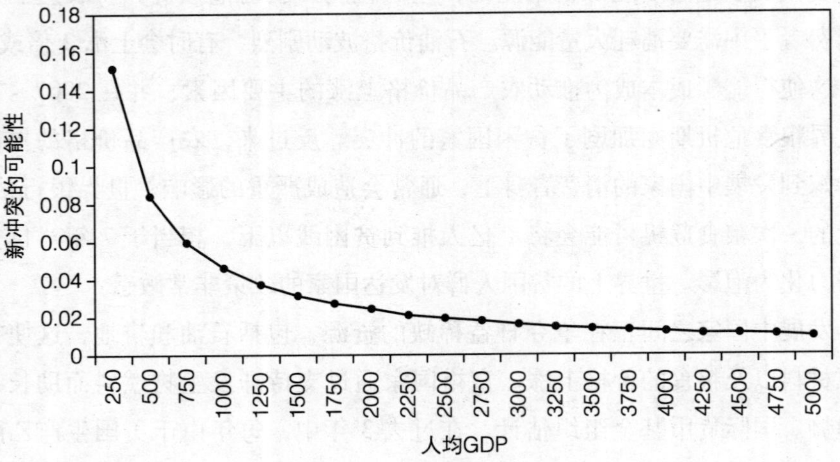

图 8.4　1960～1999 年内战风险和人均 GDP

资料来源：The Brookings Institution.

的“人肉炸弹”。据估计，将近 40% 的阿拉伯人口生活极度贫困，每天的收入低于 1 美元。上百万的艰难维持生计的穆斯林青年人在现有的政治经济以及政治秩序中没有任何参与的权利。

如果情况得不到改善，同时面临着暗淡的未来，贫困的青年人可能会产生失望、绝望和愤怒感，这会引发暴力行为。参与恐怖主义和加入民兵组织变得越来越有吸引力，这会对全球和平和安全造成严重威胁。

贫穷还会诱使人们去贩毒，严重影响国际安全和国际发展。联合国毒品和犯罪问题办公室（UNODC）的《世界毒品报告》（*World Drug Report*）指出，贫困使农民“易受种植毒品作物获得非法收入的诱惑”。此外，“阿富汗反复出现的冲突和贫困为非法生产的普遍存在提供了一个机会。中亚地区的贫穷和冲突也是对抗非法交易的障碍”。根据联合国毒品和犯罪问题办公室的说法：“要想长期减少世界可卡因的供给，不仅要加强法律的执行，还要根除贫困，因为贫困使得农民很容易受到种植非法作物获得高额利润的诱惑。”

想一想世界海洛因供应、贫困和美国打击恐怖主义这些活动之间的联系。阿富汗生产了世界上 93% 的罂粟。自从美国入侵阿富汗以来，阿富汗政局陷入混乱，贫困的农民为了能养活家庭不顾一切地与毒品贩子进行交易。只要投入少许资金购买种子，农民们就可以种植罂粟。尽管从种植罂粟中直接获得的收益很少，但深受贫困之苦的阿富汗农民为了生存只能从事这些交易。这对阿富汗以及整个地区的稳定造成了巨大的威胁：罂粟是非法的，而非法获得的利润不能被收税。但是，对阿富汗更直接的威胁是日益弱化的毒枭（他们为塔利班提供金钱和武器）与激进分子（他们保护罂粟种植区并协助将毒品运到市场中）之间的关系。毒品使少数人变得富有，但很多人为此付出了代价，而且政府要花费巨资来消除毒品，对国内或全球经济来说毫无益处。贫困将贸易与投资损失、经济发展水平低下以及对安全的担忧联系在了一起。

8.3　外国援助和新千年发展目标

想一想贫困在激发冲突、环境恶化和疾病流行中的作用，我们可以清楚地看到，全球贫困是维持资本主义和平的主要绊脚石。这也是我们将消除贫困作为经济政策重要特征的原因。但过去，我们将贫困看成是令人遗憾的人道主义问题而不是经济问题，这种观点严重限制了我们的应对措施。

爱尔兰前总统玛丽·罗宾逊（Mary Robinson）认为，贫困是当今世界最严重的人权问题。她主张要让"全球化成为一个以价值为导向的、充满道义的、能够造福全人类的过程"。在断言贫困仍然是人权的一个巨大威胁方面，罗宾逊可能是正确的，但她关于道德的论点却不能促使国家采取行动，这或许是以慈善为主的贫困消除计划有可能失败的一个信号。

2005 年《人类发展报告》称："凭借现代技术、金融资源和积累的知识，世界有能力战胜极度贫困。"我们已经看到，资本主义的传播是保证贫困国家长期参与全球经济的最好方式，而且这也符合西方国家企业和公司的利益。然而，在 G7 国家的花言巧语和它们采取的消除贫困的实际行动之间还存在着差距。消除贫困战略获得的优先级较低，而更倾向于援助——这无法彻底消除这一复杂的问题，而且效率也很低。

在《终结贫困》（*The End of Poverty*）一书中，作者杰佛里·萨克斯（Jeffrey Sachs）认为，在地球上的某些地区，由于地理上的隔绝、疾病的困扰、恶劣的气候、贫瘠的土壤，那里的人们陷入了极端贫困的泥潭，无法获得全球化带来的好处。萨克斯的论点有一定的价值：一个国家的自然禀赋对该国的经济具有直接的贡献。例如，如果不是在地理上有些走运，那么许多海湾国家很可能会成为沙漠穷国。萨克斯认为，“在发展水平最低的国家，存在着市场失灵，需要援助来修建基础设施（道路、能源和港口）以及培养人力资本（健康和教育）”。但是，对于走出贫困陷阱，萨克斯给出的建议是大规模引入外国援助——每年1350亿美元，到2015年增加到1950亿美元。与罗宾逊一样，他似乎也没有抓住问题的实质。援助完全是一种自愿的行为，可能是出于内疚或者怜悯，但没有任何制度基础和激励做保证。

事实反复证明，道德劝说已不足以让人们对人道主义努力做出可靠的承诺，而今天的国际援助仍然很有限。OECD国家提供的发展援助还不到其GNP的0.5%。除了对于消除贫困的一些空头支票外，看起来只有当消除贫困与其他战略利益一致时，这些国家才会真正提供扶贫援助。即使真的提供了援助，但援助分配网络的缺乏、捐助政府官僚机构的繁文缛节、腐败或失败的民主体制造成的影响，严重降低了援助的有效性。这并不是说在宏观量子世界中政府的援助完全没有价值。提高非营利机构的作用，并形成众多相互竞争的潜在分配渠道，可以使援助分配过程更加合理。政府和非政府组织仍然可以在那些企业难以涉足的领域（如基础建设项目）发挥作用。但一般情况下，利用效率低下且无计划的慈善项目代替强有力的政策来应对贫困传达出了这样一个信息：贫穷是不幸的，但也不重要。在这个紧密相连的宏观量子世界里，穷人实际上是非常重要的。

看一看联合国新千年发展目标（UN’s Millennium Development Goals，MDGs）。尽管存在着很多争议，但新千年发展目标在2000年开始实施，它设定了在2015年减少贫困的整体规划。新千年发展八大目标包括：（1）消除极度的贫困和饥荒；（2）全面普及基础教育；（3）提倡性别平等和增加妇女权益；（4）降低儿童死亡率；（5）改善孕妇保健；（6）防治艾滋病、疟疾和其他疾病；（7）确保环境的稳定性；（8）促进全球发展伙伴关系，包括治理结构良好的、自由的公民社会。从整体上看，新千年目标很难遭到反对，但它们只不过是一个目标而已，而不是实现这些目标的手段。

为了实现这些目标，联合国开发计划署称：“贫穷国家已经承诺要进行更好的治理，并在医疗保健和教育上投入更多资金。富裕国家也已经承诺，要通过援助、减免债务、更公平地进行交易支持它们。”工业国家已每年征募了国民总收入的 0.7% 用于官方发展援助（Official Development Assistance, ODA）。尽管做出了这些承诺，官方发展援助在 2005 年到 2006 年间有所下降，而且由于债务减免的降低，2007 年有可能继续小幅下降。美国在政府援助水平上落后于其他 G7 国家，这反映了早些时候提到的一种现象：各国没有动机主动提供援助。最近的一份联合国报道指出，美国和日本（分别为全球最大的和第三大经济体）被称为“最小气的捐助者”。但是，我们将这种羞愧放到一过，其实 G7 国家也并不是冷血无情的，它们的失望更多一些：由于过去消除贫困努力的失败，以及被救助国家腐败的政府将外国的救助款挪作他用而不是用来消除贫困，美国和其他 G7 国家对捐赠的热情降低了。

如果我们将目光扩展到传统政府援助之外，我们不难发现，美国和其他 G7 国家个人捐赠相当多。尽管官方的援助处于较低水平，但美国的私人捐赠超过其他任何国家。事实上，根据 2007《全球慈善指标》（*Index for Global Philanthropy*）中的数据（参见表 8.1），美国私人捐赠数额是美国官方捐赠的 3.5 倍，达到 952 亿美元，而官方发展援助却只有 276 亿美元。有趣的是，事实证明，与公共捐赠相比，依赖定向捐赠的非政府组织是捐赠物品更好的分配渠道。

表 8.1　2005 年发展中国家中美国经济贡献率

分　类	10 亿美元	比例（%）
美国官方发展援助	27.6	14
美国私人援助	95.2	50
基金	2.2	2
公司	5.1	5
私营和志愿组织	16.2	17
大学和学院	4.6	5
宗教组织	5.4	6
个人汇款	61.7	65
美国私人资本流动	69.2	36
美国全部经济贡献	192.0	100

资料来源：Organization for Economic Development and Co-operation (OECD), Development Co-operation Report 2006, Vol. 8 No. 1, 2007, Hudson Institute 2007.

政府捐赠如此低的一个原因是：捐赠给发展中国家的这些资金——在过去50多年中达到了2.5万亿美元左右——没有用在贫困的普通公民身上，而是大部分被以权谋私的领导人中饱私囊。事实上，外国援助有可能通过维持腐败、低效的政府（使得那里的人民更加穷困）以及造成那些国家的债务堆积如山而使贫困进一步恶化。世界上大约有70个管理不善的国家，需要通过新的途径来改变基本的体系。威廉·伊斯特利（William Easterly）做出了恰当的评价："显然不能给腐化的政府提供任何援助。"如图8.5所示，非洲国家政府的腐败倾向最强烈。例如，1980~2000年间，尼日利亚接受了35亿美元的援助，实际上比在1993年到1998年执政的阿巴查（Sani Abacha）从国库贪污的钱款还少几亿美元。尽管在加纳和坦桑尼亚也有一些反腐败成功的故事，但世界银行的一项研究指出，1996~2004年，治理水平改善与治理水平下降的非洲国家数量是相等的。

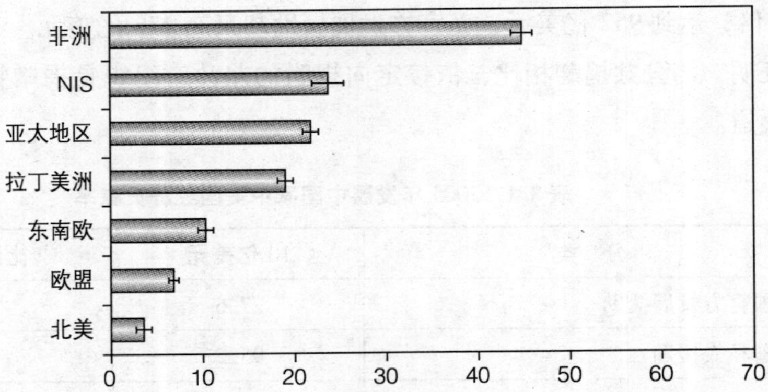

图8.5　不同地区行贿的要求

资料来源：Transparency International.

注：过去12个月里被要求通过行贿获得服务的数量。

8.4　对抗贫困的战略

简言之，将贫困视为慈善事业的施舍对象在对抗贫困上是无效的，特别是很多施舍物落入了执政者的腰包中，而不是让那些饥饿的人们吃饱饭。减轻贫困的战略应当尽可能减少腐败，这在很多情况下意味着要避免直接将援助物资交给腐败的政府。尽管贸易自由化应该成为首要的战略（像在中国和印度所看到的），但我们必须认识到很多策略也是必要的。仅靠政府并不能消除贫困。解决方案并不是简单地开出一张支票——直接的反贫困计划（如小额贷款和其他非政府组织的措施）正在变得越来越重要。作为对前面提到的一些主题和观点的响应，为了成功地战胜贫困，需要在在基础层面上培养市场主义、鼓励私人和公共部门的参与、对一些多边机构进行改革，这些措施结合在一起，将有助于全面促进资本主义和平。

金字塔的底层

普拉哈拉德（P. C. Prahalad）开创性的金字塔底层（Bottom of the Pyramid，BOP）的概念认为，在金字塔底层（即最贫困的人口中），存在着商业发展的空间。这一理论向传统智慧发起了挑战，传统智慧认为，“大多数人都假设，贫穷的人没有购买力，因此无法形成一个可行的市场”。私人部门特别是跨国公司和贷款机构在减轻贫困方面有可能发挥重大作用，同时创造利润、提高品牌知名度，并开辟新的市场机会。最好的情况是，金字塔底层战略消除了政府这一个中间人，避免了不必要的官僚主义和可能的腐败空间。

贫困人口的数量巨大，仅仅因为这一点，他们就可以代表“一种待开发的巨大的潜在购买力”。尽管他们的个人购买力不高，但即便是当前贫困人口中有一半融入全球市场，他们购买的商品和服务的总量也将十分巨大。另外，由于贫穷相对集中，我们不难在短时间内找到大量的贫困人群。设想一下，到2015年，非洲将有225座城市，亚洲将有903座城市，拉丁美洲将有225座城市。发展中国家的368座城市的人口将超过100万，其中至少有23座城市的居民超过1000万。总的来说，这些城市将拥有15亿至20亿人口。在这些城市居民中，大约35%～40%是金字塔底层的消费者。这些聚居地的人口密度（每公顷约15000人）将使得市场渗透相对容易。

金字塔底层的企业有能力转变很多穷人的态度，使他们看到隧道尽头的“光亮”。由于感到失望，且权利遭到剥夺，贫困人口在没有亲身感受、亲眼看到全球化和商业带来的利益之前，没有理由相信它们。当附近的某个人拥有了汽车、手机甚至笔记本电脑时，他们才能更切实地感受到这些成果。但在那之前，陷入贫困陷阱的人们仍然普遍感到失望。

最近，金字塔底层战略中最受关注也许是小额信贷（microcredit）。小额信贷是所有扩展小额贷款项目（微型金融，往往低至25美元）和其他金融服务（如储蓄账户）等的总称，用于非常贫困的人口从事能够带来收入并为其家庭提供支持的个体经营项目。小额信贷在20世纪70年代之前几乎闻所未闻，但随着企业和人们认识到它在对抗贫困与不平等方面的优势，小额信贷现在已经成为了全球性的现象。小额信贷培养了一种信任的文化，教会人们基本的还债观念，理解资产和负债的匹配与不匹配。小额信贷峰会（Micro-credit Summit）的最新报告指出，向穷人发放的小额贷款的受众人数从1998年的1300万人增加到目前的1.33亿人。到2007年，3316家小额信贷机构称，其客户已达到133030913人，其中92922574人在收到第一笔贷款的时候是最穷的人。在这些最穷的客户中，85.1%是女性。银行和慈善机构逐渐发现，小额贷款对于缓解贫困和逐步引入经济的力量（包括储蓄以及对未来的信心）来说是一种极佳的方式。

过去，发展中国家的银行很少把钱借给穷人，而穷人们不得不借高利贷。这导致农民和其他低收入者陷入了贫困的恶性循环中，制约了发展中国家小企业的发展。孟加拉国乡村银行（Grameen Bank of Bangladesh）及其创始人穆罕默德·尤努斯（Muhammad Yunus，因通过小额贷款使数百万妇女摆脱贫困而获得诺贝尔和平奖）发现，贫穷的贷款人和富裕的贷款人一样可以信赖，而这种信任可以像抵押品一样激励人们还款。尤努斯率先使用了“社会担保”（social collateral），他向一组妇女提供贷款，这些妇女有责任偿还彼此的贷款。事实证明，这种来自同伴的压力（peer pressure）非常有效。将这种方法与第2章讨论的证券化和信用评级对比一下。实际上，今天，在孟加拉国，乡村银行贷款的回收率达到惊人的98.5%，而向富裕家庭贷款的传统银行的回收率只有40%～50%。乡村银行的成功使人们日益认识到，在遏制贫困方面，金融方法与援助项目同样有效，甚至更有效（参见表8.2）。

表8.2　小额信贷研究（MFI）活跃性（2006年12月31日）

MFI的数量（1997~2006年）	3316
仅2007年MFI的数量	873
2007年873家MFI报告的最贫穷客户的比例	92.4
总客户数（到2006年12月31日）	133030913
最贫穷客户的总数（到2006年12月31日）	92922574
最贫困的女性客户数（到2006年12月31日）	79130581
受影响的最贫穷家庭成员数（到2006年12月31日）	464612870

资料来源：2007 Microcredit Summit Report，2.

除了乡村银行以外，其他组织也越来越认识到小额信贷对于银行本身的经济利益以及对于客户利益的价值。相似的项目在世界各地迅速出现，从墨西哥到印度尼西亚。提供贷款和期望投资获得回报比单纯进行捐赠更能鼓励人们肩负起责任。同时，对于受助人来说，除了获得资金外，他们还获得了展示其良好信誉和财务责任的机会。来自一个基金的贷款可以作为一种信用记录，这对于获得更多传统形式的资金（如银行贷款）至关重要，并能吸引营利性机构的投资者。一般来说，这些机构认识到，小额信贷的接受者的信誉更好。在这一领域中，更具创新性的一个非政府组织是Kiva（www.kiva.org，参见专题介绍），这是一个基于互联网的平台，将小规模放款人（他们通常只借出25美元）联系起来，向从哈萨克斯坦到柬埔寨的急需资金的商人提供贷款。

鉴于世界银行的目标和历史地位，它在推行小额贷款中应起到带头作用，以确保小额贷款成为一种全面的宏观量子多边战略。目前，世界银行的项目集中于其1999年的综合发展框架的目标，该目标鼓励各国拥有自己的发展规划，并成为积极的利益相关者。由于几乎只同政府合作，世界银行面临着被淘汰以及支持腐败政权的危险。相反，小额信贷却有能力深入到贫困居民中，绕过腐败的政府机构，并培育商业文化。世界银行可以为小型贷款机构提供杠杆贷款，以使其不断扩大。由于小额信贷本身的性质，传统银行和投资者认为对其投资“风险过大”，因而世界银行应该在刺激小额信贷以实现地区发展方面起到重要作用。

但是，金字塔底层的发展不仅仅意味着小额信贷，发展中国家最底层的广泛参与具有更大的影响。穷人们常常买不起他们想要的大包装商品，而价格合理的小包装将更有吸引力。例如，如图 8.6 所示，在印度市场上，单一包装的洗发水的数量不断增加。如果以吨来计算，印度洗发水市场与美国洗发水市场一样大。大型跨国公司如联合利华和宝洁以及本地企业通过缩小产品的包装而渗透到金字塔底层的消费者中。今天，印度洗发水市场的渗透率已经达到了 90%。

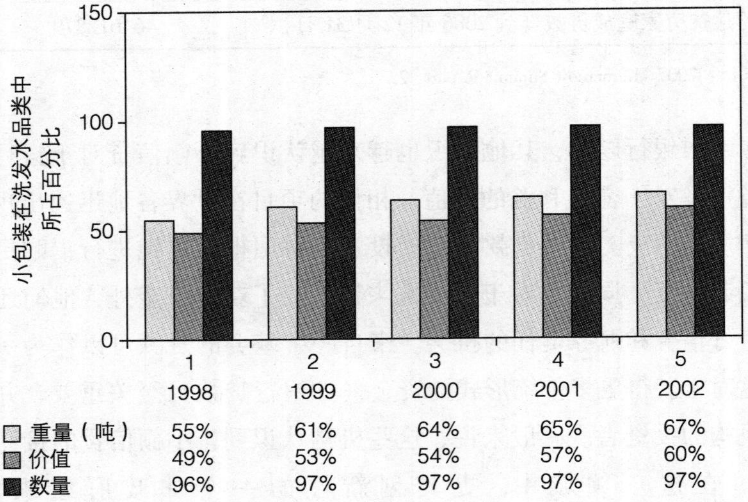

图 8.6　印度全部洗发水市场中单一包装的比例

资料来源：www. whartonsp. com/articles/article. asp? p = 389714&seqNum = 4.

金字塔底层战略成功的例子很多。“新兴市场是我们的主要增长点，”雀巢公司的佩劳德（François Perraud）说道，“在非洲，我们最畅销的产品是三合一产品，即将速溶咖啡、奶油和糖装在一个包装袋里出售。”正如联合利华公司的卡普尔（Gunender Kapur）所说：“我们最知名的品牌通过小包装低价出售。这保证了那些位于经济金字塔底层、每日领工资的消费者能够花不多的钱购买我们的产品。”再比如，印度的 Tata 汽车公司开发了世界上最廉价的汽车——Nano。这种汽车于2008 年 1 月上市，零售价格约为2500 美元，这个车型没有收音机，没有安全气囊，没有乘客侧后视镜，只有一个雨刷。然而，Tata 汽车公司希望 Nano 型汽车不仅能够让穷人买得起汽车，同时也能够为公司开辟出一个未经开发的利基市场。这应该令其他汽车生产商警觉，特别是发展中国家的汽车制造商。随着通用和福特不断遭受效率更高的海外企业日益激烈的竞争从而遭遇重大财务亏损，它们或许应该努力扩大各自的海外市场份额，向这些市场提供无额外设施的、廉价的汽车。

在通过向支持美国海外企业（如进出口银行和海外私人投资公司）的政府机构提供更多资金以增加金字塔底层的机会方面，美国政府可以发挥更大的作用。另外，政府可以对在发展中国家投资的企业提供补贴或税收优惠。通过政府对非政府组织的支持、多边援助以及企业的努力，我们不仅可以消除贫困，而且还可以同时促进资本主义和平。

没有这些参与者的合作，金字塔底层的机会是不能被轻易利用的。从本质上说，所有关于贫困的争论的焦点都在于增加财富、促进稳定和更可靠的公民权。G7 国家（特别是美国）没有意识到这些目标可以通过调动金字塔底层约 20 亿人口来实现。金字塔底层战略应当是一个双赢的战略：越多的《财富》500 强公司参与新兴市场，就能越多地播下市场主义的种子，同时打开新市场并建立品牌认知度。只要发展中国家的贫困人口被排除在目标市场之外，G7 国家就将会继续丧失无与伦比的商业机会。

非政府组织和社会企业家

在整个世界中，非政府组织已经成为对抗全球贫困的冲锋陷阵者，它们通常与多边机构和跨国公司合作以提升自己的努力。世界上有成千上万家此类慈善机构，其中 3000 多家已经具备了联合国咨询地位。这些非国家的“忍者”填补了国家和国际社会愿意且有能力提供的帮助与人们真正需要的帮助之间的缺口。在很多情况下，最大的非政府组织提供的直接融资超过了联合国相关部门提供的融资。

例如，世界上最大的慈善基金——盖茨夫妇基金（该基金由美国亿万富翁、微软公司创始人比尔·盖茨和他的夫人梅琳达创办）建立了一个全球发展项目，与“积极的参与者共同创造机会，使人们能够自己摆脱贫困和饥饿”。

盖茨夫妇基金 2006 年的经营预算（330 亿美元）是同一时期的世界卫生组织经营预算的 10 倍。同样，历史最悠久、最著名的非政府组织之一——国际乐施会（Oxfam International），是一个由13个实体组成的同盟，在100多个国家中拥有3000多个合作伙伴，共同开展对抗和消除贫困的活动。国际乐施会的身影几乎遍布世界各个角落，它资助当地的发展计划，并对危机（如达尔富尔惨案）做出响应。乐施会的活动还包括诸如通过政策和实践的改变以实现公平贸易、应对冲突和维护人道主义、应对气候的变化，以及应对与减免债务、全球军火交易、减少贫困和普及基础教育相关的问题。在2005～2006财政年度，乐施会通过其全球项目发放了6.3825亿美元。总之，这些非政府组织中的那些经验丰富的员工以及大量的预算有助于它们为世界上的穷人提供重要的服务。

非政府组织最激动人心的发展趋势之一是“社会企业家”的出现，即非营利部门中风险资本家的出现。这些小型参与者认识到一个社会问题，并利用企业家的原则去组织、创造和管理特定的企业，以促进社会的变革。传统的风险投资者通过投资回报和利润来衡量绩效，而社会企业家着眼于更宽泛的社会影响。这一群体通常比绝大多数非政府组织的规模要小（通常是由一两个人组成，一般来说，他们都很年轻）。他们有时与非政府组织、多边组织以及其他公民团体（包括公共部门和私人部门）合作。通过利用私人部门的精英和市场力量的优势，社会企业家在减轻世界各地贫困中发挥着重要作用。施瓦布基金会（Schwab Foundation）甚至资助社会企业家参加达沃斯世界经济论坛。

为支持这些活动而成立的最著名的组织是Ashoka，它是在1980年由麦肯锡的前顾问、通常被人们称为“社会企业家教父”的比尔·德雷顿（Bill Drayton）创办的。德雷顿常说，社会企业家既不施舍鱼，也不教人们去钓鱼，他们的目标是促进渔业的革新。针对这些需求，现在许多大学都开设社会企业家课程，同时也出现了越来越多的楷模。更多社会企业家涌现出来，而且随着他们与慈善机构的关系日益密切，他们筹集资金的渠道也越来越通畅，这就为公民部门创造出了大量的生产机会。第一位Ashoka成员是于1981年在印度产生的，如今Ashoka在60个国家拥有1800个成员，通过募捐，它每年的预算达到了3000万美元。Ashoka的成员常常来自于其私营合作伙伴，如麦肯锡咨询公司和伟达公关公司（Hill & Knowlton）。

结束农业补贴政策

正如我们之前多次指出的，多哈回合贸易会谈未能取得成功的、公平的结果将对全球经济造成严重破坏。一个运行顺畅的贸易系统是国际发展规划的重要组成部分：所有的发展伙伴都应该通力协作，以制定全球战略来应对这一全球性问题。G7 国家农业补贴应当终止，这种让步的收益将远大于它们做出的牺牲。除了使贫困农民种植的粮食在国际市场上更具竞争力外，结束补贴还将在制造部门使 G7 国家拥有相对于发展中国家的优势。长期来看，发展中国家必须提高农业生产力，以防止出现食物危机，并对抗贫穷。然而，为了实现这个目标，多哈会谈必须在某种程度上允许发展中国家的农产品在全球市场中进行公平的竞争。

世界银行集团总裁佐利克（Robert Zoellick）认为，富裕国家可以通过为“绿色革命”融资来提高非洲的农业生产力和粮食产量。2008 年，美国国会未能通过一项法案，该法案的目标是建立一个从贫穷国家购买 2500 万美元当地农产品的试点计划。目前，美国从美国供应商处购买粮食，然后支付高昂的运费将其运送到需要的国家。通过实施这项立法，美国不仅可以节约大笔费用，同时也能够通过直接从当地农民手中购买从而刺激当地的农业生产。

世界银行改革

除了多哈回合谈判以外，世界银行本身也成了造成贫穷问题的原因之一。它只关注政府，而忽视了基层组织。国际货币基金组织和世界银行有时会将中期资金交给那些既没兴趣进行改革也不会善用这些资金的政府，从而为一些贪官污吏提供了某些额外的喘息机会。尽管出于良好的心愿，但世界银行的资金实际上可能会破坏有利于市场的政策的推行。通过主要与政府合作，世界银行希望本地政府能够将资金投入到经济中，而不是亲自参与到对抗贫困的行动中。

此外，尽管世界银行在消除贫困中起到了一定的积极作用，但它应该更有效地利用其拥有的资源做更多的事情。如第 2 章所述，建立一个以黄金储备为基础的永久性基金有助于今天的世界银行传统项目无法顾及的地区的发展。例如，对小额信贷的风险投资、替代资源项目、可持续农业和其他金字塔底层部门的项目都有助于世界银行加快终结贫穷的进程。单独依靠公共部门不能终结贫穷，只有多方合作才是保证长期稳定和发展的最佳方式。如前所述，世界银行股东基数的增加使其可获得的资本增加，因而有助于这一努力的实现。

资本主义和平工作队

在拥有更多预算并将关注点转向商业、金融和贸易的情况下，美国可以通过建立一支“资本主义和平工作队”（Capitalist Peace Corps，模仿现有的和平工作队）以在长期中提供援助、消除贫困。和平工作队的一个使命是“促使被帮助的人更好地理解美国人”。这种方式更能体现美国的价值观。这一行动有助于美国和其他发达国家树立正面的形象，并提供一个对抗贫困的有效平台。

美国和平工作队于1961 年3 月正式成立，由139 个国家的19 万名志愿者组成。根据和平工作队网站的数据，当前志愿者有8079 名。但是，目前和平工作队的预算只有15% 用于商业发展，余下的用于其他重要领域，如教育（36%）、健康和防治艾滋病（21%）、环境（14%）、青年发展（6%）和农业（5%）。其目的在于：（1）帮助目标国家的人们，以满足他们对受过训练的男性和女性的需求；（2）促使被帮助的人更好地理解美国人；（3）让美国人更进一步了解其他国家的居民。当然，除了这些令人钦佩的目标之外，这一组织也关注“金钱与理性”（dollars and sense）。更专业化的资本主义和平工作队的目标是在发展中国家找到商业/创业机会、以社会企业家的方式调动所需资源，并在可行的情况下与美国的产业结合起来，以社会企业家的方式动用所需资源，将美国的工业植入到合适的地方。除了为商业创造更大潜力外，这一组织还能直接提升美国的海外形象。和平工作队2008 年度财政预算为3. 308 亿美元，但为满足建立新的资本主义和平工作队的需要，这一数字可能需要至少增加到10 亿美元。

8.5　减轻贫困：宏观量子世界的一种战略

尽管贫困正在逐步减少，但我们仍然有很多工作要做。随着贸易、海外投资和技术的传播，富人和穷人之间的贫富差距越来越大，这种情况不仅出现在富裕国家（如美国），也出现在比较贫穷的国家（如墨西哥、阿根廷、印度和中国）。世界上最富有的人和最贫穷的人都生活在这些国家。贫富差距的扩大不仅加剧了反全球化的情绪（这既不符合 G7 国家的利益，也不符合穷人的利益），还使得对抗贫困的战线变得模糊不清。G7 国家和新兴国家有必要在我们的共同经济利益受到威胁之前站出来解决贫困问题。

想象一下，如果最后 20 亿穷人被引入宏观量子经济中，其潜力将有多么巨大。资本主义和平依赖于差异化的劳动力、竞争、规模经济和创新，所有这一切都会受到贫困的阻碍。世界上仍然有上亿人每天不能摄入满足基本生存的能量，更不要说参与到全球经济发展之中了。正是这些人需要我们的帮助以走出贫困的恶性循环。因此，在世界上培养新的市场和人力资源符合每个人的共同利益。

由于千年发展目标的势头受阻，2015 年千年发展目标不太可能实现，因此，减少全球贫困不仅需要以美国为首的 G7 集团的关注，也需要新兴国家的关注。此外，过去的外国援助战略需要非国家参与者更广泛的支持，而不仅仅是政府的支持。除了更广泛的贸易参与之外，更好地利用非政府组织和社会企业家、跨国公司、小额信贷者以及更高效的多边合作平台对于消除贫困和保证实现资本主义和平来说也是必要的。

社会企业家

社会企业家证明，少数几个人就可以影响整个世界。人们为此付出的努力不必过大。例如，37 岁的约旦女性索拉娅·萨尔蒂（Soraya Salti）正在试图通过在学校教授创业课程来改变阿拉伯世界。她成立的组织名叫 Injaz，目前每年培训 10 万名阿拉伯学生，让他们知道如何寻找市场利基、如何构思商业规划，然后创办并经营一家企业。这一课程已经在 12 个阿拉伯国家传播开来，其目标是每年培训 100 万名学生。这一课程培训出来的女性尤其得到了很高的评价，并得到了美国国际发展署的支持。

再以 Cinepop 为例，它是由 27 岁的墨西哥人齐尔伯斯坦（Ariel Zylbersztejn）创立的。90%的墨西哥人看不起电影，因此他创办了 Cinpop，在公园等公共场所以充气屏幕来免费放映电影。他向公司出售赞助商身份，向成千上万名前来免费观看电影的人播放广告。尽管 Cinepop 成立至今只有三年时间，但每年已经有 25 万人观看他播放的电影——他的目标是将这种模式推广到巴西、印度、中国及其他国家。

或许，影响最深远的全球创业项目是 Kiva. org。在乡村银行率先提出小额信贷理念之后的 20 年，即 2005 年，马特（Matt）和弗兰纳雷（Jessica Flannery）将硅谷的创新引入实践中。Kiva 是“世界上第一个私人间小额信贷网站，使得个人能够直接向发展中国家的创业者贷款”。其模式很简单：Kiva 合伙人通过现有的小额信贷机构选择有资格的创业者。这些机构通过 Kiva. org 来为这些创业者和他们的项目进行宣传。Kiva 对他们的介绍非常详细。来自乌干达的格蕾斯（Grace）偶然浏览这个网站，她获得了 500 美元的贷款用于购买冷冻设备以存储她的花生酱；保加利亚人安吉尔（Angel）获得了 850 美元贷款，开办了自己的自行车修理店。

对于投资方来说，潜在的出借人可以浏览潜在贷款人的信息，然后利用信用卡或 Pay Pal 账户借出资金。创业者可以随着时间的推移分期还款（没有利息）。还款及其他更新信息被张贴在 Kiva 的网站上，并向放款人发送电子邮件。放款人收回资金后，他们可以再把钱借给需要的人、将资金捐赠给 Kiva 作为经营费用，或者提取出他们的资金。在短短几年中，Kiva 就变成了一个非常受欢迎的工具。该网站还提供上一周贷款和还款的数据。典型的一周是这样的：借出 680600 美元，1574 名创业者获得了资金，9103 名出借人借出了资金，644 笔贷款得到了彻底偿还。Kiva 不仅为小额信贷带来了前所未有的透明度，而且它还培养了贷款人和借款人的友好关系，通过科技方式增进了彼此的感情，进一步拉近了人与人之间的距离。

社会企业家的地位日益提高，使得他们有能力通过将先进的文化推广到国外并找到未得到满足的社会需求而获得巨大的利益。社会企业家联盟 America Forward（www. americanforward. org）提出了一个扩大的国民服务和联邦政府与私人社会投资资金相匹配的概念，以使这些资金投向社区经营的项目，从而增加未来社会企业家的数量。

第 9 章

宏观量子世界前行的新方向

世界上有三种谎言：谎言、该死的谎言和统计数字。

——本杰明·迪斯雷利

如果说现在的世界和 20 年前截然不同一点儿也不夸张。我们在前面的讨论中已经详细描述了世界的新变化：全球化给我们带来了巨大的机遇和挑战。这种变化的连锁反应已经发生在我们生活的各个方面——从我们所吃的食物到我们所做的工作，从我们如何教育孩子到我们的所想、所做和所得。

9.1 衰败但不衰落

在这个宏观量子世界里，更大规模的跨国交易、新兴国家和非国家参与者的兴起已经改变了全球经济的格局。为了在这一生态系统中继续生存和发展，我们已经讨论了美国如何适应从单极系统向多极系统［或者理查德·哈斯（Richard Hass）所谓的无级系统（nonpolar）］的转变，在多极系统中，有许多参与者——国家和非国家参与者——能够发挥力量和影响力。华尔街流行着一句谚语“趋势是你的朋友”，意思是你应该同市场进行交易并从中获利，而不是与它对抗。尽管美国曾经是那个“市场”，但现在有很多市场参与者是美国无法控制的。在让其他国家控制这个市场的任何一个角落以前，为了我们的共同利益，我们要在这个全球化游戏中确立规则和建立仲裁。这不仅需要认同，而且需要更具包容性的多边架构和政策立场，以接纳更多的新参与者。培养一种多边的“人多力量大”的态度对于避免20世纪初发生的失控的全球化所造成的灾难将至关重要。

包括北约、世界卫生组织、世界贸易组织、世界银行和联合国等在内的组织建议在贸易、能源、安全、移民、健康、环境及扶贫政策上做出调整，旨在增强现有基础设施并促使其实现现代化。近年来，这些组织的力量被逐渐削弱，但若给予一定的关注和额外的资金，则重新获得新生的多边体系将以法律规则而不是“丛林法则”（law of the jungle）引领资本主义和平向前推进。除了对这类多边体系进行改革外，美国还应该着眼于本国的政策、态度、生活方式的变化趋势和制度。国内层面上较小的调整很有可能在其他国家引起量子式的响应。但这并不容易。

尽管美国在与新竞争对手的较量中失去了过去曾有的经济地位，并且因习惯性的单边反应损毁了自己的声誉，但在宏观量子世界中，它仍然有能力实现发展和繁荣。尽管美国在采纳全球化所要求的新思想和新政策方面显得有些迟缓，但其私人部门几十年来一直处于潮流的最前沿。到2008年，美国在《世界竞争力年鉴》（*World Competitiveness Yearbook*，一项针对55个经济体、利用331个指标来度量国家如何创造和维持有利于企业发展的条件的研究）上已经连续15年位居榜首。尽管最近美国的金融体系遭受沉重打击，但我们仍然可以说美国拥有世界上最先进的经济和金融体系。此外，美国是全球风险资本和技术的先锋，同时个体生产率指标在很多重要产业中也处于领先地位。尽管全球信用危机、银行破产和不断增加的政府赤字似乎都是一些不祥之兆，但它们并不是无法解决的。美国有一种独特的创业精神和务实的文化，即使是在最黑暗的时刻也能找到重塑自身的办法。美国企业一直在印证着约瑟夫·熊彼特（Joseph Schumpeter）的“创造性破坏”理论（creative destruction）——这也符合达尔文进化论，富有远见的、根本性的创新持续推动美国经济向前发展，这也应该成为政府的一个总体特征。

在上一个十年的大部分时间里，美国陶醉于成为了冷战后唯一的超级大国，这使得美国政府错误地认为可以一厢情愿地控制全球化。事实证明，这种想法是短视和可悲的。今天，美国必须开始消除根深蒂固的“微观国内”

态度。即使这些战略在50年前获得过成功，但面对今天这个完全不同的世界，我们必须抛弃它们，并寻找一些适合当今条件的新战略。更重要的是，这些改变将为世界其他地方树立榜样。美国在很多方面仍然是世界的领先者，但显然最近政府曲解了这种力量的来源。国际社会给予美国的尊重并不是最近政府官员想象的那样来自于野蛮的经济和军事力量，而是其他国家对于美国在20世纪作为先锋而给予的钦佩、信任和尊重。长期以来，美国都被认为具有实验精神和启发性。即使早在1630年，著名清教徒牧师约翰·温斯洛普（John Winthrop）告诉在马萨诸塞州定居的朝圣者，他们的工作将像“山巅之城”一样备受瞩目，是世界其他国家的榜样。即便是美国作为一个独立实体经过230多年逐渐成熟后，它也必须为消除传统习惯的惯性而努力，并牢记自己作为一个伟大的创新者和领导者的角色。在全世界都在对抗由美国次贷灾难所带来的信用危机时，美国在金融方面的领导地位也会受到全世界的尊敬。

阻止美国放弃“微观国内”范式的一个因素是在这个旧观念下我们的生活变得十分美好和轻松。生活在今天的人们很少有人还记得大萧条、第一次世界大战或第二次世界大战时的真实情况。战后出生的婴儿是在繁荣的年代成长起来的，他们可以自由地追求个人幸福，但有时也会导致对现有物质生活的过度追求、巨额债务以及愤怒和武装冲突。如今，环境已经改变。如果这种态度传播到世界各地会发生什么？如果67亿人通过自私的消费来“追求幸福”，各国通过动用军事力量干涉国家议程将会发生什么？幸福并不是通过无止境的消费而不考虑对其他人造成的高昂成本所能获得的。那么，我们应该制定何种政策来实现一种更负责任的幸福呢？要想回答这些问题，我们需要新的思维模式，以及衡量美国立场、将去向何方、距离目标还有多远的新方法。许多批评家都注意到了我们度量进步与失败的指标中内含的结构性缺陷。我们的宏观量子世界需要新的方法来分析问题的根源、确定可能的解决方案，并监控和评价政策及其结果。为了能够继续前进，我们需要利用具有众多仪表的仪表盘从截然不同的视角来观察这个世界。如果我们只通过速度表来驾驶汽车，则我们就只能知道行驶速度，而无法知道我们的前进方向是否正确，或者我们是否拥有足够的燃料到达目的地。

9.2 生活在数字中

一名男子走进公寓的走廊，遇到了他的邻居正要出门。“外面的气温有多高?”她问道。“感觉差不多35度。”这名男子回答道。如果没有进一步的解释，这个数字不能告诉我们任何信息。如果这段对话发生在纽约，那么女邻居将会转身取一件厚些的外套。如果发生在伦敦，她将会因为外面35摄氏度（95华氏度）炎热的气温而被吓到。或者那名男子正在发烧（不论地点在哪里），他的回答可能不能准确地反映实际气温。

尽管这种特定的模糊性很容易消除，但这一情境会引起最大的宏观量子挑战——设计、收集、解释适当度量指标和统计数据——的关注。具体来说，我们应该采用哪些指标来判断福利、成功、财富和幸福？相对来说，温度相当客观，且容易量化，但度量复杂的现象（如经济进步）则更加复杂，且更容易被扭曲。我们如何最好地收集并汇总数据？我们如何解释观察误差以及对统计数据的故意操纵？我们可以对比不同国家的这些数据吗？仅凭GDP指标，我们是否可以最好地度量进步？

虽然亚当·斯密（Adam Smith）通常被认为是现代经济学之父，但比他早一个世纪的时候，英国的经济学家和哲学家威廉·配第（William Petty）就试图通过科学的方法来核算该国的经济状况，并在1665年对国民账户进行了第一次核算（对整个国家收入和产出的账目计算）。奥利弗·克伦威尔（Oliver Cromwell）政府的首席经济学家、哲学家托马斯·霍布斯（Thomas Hobbes）的助手配第是最早提出一个国家的财富多于其黄金和白银总和的思想家之一。在试图估算英国经济规模时，他发现英国股票市场的价值比其硬资产（土地、金属和家畜）的价值更高，两者的差额必定是“人的价值”，即人力资本。配第是最早发现货币的流通以及货币流通速度对经济价值影响很大的人之一。对一国经济活动进行分析和定量化的基本概念由此诞生。

直到20世纪初，对国民经济的核算才有了更进一步的突破。正如霍尔斯特德（Ted Halstead）和他的同事所描述的：

1931 年的政府和民间专家小组被召集到国会听证会上回答有关经济的基本问题。事实证明，他们做不到这一点，最新的数据是 1929 年的，而且数据非常简陋。1932 年，也是胡佛执政的最后一年，参议员要求商务部准备对国民收入进行全面评估。不久，商务部派遣年轻的经济学家西蒙·库兹涅茨（Simon Kuznets）负责开发统一的国民账户。这些账户成为了我们现在所说的 GDP 的原型。

自从经济大萧条期间实施正式国民收入和生产核算体系以来，经济活动[无论是用国民生产总值（GNP）还是国内生产总值（GDP）来衡量]，都成为了衡量经济福利的首要指标。GDP（一个国家一年中所有最终商品和服务的总市场价值）已经成为了各国公认的标准，并永久性地改变了我们对公共政策的看法。在国民经济核算出现之前，经济学家很少讨论公共政策。利用强大的新统计数据，他们成为了战后时期的政策权威。

但是，国民经济核算的前辈们也认识到了 GDP 的局限性。早在 1934 年，库兹涅茨就警告说："一国的福利不能仅仅依据国民收入指标来衡量。"他在 1962 年再次写到："我们必须牢记增长的数量和质量、成本和回报、短期和长期之间的区别。将目标确定为实现更大的增长应当具体到哪些方面的增长以及为了什么而增长。"换句话说，GDP 及其组成部分为我们提供了一个衡量生产和消费数额的指标，但并不能反映出经济的任何定性的方面。它并不能够回答基本的问题：我们的消费是不是太多了？我们今天的某些消费是不是一种浪费？今天 GDP 的增长是否会对未来的 GDP 产生负面影响？另外，或许最重要的是，我们现在生产的产品和服务是否对整个社会有益？从那以后，库兹涅茨的批评得到了很多著名经济学家[包括诺贝尔奖获得者约瑟夫·斯蒂格利茨（Joseph Stiglitz）、阿玛蒂亚·森（Amartya Sen）和穆罕默德·尤纳斯（Muhammad Yunus）]的赞同。

GDP 是一个很重要的指标，但它绝不是一个衡量社会经济活动的全面指标。一方面，正如经济学家、诺贝尔奖获得者约翰·肯尼思·加尔布雷思（John Kenneth Galbraith）所指出的，第二次世界大战之后广泛的繁荣部分得益于"很少观察到的、美国当代工厂当前产出统计指标的惊人的进步"。但 GDP 并不是一个完全准确或客观的指标。它排除了大量对经济福利有所贡献的因素［如与市场无关的产品和服务（特别是自然资源）以及非正式的、无报酬的活动］。家庭主妇（包括男性）的贡献以及实物交易也被忽视了。但是，任何时候花掉1美元都会增加GDP，即使是没有创造任何福利或价值也是如此。如果以前由家庭成员负担的家务和草坪修剪工作（无报酬）现在交给了相应的公司去做，GDP也会增加。

既然GDP包括所有涉及货币转手的活动，那么它必然会包括自然灾害与犯罪对经济收益造成的影响。例如，地震和飓风会造成巨大的损失，并导致成千上万人死亡，但在重建家园时通常也会带来经济和劳动力的扩张。尽管灾难通过造成货币的转手而增加了GDP，但它们没有创造福利。法国古典自由主义理论家弗雷德里克·巴师夏（Frédéric Bastiat）在160年前通过破窗的比喻指出了这种错误的推理。巴师夏描述了一位店主，他家的窗户被一个男孩打碎了。修理破碎的玻璃给装玻璃的工人提供了工作，这样他就可以去买面包，从而使面包师受益，面包师可以去买鞋，这样鞋匠又从中受益，以此类推，市民们都为这个淘气的孩子而欢呼，将他称为经济的救星，而忽视了店主如果不是被迫花钱买新玻璃而把钱用在其他地方的机会。或许他可以用这笔钱为商店雇用一名新工人，或者存起来用于他女儿的教育。然而，GDP无法体现这样一个事实：洪水、飓风、火灾和地震的受害者只是替换受损的财产（如果可以替换的话），而不会为他们增加任何财富或幸福。根据这个方程式，对国民经济的贡献最大的应该是那些"需要支付昂贵医疗费的晚期癌症患者"，因为他们创造出了大量的经济活动。图9.1展示出了一些GDP不能衡量的概念（如休闲、健康和满足），以及一些虽然包括在GDP中但不能增进福利的概念，如贬值和"遗憾"（如在犯罪和救灾上花费的资金）。

如果我们暂时抛开"我们想衡量什么"这一哲学问题，不将GDP视为度量幸福的指标，而只将它看成是一个衡量经济活动的指标，围绕着如何度量GDP同样存在着统计上的挑战。普林斯顿大学经济学教授奥斯卡·摩根施特恩（Oskar Morgenstern）在他1950年出版的《论经济观察的准确性》（*On Accuracy of Economic Observations*）一书中提醒我们，尽管经济政策顾问常常建议在国民收入1%的范围内对政策进行调整——这一调整在统计上不显著，但实际上国民收入度量的误差范围为10%左右。尽管自摩根施特恩的著作出版以后数据收集方法更加精密，但准确性仍然一如既往地值得怀疑。很多国家缺

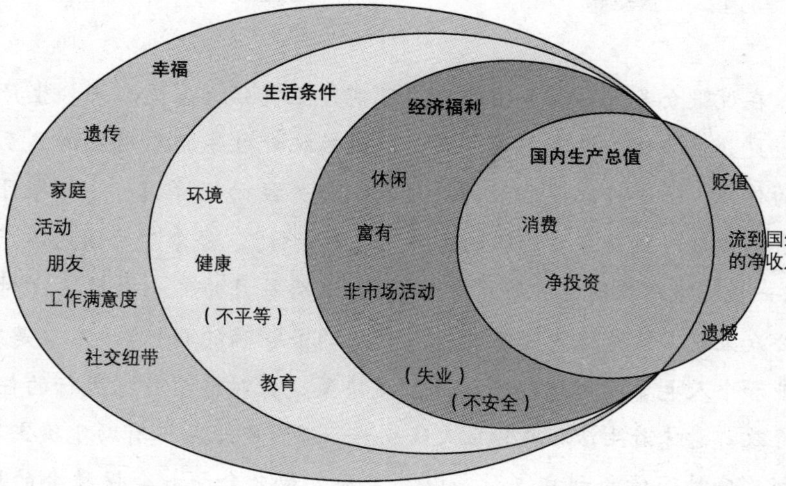

图 9.1　GDP 能够（不能够）衡量什么

资料来源：Deutsche Bank.

乏训练有素的专业经济数据收集人员，而不得不依靠世界银行的 GDP 统计数据。一些发展中国家正在经历根本性的经济和社会变革，这些变革将更多的利益相关者带到了市场中，改变了人们投资、受聘用、挣钱和消费的方式，而统计学家们很难与这些变革保持同步。国家层面的总体统计数据也不能体现这些国家内部的区域差异。甚至是在 OECD 国家，政府部门和私人经济研究人员也只是在最近 70 年才开始系统性地收集经济数据，而这种数据仍然很容易遭到篡改或出现错误。

此外，政府也有强烈的动机调整甚至伪造统计数字。提高经济绩效可以增加执政党继续掌权的机会。操纵统计数字还有助于国家进入国际组织，如为了能够加入欧洲货币联盟，希腊政府官员更改了财政赤字数额。直到 1995 年，希腊都维持着高额政府赤字，通常超过 GDP 的 10%。但这个数字迅速减小，到 2000 年，希腊的赤字降到了 3% 以下，使得希腊有资格成为欧洲货币联盟的成员。在希腊被接受成为欧洲货币联盟成员之后，欧共体统计机关拒绝接受希腊国家统计局（NSSG）提供的数字。结果，希腊国家统计局不得不多次对债务进行重新审定，直到盈余变成赤字为止。

就连美国也不能抵制这种诱惑。美国政治评论家凯文·菲利普斯（Kevin

Philips）写道：

> 在说服众多美国人美国的经济比实际上更强大、更公平、生产率更高、更具主导性、机会更多方面，欺骗性统计数字的应用发挥了至关重要的作用……这种讹误已经污染了人们最关注的经济指标——每月的消费价格指数（这是通货膨胀的主要先导性指标）、每季度的国内生产总值（这一指标追踪美国经济的总体增长），以及每月的失业率数字（对于一般公众来说，这是描述经济健康或疲软的最明确的指标）。不仅是政府，企业和个人也要利用这些指标来制定决策，但对这些数据进行的任何微小修改都意味着生活环境的巨大改变——通货膨胀指标有助于决定利率、联邦政府对国债的利息支付，以及工资、养老金和社会保障金的增加。当然，我们的统计数字也会造成政治上的后果。当粮食和能源价格开始飙升时，如果政府可以大言不惭地声称价格水平已经得到“控制”，那么它就会从中受益。

菲利普斯认为，大多数美国的总统（从约翰·肯尼迪到小布什）已经扭曲了衡量通货膨胀和失业的方法，误导了美国人对经济的看法。结果，即使是在大部分美国人对经济感到非常失望的时候，美国经济看起来仍然在快速发展。

围绕着 GDP 的第二个统计学上的担忧是全球范围内的标准化问题。即便是没有篡改，但由于各国不同的分类方法、定义、价格体系、人口增长率、汇率，以及不同国家对通货膨胀采用的不同指标，对于国际间比较来说，国民收入统计不是一个很好的基础。想一想，一块拼图会对整个图形造成多大的影响，比如各国对折旧的不同会计处理。由于折旧的估算是由企业自己进行的，并受到税收考虑和当地法规的影响，结果会对企业价值造成损害。例如，同样的设备，在美国的会计规则下，其价值就高于泰国会计规则下的价值。国民经济活动的一个有用的指标应该能够进行国际间的比较，以其他国家为基准，来衡量我们的发展情况。例如，第 6 章我们谈到美国人在医疗保健方面每年花费 2.3 万亿美元。如果不知道这一数字是大多数工业化国家人均费用的 2 倍多，那么这一信息也说明不了什么。我们如何针对篡改统计数据和各国间的差异进行调整？对于篡改统计数据，我们能做的就是强化统一的统计标准并进行更严格的监督，对于各国间的差异，人们已经采取了一些方法，包括购买力平价比较和人均调整。

9.3　购买力平价

汇率和生活水平不同造成的影响也会扭曲跨国经济比较，使我们形成不正确的世界观。理论上，市场汇率应当进行彻底的调整，使得同一种商品和服务在不同的国家拥有相同的价格。但实际上，不完善的资本流动性（在极端情况下会进行货币控制）和一些需要关注的问题（如运输成本）阻碍了外汇市场的完美运行。每年，世界银行都会从各国收集数据（以本地货币计价），然后调整为相对于美元的价格。如果一国倾向疲软，如阿根廷在 2001 年时那样，那么经济就会与一年前有很大的差别。从理论上说，2000 年至 2001 年底，阿根廷的经济缩水了 2/3（以美元计算）。这是否意味着阿根廷在 2001 年的生产量只相当于 2000 年的 1/3？并非如此。可能的情况是，粮食的消费量和物品的购买量大体上是一样的，但以美元计算，最终“价值”降低了很多。相反，如果一个国家的货币相对于美元升值，那么其经济就会出现引人注目的增长。为了避免这种情况发生，一些组织（包括世界银行）选择以购买力平价（purchasing power parity，PPP）为基础来观察各国的经济。购买力平价是一个能够均衡各国货币在本国对于一篮子给定商品的购买力。当然，这引起了人们对哪些商品应该包含在篮子里的担忧，但与用 GDP 衡量市场汇率相比，它可能更准确。

通过设定一组在各国间可以比较的商品，并询问相对于一种基准货币（通常是美元），购买这些商品需要多少单位当地货币，购买力平价有助于避免外汇市场的缺陷。当 GDP 根据这一重新计算的汇率进行调整后，其数值就可以有效地反映实际购买力。

让我们看一看实践中的购买力平价，以美元市场价格计算出的 2006 年德国人均 GDP 是中国的 17 倍（分别为 35000 美元和 2000 美元），但是，应当考虑到，在中国，人们维持其生活水平所需的产品和服务比德国要便宜得多，根据这一点对 GDP 的数字进行调整后，我们发现德国经购买力平价调整后的人均 GDP 只是中国的 4 倍（分别为 31000 美元和 7600 美元）。实际上，购买力平价调整的结果通常会缩小富国与穷国在 GDP 水平上的差距。

9.4 人口增长和人均 GDP

另一个简单但常被忽视的 GDP 相关影响因素是人口增长：人口增长越快，GDP 增长就越快。记住我们前面说过的公式：GDP = 人口 × 人均产出。当政府公布其 GDP 本年度增长 3% 的时候，如果人口也增长了 3%，那么实际上人均 GDP 没有改变。在这一方面，令人感到惊讶的是，华尔街的每一个人都为了 GDP 在 90 天内是增长还是减少而感到担忧，并发表一些模棱两可的言论。考虑到美国人口每年增长 1% ~1.5%，如果 GDP 的增长率低于这个数字，那就意味着人均收入实际上在下降。用这种方式来看 GDP 是不是更深入一些？

如果对 5 年内一国的经济绩效进行分析，利用人均数据和综合数据得到的结果会有很大差别。对日本和美国 2003 ~2007 年的情况进行比较会得出一些有意思的结果。通常人们认为，美国的动态经济比日本的要好。尽管美国年均 GDP 增长率为 2.9%，高于日本的 2.1%，但根据人均数据对 GDP 进行调整后结果却令人惊讶。在这一期间，美国年均人口增长率为 1%，而日本的人口基本没有增长（甚至开始减少）。考虑到美国的人口增长，日本的经济增长速度实际上略高于美国。

此外，用人均 GDP 增长代替简单的 GDP 总体增长也会揭示出其他国家经济健康状况的完全不同的图景。例如，2003 ~2007 年，在主要工业化国家中，澳大利亚的增长速度似乎是最快的，平均每年增长 3.3%。但是，在这 5 年间，澳大利亚的人口增长也是最多的。当根据人均数据对 GDP 进行调整后，澳大利亚和日本的增长速度大致相当。同样，西班牙被看成是欧洲地区增长最快的经济体之一，但 2005 ~2008 年间，其人均产出的增长远慢于德国，因为与日本一样，德国的人口也在减少。

根据人口进行类似的调整后，就连一些近年来广受赞誉的新兴经济体的吸引力也有所下降。例如，2003 ~2007 年，由于人口的增长，巴西的人均增长率每年只有2.3%，比G7国家高不了多少，而由于俄罗斯的人口每年减少将近0.5%，其人均增长速度达到了年均7.4%。再以印度和中国为例，印度的人口增长使其人均增长率降低到6.8%，而中国由于人口增长率降低而使其人均增长率达到了10.2%。

专注于人均GDP也会在长期中影响全球经济健康状况的比较。2002～2007年，世界GDP增长年均4.5%，尽管没有达到20世纪60年代黄金时期（当时的年增长率超过了5%）的增长速度，但这是30多年最快的增长速度。由于目前的世界人口增长速度为20世纪60年代的一半，在过去5年中，世界人均收入的增长速度实际上超过了有史以来的任何时期（如图9.2所示）《经济学人》写道："这个世界从来没有像现在这样好。"

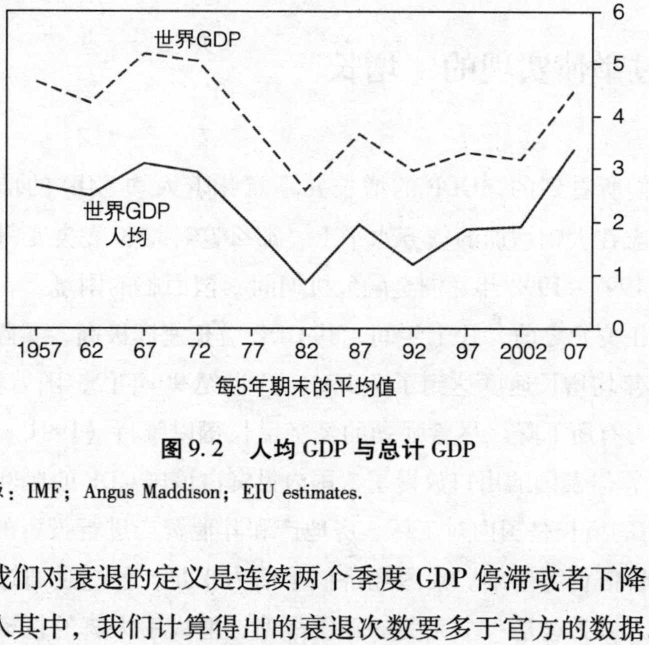

图9.2　人均GDP与总计GDP

资料来源：IMF；Angus Maddison；EIU estimates.

今天，我们对衰退的定义是连续两个季度GDP停滞或者下降，但如果将人口因素纳入其中，我们计算得出的衰退次数要多于官方的数据。衰退的总体含义——以及对抗经济衰退的相应政策——可能会有很大的差别。例如，人口减少的国家（如意大利、俄罗斯、德国和日本）虽然GDP停滞，但经济状况其实并没有那么糟糕。而在人口增长的国家（如美国，以及大部分发展中国家），普通居民的状况却在变差。但人们可能会发现这种统计上的争论造成的政治问题。例如，如果一个国家喜欢自夸其总体规模——正如某些人对美国的所作所为提出的批评一样——那么它就不愿意放弃绝对GDP的增长

（如上所述，尽管这也会受到美元价值的影响）。

GDP 可以根据购买力平价或在人均基础上进行调整，以使其更准确，但很难阻止故意篡改数据和收集数据的不准确带来的挑战。我们也看到，GDP 不能衡量非金钱交易活动，也不能区分资金的生产性应用和所谓的遗憾、在防止犯罪活动上的支出以及救灾支出。尽管 GDP 具有很大的误差范围和失真，但其他指标能否避免这些问题也存在着疑问。一个更重要的问题是：我们是否可以依赖这一经济指标来指导我们的政策争论和决策。最根本的问题是：什么是进步？上个世纪的经济指标已经成为了大多数国内和全球政策的主要参照，但这些指标存在着很多限制和不足，不能保证我们对宏观量子世界进行重新思考。

9.5 通过举债实现的“增长”

正如我们所看到的，GDP 的增长并不意味着人均 GDP 的增长。但如果 GDP 增长建立在大幅增加的债务水平上，那么这种增长就会变得更加模糊不清。想一想 1997 ~ 1998 年亚洲金融危机期间泰国面临的困境。在泰国政府放弃让泰铢钉住美元之前，几十年间，其 GDP 增长速度极高，实际上，1965 ~ 1990 年，其年均增长速度达到了 7.1%。20 世纪 90 年代，随着美元的升值，泰铢的竞争力有所下降。尽管强劲的经济增长得以维持（1991 ~ 1997 年间平均为 8.2%），但泰国的出口放慢了，国内投资占该国 GDP 的比例更高。20 世纪 90 年代初的增长是国内对工厂、房地产和其他资产进行投资的结果——以能够获得廉价信贷为基础。泰国经济似乎活力十足，但却是通过借钱来支撑的。尽管有人认为这是一个完美的经济战略，但大手大脚的投资却造成了产能过剩和资产泡沫，并有可能降低整个经济的效率。因此，尽管这个国家看起来仍然充满活力，但需要偿还的债务已经出现了。1997 年，允许泰铢浮动为泰国的出口部门重新带来了活力，但在危机来临之前，靠低息贷款、过高的债务和资产泡沫支撑的经济可能不像 GDP 所显示的那样稳固。

这种情况同样也发生在富裕的国家。在过去 20 年里，美国的利率一直相对较低，使得美国人能够借钱来购买从房子到平板电视的所有商品。随着房地产繁荣的持续，人们利用房屋净值贷款借钱来对抗房地产价格的上涨。反过来，利用这些借来的钱进行消费进一步推动了 GDP 的增长。新千年之初出现的 GDP 高增长率可能只是反应了不断增加的债务。2000 ~ 2007 年，美国消费者的信用卡债务从 5740 亿美元增加到了 9150 亿美元。正如我们在其他从繁荣到衰退的周期中看到的，这些债务中的一部分可能得不到偿还，而未来经济活动会因这一威胁而放慢，在一段时间之后降低美国的 GDP，正如当前信用危机所预示的那样。

根据房地美（国有化之前）的数据，高风险抵押贷款的数量也在增加。2000 年，可调整利率贷款（adjustable rate mortgages，ARMs）中只有 1% 是利息，而到 2005 年，这一数字增长到 20%，负摊销抵押贷款从大约占所有可调整利率贷款的 3% 增加到 2005 年的超过 30%。毫无疑问，这将在一段时间之后影响 GDP。

再看一看政府支出。如果美国政府每年从外国投资者手中借来 5000 亿 ~ 10000 亿美元以填补赤字性支出，这些钱在经济中流通，则当前 GDP 看起来可能是在不断增长，但最终偿还这笔债务会以某种方式降低 GDP。借钱在短期内刺激了经济，但在更长的时期中可能会降低其增长率，并有可能对一国的货币造成伤害。

有些借款是益的。通常，企业借钱以投资于生产性资产，这些资产在长期中创造的价值将高于债务的本息之和（尽管泰国的例子表明，这也有可能造成产能过剩）。一般来说，消费者和政府花钱却做不到这一点。例如，国防多支出的几千亿往往来自于短期的生产性投资。因此，如果政府借入 5000 亿美元，或 GDP 的 3.5%，用于应对外敌入侵，这是否意味着这是百分之百真实的、可持续的 GDP 增长？它能否在未来创造出 GDP？或者，如果我们设计一个 GDP 债务平减指标统计量并对其进行监测，那么我们对前 10 年美国的增长就不那么乐观了。

尽管经济学家对债务的价值还存在着争议，但显然，举债对经济不利的时代已经来临，至少在某个方面它会扭曲经济健康状况。如果你今天借款并增加了今天的 GDP，但反过来这会使未来的 GDP 增长减速，那么我们大力宣传的 GDP 还有意义吗？仅靠 GDP 不足以说明真实的经济状况，必须由其他经济和金融数据作为补充。

9.6 宏观量子世界中的进步

正如霍尔斯特德（Halstead）和其他人在1995年指出的，经济指标“界定了经济问题，而这些问题要通过政治手段来解决。如果一国的经济进步指标全是过时的，那么我们通过政治手段来解决这些问题就不可能成功，因为它们解决的是错误的问题”。由于使用很方便，GDP常被当成是一些难以衡量的概念（如进步和福利）的替代指标，但这个目标难以实现。尽管经济繁荣和福利之间存在着一种逻辑关系，但GDP的范畴过于狭小，无法全面描述社会福利，因而也就不足以成为我们制定政策的唯一标准。这就像是我们只依靠速度表来驾驶汽车一样。

对GDP的一种常见的修正是“绿色GDP”，它反映了世界银行真正的储蓄模型。尽管绿色GDP有很多版本，但本质上都是将自然资源的消耗计算到GDP中。正如约翰·希克斯（John Hicks）在他1947年出版的《价值和资本》（*Value and Capital*）一书中所说的：“我们能否在不耗尽一国在未来生产和消费相同GDP的能力的情况下来消费掉其全部GDP?”1989年，时任世界银行行长的巴尔伯·康纳伯（Barber Conable）再次提到了希克斯的担忧：“当前的计算忽视了自然资源基础的恶化，将销售不可再生资源的所得都当成是收入……”GDP专注于短期经济活动，导致对自然环境、经济和社会资本的投资不足，而这些因素对于长期可持续发展至关重要。在自然资源密集型产业和污染性产业中，GDP的短视尤其明显。与绝大多数的标准统计准则相反，资源耗尽不会使GDP下降。想一想，如果一家铜矿开采公司不必对矿藏被耗尽负责，会发生什么——这家采矿公司只拥有有限的资源，但它目前的行动似乎不会对未来的供应造成任何影响。

对GDP进行调整以促进可持续发展可能会在长期中带来经济收益，但可能会减少当前的利润，或者需要一种更有远见的政策，使得资源在一个更长的时期内不被耗尽，但这会导致GDP在短期内下降。这就使得改变措施在政治上很难实现。例如，2007年初，中国政府进行了一次大胆的尝试，试图改变过度注重GDP增长的文化。中国提出了一个能够体现污染成本的绿色GDP

方案，用于评估省政府的绩效。当几个省的经过调整的GDP数据呈报上来后，两位数的GDP增长降到了几乎为0。中国的领导人对这一实验的结果感到震惊。中国政府没有为环境的清洁分配更多的资源，而是中止了这一项目。出于政治上的原因，长期严重污染的危害（因受污染的水而造成的更高的医疗保健成本，以及更高的呼吸道疾病的发病率）被掩盖了起来。除了调整GDP自身之外，联合国还建议利用环境账户作为补充。这种方法的用处在于：将两个指标分离开来使我们能够特别关注环境问题，这相当于我们的仪表盘上有了更多的仪表。

我们还可以通过制定类似的措施来着眼于一系列问题——不仅是对环境的影响。例如，生产更多和消费更多的产品，不论它们有什么副作用，从GDP角度来看都是有益的。这样做不仅忽视了环境的价值，更鼓励了不可持续的消费水平以及过低的储蓄。在库兹涅茨致力于国民收入核算的时候，美国正在进行凯恩斯主义革命，将经济学家的关注点转向了需求面。政策制定者不再将人民仅仅看成是工人、农民和商人，而主要将他们看成是消费者。凯恩斯将更多的消费视为一种提高GDP并最终提高经济福利的方法。在美国，人们通过借钱来支持消费习惯，但情况可能并非如此。垃圾填埋场中堆积如山的塑料饮料瓶、慢性肥胖和高筑的债台，这一切都告诉我们，更多的消费并不总是更好。

改变我们的仪表盘（即对GDP进行修正或补充，以作为我们衡量福利的主要指标）不是没有先例的。1991年，美国从国民生产总值转向了国内生产总值，以便与国际标准保持一致。通过为政策制定者确定基调，统计指标发挥了重要作用。它们成为了公众关注的危险信号。但是，如果政治领导人"试图最大化GDP，而GDP不是一个好的指标，那么你就在最大化一些错误的事情，有时候，其他人要为此付出代价，而且可能是反生产力的"，诺贝尔奖得主、经济学家约瑟夫·斯蒂格利茨这样说道。他于2008年初领导了一项在法国进行的衡量幸福感的研究。

斯蒂格利茨的研究旨在提出一个更全面的衡量幸福感的指标。其他一些指标（如真实发展指标、人类发展指数、环境绩效指数、真实储蓄、生态足迹等）早已存在。这些指标试图通过不同的方法修正GDP，针对气候变化、在经济上的非生产性的活动（如与犯罪相关的成本）、不平等以及对资源的压力进行调整。尽管经济学家们早已认识到 GDP 的内在不足，但这些指标因为缺少 GDP 的清晰性和简洁性而受到批评。

例如，我们看一看真实发展指数（Genuine Progress Indicator，GPI），这是 Redefining Progress 这一组织创造的一个指标：GPI 试图区分好的和不好的 GDP 增长。比如说，在 GDP 标准下，资源消耗能够有利于 GDP 的增长，但 GPI 通过将这类消耗看成是一种需要分期偿还的成本而减少了 GDP。开始时，GPI 的消费数据与 GDP 的一样，但随后会根据收入分配进行调整，加入住宅、志愿者的工作以及高等教育等的价值，同时减去犯罪、污染和国防支出等成本。GPI 针对非货币因素（如收入不平等、对外国资产的依赖、休闲时间、耐用消费品的生命周期以及资本投资）进行调整。GDP 需要说明和估算，而 GPI 则需要大量的计算。仅考虑与犯罪相关的成本一项就需要加上或减去法律费用、医疗支出和财产损失。

尽管 GPI 和其他指标也面临着各自方法论方面的挑战，但它们可以补充传统的 GDP，并描绘出一个更准确的进步图景。虽然 GDP 的简洁性很有吸引力，但它无法反映日益复杂的世界。GPI 融合了几种指标，创造出了一个用货币来衡量的单一基准，这对于快速比较是有用的，但并不能避免前面提到的汇率问题，也不能作为一个非常明确的指标来指导政策制定。但是，对 GPI 进行分解，单独分析其各组成部分，确实为我们分析生活质量的趋势提供了重要依据。因此，联合使用几种指标可以在不牺牲准确性的情况下制定出一个更全面的指标。替代 GDP 的指标很多（参见表 9.1），但要想得到重视，它们必须保持高度准确性、在各国间的可比性并防止被篡改，以及能够准确反映经济活动和健康、不平等、幸福、环境的影响。

表 9.1　替代指标

指　标	基本原理	创造者
真实发展指数	通过对环境和社会因素货币化以修正 GDP	Redefining Progress
绿色 GDP	通过对环境因素货币化以修正 GDP	中国政府
真实储蓄	通过考虑自然、环境和人力资本因素（如将教育支出加到储蓄中，减去环境恶化的成本）以提供对储蓄的估计	世界银行

（续表）

指　标	基本原理	创造者
人类发展指数	将 GDP 和社会指标结合起来，强调预期寿命、成人识字率、入学率和 GDP	联合国
生态足迹	衡量人类消费对地球承受能力造成的生态影响	世界自然基金会和全球生态足迹网络
快乐星球指数	生活满意度数据再加上环境足迹数据	新经济学基金会
环境可持续指数	跟踪一个社会的能力以改善绩效	耶鲁大学
区域发展质量指数	将社会、环境和经济数据结合起来	Sbilanciamoci!
经济环境账户体系	将环境与经济数据结合起来，环境账户是围绕着国民账户体系的“卫星账户”，以详细追踪环境和经济的相互作用	联合国、OECD、欧洲统计局、各国政府

9.7　对消费、债务和储蓄的再思考

一个经过扩充的并进行重新配置且拥有众多仪表（包括债务比率、生物社会指标、环境质量标准以及遗憾指标）的仪表盘有助于遏制美国的过度消费和过度支出（其他 G7 国家的过度消费和过度支出程度较低），甚至有可能使我们免受某些致命金融崩溃之苦。更多的消费在短期内造就了较高的 GDP，但实际上在长期中会造成更大的破坏。过度消费对我们的健康和环境健康都会造成伤害。更糟糕的是，通过利用债务为这种破坏进行融资，我们还损害了经济的健康。

正如我们在前面提到的，GDP 无法区分不同类型的消费。购买教科书和购买啤酒都可以改变 GDP。有些类型的消费是必要的和有益的，但即使是这样，也存在着一个限度。例如，每次你用储蓄或信用卡去购买一台大尺寸平板电视，你都有可能损害你在未来购买房屋、接受高等教育、创业或者确保舒适的退休生活的能力。在美国，个人储蓄在过去 30 年大幅下降，从 1982 年的 18.5% 降低到 2006 年的 -1%，到了 2007 年和 2008 年才变为正数。

这种观点也适用于政府的支出。正如我们可以区分有用的和无用的个人消费一样，使用政府资金建设基础设施（可能最终变成生产性资产）和使用政府资金为消费者提供小额退税（为商场的购物节提供资金）之间存在着差别。

随着大多数工业化国家工作年龄人口不断减少以及发达国家持续进入老龄化社会，储蓄过少的问题只会变得更严重。人口老龄化是一个严峻的问题，因为弗兰科·莫迪利安尼（Franco Modigliani）和理查德·布伦伯格（Richard Brumberg）在其被广泛接受的“储蓄的生命周期理论”中指出，储蓄率在工人工作期间提高，而退休之后就开始下降。随着婴儿潮时期出生的人开始退休，世界各国的养老金制度感受到了压力。但是，美国和 G7 国家没有重新调整其财政政策以应对这些变化，而是在高额赤字下运转——创造出靠债务支持的虚假的 GDP 增长。

美国并非总是这样。“以消费驱动经济的观念只有 100 年的历史，”密歇根大学的托马斯·普林森（Thomas Princen）说，“在美国的大部分历史中，直到大约 19 世纪末，产能不足一直是个大问题。随后，突然之间，我们拥有了充足的产能。为了成为一个工业强国，问题变成了：如何刺激人们购买所有这些产出？如果人们都很节俭、朴素，就像他们世世代代那样，就不会存在足够的需求来推动生产以使我们的国家变得强大。”

随着 20 世纪 30 年代国民账户（用消费来定义进步）的出现，这一新的重点得到了加强。如前所述，对 GDP 和消费的关注开始于大萧条时期，当时，刺激消费成为了美国最主要的经济挑战。这种政策重点主导美国政府及其文化心态长达 3 代人。随着增长速度放慢，政治家们要求我们带着爱国热情进行消费。税法对美国人给予抵押贷款以及所有相关支出的利息扣除以鼓励购买住宅。全球化进一步加剧了这一现象，压低了几乎所有消费品的价格，刺激了工薪阶层的消费。华尔街提供的廉价、充足的资本更是火上浇油。正如大卫·布鲁克斯（David Brooks）观察到的，这种文化的转变，再加上前一代人期间房屋价格的上涨，给人们造成了这样一种印象：他们可以接受风险更高、更加扭曲的“中产阶级”生活方式的预期，鼓励我们借更多的钱，买更多的东西。毫无疑问，这种文化的转变促成了信用危机。

或许美国的过度消费因为其例外主义（exceptionalism）思想而加剧。美国人对其在世界上的作用非常乐观，如果不加限制，有可能极具破坏性。想一想在刚到达新世界的时候，美国的移民者就开始向太平洋推进，以“天定命运”（Manifest Destiny）的名义占据了无数的土地。原住民被消灭了，或者无家可归。需要几百年才能成材的大片森林被砍伐，以清理出空间，先是用做农田，后来又修建了铁路、高速公路和住宅小区。人们在浩荡的河流上修起水坝，在海湾上架起桥梁，沿岸被用来捕鱼，矿藏和石油被挖掘殆尽。对于世界上的许多人来说，似乎在我们耗尽了我们国家的资源之后，还会耗尽整个世界的资源。几十年来，美国已经消耗了世界上25%的资源，而其人口只占全球人口的5%。

显然，改变的时候到了，阻止美国人消费驱动的生活方式需要一些态度上的转变，这会有些痛苦，需要做出牺牲，或许这会为我们的信贷危机带来一丝希望，并减缓消费信贷的增长。这意味着，在2500平方英尺就足够时，我们不必住进我们根本负担不起的、能源密集型的3500平方英尺的豪宅中。这还意味着我们从耗油量很高的SUV车转向小型的混合动力汽车，而且也不再每3年买一辆新车。这意味着我们应该更关注食物的质量而不是数量，减少牛肉和鸡肉的摄入，而增加鱼类、谷物和蔬菜的摄入。在社会层面上，这意味着生产更少的武器，并减少海外军事行动。这还意味着将更多的时间和资源用于消除国内和世界其他地方的贫穷上。

美国拥有一个选择：它可以通过经过深思熟虑的宏观量子政策来改变自己，或者等待外部力量（化石燃料耗尽、二氧化碳排放、贫穷国家更加不稳定、金融体系的不平衡、外国人拒绝为其赤字融资、恐怖袭击等）来强迫它进行改变。但是，现在进行自主的转变不是要比将来被强迫进行这些转变更好、更安全吗？在新千年中，美国能否抛弃其例外主义中具有破坏性的过度消费，并建立一个新的可持续生存的全球标准，因而重新树立其领导地位？为了做到这一点，美国人必须放弃长久以来“不要在我家后院”的思维方式。今天，我们的后院已经成为了每一个人的后院。我们共同生活在同一个星球上，面临同样的有限资源，拥有共同的需求和梦想。通过共同采取行动，我们可以放弃“微观国内”的观点，开始制定在宏观量子世界中最有效、最合理的合作决策。

我们可以看出，替代性的社会经济指标如GPI应该受到鼓励，以使我们的经济摆脱对外国债务、资源消耗和“遗憾”的依赖。这需要从政府开始。显然，我们需要区分浪费与生产性支出。那些倾向于能够创造出更多社会价值的政府项目（如现代化的基础设施、创新的教育模式、有效的医疗保健体系，或可再生的能源工业）应该得到支持。另一方面，过多的国防支出或者对价值有限的部门（如农业）的补贴需要重新进行认真的考虑。

部分解决方案是更加关注未来，并为明天进行更多的储蓄和投资，而不是今天的消费。美国（包括公民和政府）需要培养一种节约的文化。在过去30年中，与外国人相比，美国人的储蓄占其收入的比例要低得多。根据新美国基金会（New America Foundation）的研究，一半美国人只有少量净资产，甚至没有净资产。在某种程度上，我们糟糕的货币、失衡的房地产市场、摇摇欲坠的银行，都是这个问题的症状。

传播金融知识、彻底改革当前流行的储蓄产品（如IRAs），甚至为全体居民建立终身资产账户的项目，都有助于逐步形成节俭的文化。一个建议是设立“储蓄者红利”（saver's bonus），即政府通过在一定限额的储蓄账户（如500美元）中按1∶1派发红利，以鼓励低收入者的这种储蓄行为，这类似于英国的一个项目。通过将退税与储蓄产品联系起来，这很容易做到。每年，美国税务局向1.3亿名税金申报者退税，平均退税额超过2000美元。通过在退税单上简单地打个钩，这些退税就会轻而易举地转到储蓄账户中。今天生活方式的微小变化可以在很大程度上增进未来的安全和繁荣。

9.8 多极世界中的协作

我们对进步的新评价标准还应该包括对衡量全球GDP质量的指导。如果希望我们的星球更干净，那么为什么在我们度量经济活动的指标中没有记录污染的负面影响？如果我们希望减少世界上的大规模杀伤性武器，那么为什么我们将生产大规模杀伤性武器的兵工厂的维修费用看成是对经济有益的？有些人避免包含这些因素，因为它们不是“价值中立”（value neutral）的，也就是说，有些人可能比另外一些人更重视干净的环境。但是，如果完全忽视这些标准，那么我们就不是在创造一个价值中立的指标，而是通过声称这些东西的价值为 0 而做出一个极端的判断，或者更糟——是在减值而不是在增值。

我们的全球指标必须加强对可持续性与合作的基本承诺。因为定义宏观量子世界的挑战确实是全球性的，取得进步的唯一途径是世界各地的人民和政府就下列问题达成共识：为联合国提供的 1 美元资金比花在香烟上的 1 美元更有价值。毕竟，多边合作以及私人—公共部门更密切的合作是资本主义和平的基石。

过去 20 年来的经济进步和生活水平的提高大多是在多边机构指导下实现的贸易自由化在全球范围内不断深化的结果。哈佛大学教授丹尼·罗德里克（Dani Rodrik）认为："市场的悖论在于，其繁荣不在于放任，而在于国家的监管。"公共政策和多边组织在宏观量子世界中可以发挥重要的作用。首先，自由市场和自由贸易以可获得的信息为基础。振兴和加强联合国、北约、世界银行、世界卫生组织、WTO 以及新的机构将会建立起一个专业化的监督机构网络，可以跟踪那些威胁和平的资本、武器、移民流动。对于当前金融危机的多边的、多维度的解决方案将为这个新的世纪注入活力。

此外，与这些机构合作将会增强宏观量子世界的协作精神。在我们这个时代，许多新的参与者——从跨国公司到以前的"第三世界"国家——都能够对全球体系造成影响。这些机构提供了一个宝贵的、透明的沟通渠道，同时也为意见不一致者提供了共同工作的机会。多边机构还是美国发挥其说服力而不是武力的理想舞台。全球化不应该被看成是房间里令人畏惧的、危险的大象。尽管涉及各个方面而且非常复杂，但在拥有了新的仪表盘和对全球合作的新承诺再加上为了应对宏观量子世界而改进的政策后，美国就拥有了驯服这个野兽的工具和资源。

不论是我们聚焦于优化度量经济活动的指标，还是采纳一系列更全面的生活质量指标作为我们的指导方针，宏观量子世界都需要许多新的标准来强化我们具有远见的综合性方法，从而避免过多地依赖债务，并将更多的参与者包含在内。老话说得好，人们在看到光亮时不会改变，而只有在感觉到热时才会改变。从前面讨论的所有指标来看，世界正在变得越来越热。

如果美国这个世界上最重要的国家和消费者自愿改变其生活方式和生活哲学，想想看在全球范围内这会对它的声誉产生多么大的影响。美国有机会领导世界进入一个前所未有的资本主义和平时代，但要抓住这个机会，我们需要改变我们的思维和生活方式。在我们的注意力超越了经济范畴，并拥有了宏观量子哲学来指导我们后，我们现在只需要做出承诺：我们不仅仅是要了解全球化这头大象，而是要驾驭这头大象。